日本史籍協會編

百官履歴 一

東京大學出版會發行

百官履歴上巻

例言

一、慶應三年十二月九日王政復古大號令ノ煥發アルヤ從前ノ百官ヲ廢シ尋テ太政官中立法行政司法ノ三權ヲ分立シ新政府ノ基礎コヽニ成ル而シテコレカ官ニ列スルモノ公卿諸侯藩士處士ノ如何ヲ問ハス一體トナリテ新日本建設ノ鴻業ニ當ル興國ノ氣運ノ旺盛ナル未タ有ラサル所ナリ本書ハ是等高官ノ士五百名ニ就キソノ出身地身分通稱官途ノ進退ヲ明記シ併セテ官制ノ改廢ヲモ註シタルモノニシテモト修史局ニ於テ各自ヲシテ履歴書ヲ提出セシメコレニヨツテ編修シタルモノナルカ故ニソノ精確ナル言ヲ俟タス　明治初頭ニ於ケル官省ノ廢置卿相ノ任罷ヲ知ル上ニ於テ缺クヘカラサルノ書ト云フヘシ

一、終ニ蒞ミ東京帝國大學史料編纂掛カ本書ノ刊行ヲ許諾サレシ好意ヲ敬謝ス

昭和二年十月

日本史籍協會

百官履歴目録

皇族

一　有栖川幟仁親王　一
二　有栖川熾仁親王　二
三　伏見貞愛親王　八
四　山階晃親王　九
五　東伏見嘉彰親王　一一
六　華頂博經親王　一七
七　北白川能久親王　一九
八　久邇朝彦親王　一九

三職一

一　三條實美　二一
二　島津久光　二七
三　岩倉具視　三〇
四　大久保利通　三七
五　廣澤眞臣　四五
六　副島種臣　四九
七　前原一誠　五四
八　木戸孝允　五七
九　大隈重信　六五
一〇　西郷隆盛　七一
一一　板垣退助　七四
一二　後藤象二郎　七七

三職二

一三　大木喬任　八三
一四　江藤新平　八八
一五　寺島宗則　九一
一六　伊藤博文　九五
一七　山縣有朋　一〇二
一八　黒田清隆　一〇九
一九　西郷従道　一一四
二〇　川村純義　一二〇
二一　井上馨　一二五
二二　山田顯義　一三一
二三　伊地知正治　一三八
二四　齋藤利行　一四一
二五　佐々木高行　一四二
二六　勝安芳　一四六
二七　松方正義　一四八
二八　大山巖　一五四
二九　福岡孝弟　一五九

百官一

一　鷹司輔熈　一六三
二　中山忠能　一六四
三　岩倉具綱　一六六
四　嵯峨實愛　一六七
五　中御門經之　一七〇
六　徳大寺實則　一七四
七　坊城俊政　一七九

八　坊城俊章　一八二
九　大原重實　一八五
一〇　大原重德　一八八
一一　大原重朝　一九二
一二　烏丸光德　一九二
一三　小幡高政　一九五
一四　河瀬眞孝　一九六
一五　池田章政　一九八
一六　河田景與　二〇一
一七　土肥實光　二〇五
一八　福羽美靜　二〇六
一九　中島錫胤　二一一
二〇　櫻井直養　二一四

二一　小原是水　二一七
二二　大橋愼　二一九
二三　松尾相永　二二二
二四　龍寶寺清人　二二六
二五　神山郡廉　二二六
二六　海江田信義　二二九
二七　渡邊清　二三一
二八　阿野公誠　二三七
二九　青山貞　二三九
三〇　安孫子靜逸　二四一
三一　春日仲襄　二四二

百官二一

三二　伊丹重賢　二四三

三三　松田道之　二四五
三四　戸塚文海　二四八
三五　芳川顯正　二四九
三六　町田久成　二五〇
三七　松浦弘　二五三
三八　松平正直　二五五
三九　土倉正彦　二五七
四〇　木梨恒準　二六〇
四一　萬里小路博房　二六三
四二　石山基正　二六五
四三　大神雪齋　二六七
四四　四辻公賀　二六八
四五　澤宣嘉　二七〇

四六　澤爲量　二七三
四七　長谷信篤　二七四
四八　長谷信成　二七六
四九　津田眞道　二七八
五〇　津田出　二八〇
五一　北小路俊昌　二八二
五二　中院通富　二八二
五三　醍醐忠順　二八三
五四　醍醐忠敬　二八四
五五　木村撫松　二八七
五六　宍戸璣　二八八
五七　穎川君平　二九一
五八　園池公靜　二九二

五九 野宮定功 二九三
六〇 津田信弘 二九四
六一 船越衛 二九六
六二 井上毅 三〇〇
六三 佐野常民 三〇五
六四 鈴木畏三郎 三〇八

百官三

六五 田中不二麿 三〇九
六六 池田種徳 三一三
六七 古賀定雄 三一五
六八 陸奥宗光 三一八
六九 税所篤 三二一
七〇 鍋島幹 三二三
七一 國貞廉平 三二五
七二 間島冬道 三二六
七三 清岡公張 三二八
七四 伊勢華 三三〇
七五 小河一敏 三三一
七六 山中獻 三三四
七七 井關盛艮 三三六
七八 大山綱良 三四〇
七九 楫取素彦 三四三
八〇 中川對馬 三四四
八一 松尾相保 三四五
八二 松室豊後 三四六
八三 鴨脚光長 三四七

八四 近衛忠房 三四八
八五 白川資訓 三五〇
八六 横井平四郎 三五二
八七 中根雪江 三五三
八八 九鬼隆一 三五四
八九 九條道孝 三五七
九〇 戸田忠至 三五九
九一 由利公正 三六三
九二 小松清廉 三六七
九三 坂田莠 三六八
九四 吉田良榮 三七〇

百官四

九五 吉田良義 三七一

九六 植松雅言 三七二
九七 愛宕大夫 三七三
九八 堤哲長 三七四
九九 五辻安仲 三七四
一〇〇 土肥典膳 三七五
一〇一 萬里小路通房 三七六
一〇二 中沼之舜 三七七
一〇三 富田鐵之助 三七八
一〇四 高木三郎 三七九
一〇五 北島秀朝 三八一
一〇六 柳原前光 三八三
一〇七 平田鐵胤 三九一
一〇八 岡谷繁實 三九三

一〇九　福地源一郎　三九四
一一〇　岸良兼養　三九五
一一一　谷干城　三九九
一一二　大國隆正　四〇五
一一三　桐野利秋　四〇五
一一四　村田經滿　四〇六
一一五　井上石見　四〇七
一一六　東園基敬　四〇八
一一七　鹽田三郎　四〇九
一一八　千種有任　四一二
一一九　鳥尾小彌太　四一三
一二〇　品川忠道　四一七
一二一　三浦梧樓　四一八
一二二　三好重臣　四二三
一二三　三間正弘　四二六
一二四　野津鎭雄　四二八

百官五

一二五　野津道貫　四三五
一二六　上杉茂憲　四三七
一二七　松平慶永　四三八
一二八　吉井友實　四四〇
一二九　上野景範　四四四
一三〇　鈴木金藏　四四八
一三一　野村盛秀　四四九
一三二　田邊輝實　四五〇
一三三　川上操六　四五三

一三四　川路利良　四五三
一三五　福原和勝　四五七
一三六　福原豊功　四五八
一三七　福原實　四五九
一三八　福島敬典　四六一
一三九　黒川通軌　四六三
一四〇　高橋勝政　四六五
一四一　高城重信　四六七
一四二　小關敬直　四六八
一四三　小畑美稲　四七〇
一四四　小澤武雄　四七三
一四五　仁禮景範　四七六
一四六　新山春太郎　四七八
一四七　林紀　四七九
一四八　林清康　四八一
一四九　林友幸　四八四
一五〇　林隼之輔　四九一
一五一　長谷川好道　四九二
一五二　橋本實麗　四九四
一五三　松村淳藏　四九四
一五四　笠間廣盾　四九五

百官履歴　皇族

光格天皇御猶子　一品中務卿韶仁親王男

一　有栖川幟仁

慶應三年丁卯十二月廿日　叙一品

明治元年戊辰正月十七日　神祇事務総督被仰付候事

同年二月廿日　議定職神祇事務局督被仰出候事

同月廿七日　神祇事務局督被免候事

同年閏四月廿一日　廢三職八局

（二行原朱）

同年五月廿日　議定職被免候事

同八年乙亥十二月廿八日　勅語

朕曩ニ賞牌ノ制ヲ定メ式ニ依テ鑄造セシメ以テ成ル今ヤ朕首トシテ之

ヲ佩ヒ且卿等ニ賜與ス卿等ソレ斯寵榮ヲ同セヨ

同日　叙勳一等賜賞牌

仁孝天皇御猶子　一品幟仁親王男

二　有栖川熾仁

慶應三年丁卯十二月九日　叙二品　聽賜隨身兵仗勅授帶劒

仝月十日　總裁職被仰出候事

明治元年戊辰二月十日　御親征大總督被仰出候事

仝年五月廿日　江戸鎮臺被仰出候事

仝年六月五日　江戸鎮臺改テ被仰出候事

（二行原朱）仝年七月十七日　廢鎮臺府置鎮將府

仝日　鎮臺被免關東軍事一途御委任被仰出候事

仝年十月廿八日　東北及平定候ニ付大總督辭退錦旗節刀返上之趣被聞食

候依之來ル二日參内可有之旨被仰出候事
仝年十月廿九日　東北鎭定ニ付依願大總督被免候事○仝日　春來軍務御委任之處書策籌謨其宜ヲ得東北速ニ及平定叡感不淺旨御沙汰候事
仝年十一月二日　春來軍務御委任之處能ク衆議ヲ容レ書策籌謨其宜ヲ得東北速ニ平定ノ功ヲ奏候段兪感賞候事
御絹　三匹　大判　五枚
仝二年己巳六月二日　戊辰二月征東ノ命ヲ奉シ諸軍ヲ率ヒ關東ニ出馬廣ク謀議ヲ容レ日夜勉勵兵氣ヲ鼓舞シ竟ニ今日平定ノ功ヲ奏シ候段叡感不斜依テ爲其賞目錄之通下賜候事
高千二百石　依軍功永世下賜候事
仝年九月廿二日　御用有之候間東京へ罷出候樣被仰付候事
仝三年庚午四月二日　任兵部卿
仝四年辛未二月十日　御用有之大坂出張被仰付候事

仝年六月廿五日　免本官

仝年七月二日　任福岡藩知事

（一行原朱）仝月十四日　廢藩置縣

（一行原朱）仝月十五日　免本官〇即日　任福岡縣知事

仝年十一月十四日　廢福岡縣更置仝縣〇（原墨）仝日　任福岡縣令

仝五年壬申四月五日　免本官

仝日　元福岡藩不都合之事有之候處知事奉職之始ヨリ格別勉勵速ニ静穏
ニ及ヒ候段全ク撫御得宜之所致ニ候依之爲其賞別紙目録之通下賜候事
直垂地　壹領　金　五萬匹

仝月十九日　澳地利國博覽會御用掛被仰付候事

仝年六月十二日　魯國王子接伴御用掛被仰付候事

仝年十一月十七日　澳地利國博覽會御用掛被免候事

仝八年乙亥七月二日　任議官

仝月廿五日　除服出仕
仝年十二月七日　年給四千圓下賜候事
仝年十二月廿八日　勅語
朕曩ニ賞牌ノ制ヲ定メ式ニ依テ鑄造セシメ以テ成ル今ヤ朕首トシテ之ヲ佩ヒ且卿等ニ賜與ス卿等ソレ斯寵榮ヲ同セヨ
仝月三十一日　叙勳一等賜賞牌
仝九年丙子五月十八日　任議長
仝年九月六日　朕爰ニ我建國ノ體ニ基キ廣ク海外各國ノ成法ヲ斟酌シ以テ國憲ヲ定メントス汝等之カ草按ヲ規創シ以聞セヨ朕將ニ之ヲ撰ハントス
仝年十二月七日　來明治十年一月大和及京都へ行幸ニ付供奉被仰付候事
仝年十二月十八日　兼任議定官
仝十年丁丑二月十九日　征討総督被仰付候事

仝日　朕卿ヲ以テ鹿兒島縣逆徒征討總督ニ任シ陸海軍一切ノ軍事竝將官以下黜陟賞罰擧テ以テ卿ニ委ス卿黽勉從事速ニ平定ノ功ヲ奏セヨ

仝年三月七日　卿征討總督ノ任ヲ以テ陸海軍ヲ指揮シ畫策進討能ク其職ヲ盡ス朕其勞ヲ慰シ賜フニ酒饌ヲ以テス尙黽勉將士ヲ率ヒ勵マシ速ニ平定ノ功ヲ奏セヨ

仝年四月三日　九州地方國事犯賊徒處刑之儀御委任被仰付候事

仝年五月十三日　卿諸軍ヲ統督シ籌策指揮其宜キヲ得曩ニ熊本城ニ聯絡シ大ニ賊勢ヲ挫ク朕卿ノ日夜奮勉能ク其職ヲ盡スヲ喜フ仍テ侍從長東久世通禧ヲ遣シ賜フニ酒饌ヲ以テシ聊カ積日ノ勞ヲ慰ス卿其自愛努力セヨ

仝年七月廿五日　征討ノ諸軍皆能奮戰勇進賊勢日ニ退縮ス是卿カ都督ノ任ヲ畫策宜ヲ得ルノ致ス處朕之ヲ嘉尙ス朕今將ニ東京ニ還ラントス依テ陸軍中將西鄉從道ヲシテ特ニ其地ニ遣シ積日ノ勞苦ヲ慰問セシム時

炎熱ニ際ス卿其自愛セヨ朕切ニ望ム卿ノ益勵精シテ速ニ凱歌ヲ奏セン
コヲ

仝年九月廿五日　卿諸軍ヲ統督シ久シク戰地ニアリ勞苦想フヘシ近ロ聞
ク惡病流行頗ル暴厲ヲ逞クス出征ノ人或ハ之ニ觸ル、者アラン朕甚タ
之ヲ憂フ依テ今侍臣高辻修長侍醫竹内正信ヲ遣ハシ其近狀ヲ視セシメ
且藥品ヲ頒與シ懇ロニ勞問ノ意ヲ通セシム卿其レ此旨ヲ將校士卒及ヒ
諸ノ軍人ニ傳諭シ須ク其豫防ヲ嚴ニシ各自保愛スヘシ

仝日　使臣將ニ發セントス忽チ吉報ヲ得タリ昨日ノ戰賊巢ヲ勦シ巨魁ヲ
斃シ事全ク平定ニ歸スト朕大ニ懷ヲ慰ス卿ノ力ヲ盡セル知ルヘキナリ
不日凱旋ノ時其委曲ヲ聞ンコヲ樂ム千萬自愛セヨ

仝年十月十日　曩ニ鹿兒島縣逆徒征討ニ方テ朕卿ニ委スルニ總督ノ任ヲ
以テス卿能ク朕カ旨ヲ體シ久ク閫外ニ在テ艱苦ヲ歷書策其宜ヲ得克ク
平定ノ効ヲ奏ス朕深ク之ヲ嘉ミス○仝日　任陸軍大將兼議長（兼議定官如故）

仝年十一月二日　卿曩ニ鹿兒島逆徒征討ニ方リ諸軍ヲ總督シ久シク閫外ニ在リ畫策其宜ヲ得克ク平定ノ効ヲ奏セリ朕深ク之ヲ嘉ミス依テ大勳位ニ叙シ菊花大綬章ヲ授與ス
同年十一月戊寅十二月十一日　除服出仕
同十三年庚辰二月廿八日　兼任左大臣兼議定官如故
同年三月十日　外國公使接待費トシテ一ケ年金六千圓下賜候事

三　伏見貞愛

孝明天皇御猶子　一品伏見貞敬親王男

安政五年戊午四月生

明治四年辛未三月二日　親王宣下
同月八日　叙二品
同六年癸酉十一月廿五日　陸軍練習被仰付候事
同八年乙亥一月廿三日　任陸軍中尉

同年十二月廿八日　勅語
朕曩ニ賞牌ノ制ヲ定メ式ニ依テ鑄造セシメ以テ成ル今ヤ朕首トシテ之ヲ佩ヒ且卿等ニ賜與ス卿等ソレ斯寵榮ヲ同セヨ
同月三十一日　叙勳一等賜賞牌
同九年丙子十二月十八日　兼任議定官
同十一年八月廿九日　任陸軍大尉兼議定官如故

四　山階晃

孝明天皇御猶子　一品伏見貞敬親王男

慶應三年丁卯十月十七日　國事掛被仰出候事
同年十二月九日　叙二品賜隨身兵仗勅授帶劔○同日　議定職御內意被仰出候事
慶應改元明治戊辰正月十七日　外國事務総督被仰出候事

同年二月廿日　議定職外國事務局督被仰出候事
同月廿二日　備前家老日置帶刀佛蘭西公使ヘ發炮及土州人等佛人ヲ炮殺致候事件ニ付下坂被仰出候事
同年三月二日　國事多端之折柄精勤ニ付格別之以思食兼任治部卿被仰出候事
同年四月廿四日　英國公使初參內御用別段外國應接御用ニ付下坂被仰出候事
（一行原朱）同年閏四月廿一日　廢三職八局
同年五月廿日　議定職外國事務局督被免候事
同年八月廿二日　聖護院宮薨去ニ付引籠之所別勅ヲ以出仕被仰出候事〇
同日　來廿七日可被行卽位禮右侍從被仰下候事
同八年乙亥十二月廿八日　勅語　（原朱）此件表ニハ掲載スヘカラス
朕曩ニ賞牌ノ制ヲ定メ式ニ依テ鑄造セシメ以テ成ル今ヤ朕首トシテ之

ヲ佩ヒ且卿等ニ賜與ス卿等ソレ斯寵榮ヲ同セヨ
同月三十一日　叙勳一等
同九年丙子十二月八日　來明治十年一月大和國竝京都へ行幸ニ付供奉被
仰付候事
同十四年辛巳二月五日　特旨ヲ以テ二代目皇族ニ被列候事

五

仁孝天皇御猶子　一品伏見邦家親王男

東伏見（仁和寺）嘉彰

弘化三年丙午正月生

原書「東伏見宮事蹟ニ據リ猶子養ニ改ム」トシテ養ニ訂正セリ（校訂者識）

慶應三年丁卯十二月九日　復飾被仰出候事○同日　議定職被仰出候事○
同日　叙二品　賜隨身兵仗
同改元明治戊辰正月三日　軍事総裁職被仰出候事
同月四日　征討大將軍被仰出候事○同日　伏見鳥羽口出陣被仰出賜錦旗
節刀候事

同月十八日　海陸軍務総督被仰出候事
同月廿八日　奏凱旋返上錦旗節刀
同年二月廿日　議定職軍防事務局督被仰出候事
同年三月十七日　任兵部卿舊官　勅授帶劔
同年四月十二日　軍防事務局督被免候事○同日　軍防事務局督更ニ被仰
出候事
同年閏四月廿一日　廢三職八局（一行原朱）
同月廿二日　軍務官知事被仰出候事
同年六月十四日　當官ヲ以會津征討被仰付越後口総督被仰出候事但至急
出馬可致旨御沙汰候事
同月　來ル廿二日進發可致事
同月廿二日　北越出陣ニ付賜錦旗御劔候事
同年十一月四日　奏凱旋返上錦旗

同二年己巳二月十五日　再應辭表之趣無據次第ニ候得共難被聞食屆猶勵精奉職候樣被仰出候事
同月廿六日　御東幸供奉被仰出候事
同年六月二日　戊辰正月征討ノ命ヲ奉シテ鳥羽ニ出馬其後諸軍ヲ率ヒ北越ニ進ミ廣ク謀議ヲ容レ日夜勉勵兵氣ヲ鼓舞シ竟ニ今日平定ノ功ヲ奏シ候段　叡感不斜依テ爲其賞千五百石下賜候事
　高千五百石　依軍功永世下賜候事
（二行原朱）
同年七月八日　廢軍務官置兵部省○同日（原墨）　任兵部卿
同年十二月廿三日　依願免本官
同三年庚午十月七日　外國勤學兼テ願之通被聞食屆英國ヘ被差遣候事
同五年壬申十月廿六日　歸朝
同六年癸酉十一月廿五日　任陸軍少尉
同七年甲戌二月廿三日　免本官○同日征討総督被仰付候事

同月廿四日　進發之儀ハ追テ御沙汰候事

同月廿七日　來ル三月一日進發可致候事

同年三月一日　朕曩ニ佐賀縣下士民嘯聚ヲ聞キ內務卿大久保利通等ヲ遣シ之ヲ鎮靜セシメント欲ス然ルニ益暴逆ヲ逞フシ擅ニ凶器ヲ弄シ遂ニ王師ニ抗スルニ至ル其罪討セサル可ラス乃チ卿ヲ以テ征討總督ニ任シ委スルニ陸軍軍務一切並ニ將官以下撰任黜陟等ノ事ヲ以テス名古屋以西四鎮ノ兵馬現役後備ヲ論セス擧テ以卿カ區處ニ聽ス沿道諸縣ノ士民招募編制モ亦宜ク便宜事ニ從フヘシ且朕カ近衞步兵二大隊ヲ假シ以テ朕カ黎元ヲ保護スルノ意極テ切ナルヲ明ニス卿其レ斯旨ヲ體シ速ニ捷ヲ闕下ニ奏セヨ

同月三日　佐賀縣賊徒平定ノ報知有之候得共猶軍事取纏メトシテ縣地ヘ出張被仰付候近衞兵二大隊ノ儀ハ參軍山縣有朋ヘ引率セシメ歸京候樣御沙汰候事

（原書太政官日誌ニ據リ改ムトシテ三月廿七日ニ訂正セリ（校訂者識））

同年四月四日　征討総督被免候事○同日　佐賀縣下賊徒及平定候ニ付征討総督被免賊徒等犯罪處刑ノ儀更ニ御委任被仰付候事○同日　佐賀縣賊徒平定ニ付テハ出張兵士竝ニ軍艦等引揚ノ儀便宜指揮可致候此旨相達候事

同年九月十三日　任陸軍少將

同八年乙亥一月四日　陸軍始總指揮官被仰付候事

同年四月十九日　今般歩砲兵野營演習ニ付指揮長官被仰付候事

同年八月廿九日　廣島熊本兩鎮臺管下檢閲使トシテ被差遣候事

同年十二月廿四日　雜司ヶ谷演習諸兵指揮長官被仰付候事

同月廿八日　勅語

朕曩ニ賞牌ノ制ヲ定メ式ニ依テ鑄造セシメ以テ成ル今ヤ朕首トシテ之ヲ佩ヒ且ツ卿等ニ賜與ス卿等ソレ斯寵榮ヲ同セヨ

同月三十一日　叙勳一等賜賞牌

同九年丙子六月十三日　陸軍戸山學校長被仰付候事
同年九月一日　東部檢閲使被仰付候事○同日　近衛諸學校教導團及東京諸官廨檢閲被仰付候事
同年十二月十八日同月十九日受　兼任議定官
同十年丁丑三月十六日　東京鎭臺司令長官兼勤被仰付候事
同年五月廿九日　新撰旅團司令長官兼勤被仰付候事
同年七月十二日　東京鎭臺司令長官兼勤被免候事○同日　新撰旅團諸隊引卒神戸表ヘ出張被仰付候事
同年十月十一日　卿嘉彰嚮ニ部下ノ兵ヲ率ヒ戰鬪盡力終ニ克ク其効ヲ奏ス朕深ク卿カ其職任ヲ盡セルヲ嘉ミス
同年十一月一日　天長節諸兵隊分列式指揮長官被仰付候事
同月十二日　卿曩ニ鹿兒島逆徒征討ニ方(リ脱カ)部下ノ諸兵ヲ指揮シ進討盡力克ク平定ノ功ヲ奏セリ朕深ク之ヲ嘉ミス仍テ其賞トシテ金幣ヲ賜與ス

金三千圓

同十一年八月廿四日　東部檢閲使被仰付候事○同日　近衞諸學校敎導團
及東京諸官廨檢閲被仰付候事

同十三年庚辰三月一日　任陸軍中將兼議定官如故○同日　近衞都督被仰付候事

六　華頂博經

孝明天皇御養子　一品伏見邦家親王男

慶應三年丁卯十二月廿四日　憂國之志達御聽此度國事大政見習日參被仰
出候事

慶應改元明治戊辰正月七日　依思食復飾被仰出候事　德川猶子被止候事

同月十一日　自今華頂宮ト可稱旨被仰出候事

同月十二日　議定職被仰出候事

同月十五日　依願叙三品博經親王ト可稱旨被仰出候事

同月廿三日　會計事務局総督被仰出候事
同年二月廿日　會計事務局総督被免候事
（一行原朱）
同年閏四月廿一日　廢三職八局
同年五月廿日　議定職被免候事
同年八月廿四日　皇學所御用掛被仰出候事
（一行原朱）
同二年己巳九月十日　廢皇學所
同三年庚午八月　依願米國留學被仰出候事
同八年十二月廿八日　勅語
朕曩ニ賞牌ノ制ヲ定メ式ニ依テ鑄造セシメ以テ成ル今ヤ朕首トシテ之ヲ佩ヒ且ツ卿等ニ賜與ス卿等ソレ斯寵榮ヲ同セヨ
同月三十一日　叙勲一等賜賞牌
同九年丙子四月廿二日　積年深ク國事ヲ憂慮シ維新ノ後米國ニ渡航シ專ラ海軍學術ヲ研究シ以テ國家ニ報効セント鋭意從學之處不幸ニシテ病

痾ニ罹リ歸朝後荏苒不愈久シク病床ニ在リテ其素意ヲ達スルヲ得ス深
ク憫然ニ被思召特旨ヲ以テ嗣子博厚皇族列ニ被仰付候事
同年五月十三日　任海軍少將○同月廿四日　薨

仁孝天皇御養子

皇族　北白川能久

弘化四年丁未二月生

七

明治七年甲戌九月廿七日　任陸軍少佐
同十一年戊寅十二月十八日　叙勳一等賜旭日大綬章
同十二年己卯一月九日　任陸軍中佐
同十三年庚辰三月廿六日　內國勸業博覽會事務總裁被仰付候事
同年五月十八日　叙二品

仁孝天皇御養子　一品伏見貞敬親王男

久邇（元伏見）朝彦

文政七年甲申正月生

八

明治五年壬申正月十四日　依思召自今宮ト可稱旨被仰出候事○同日　叙三品

同八年乙亥五月十九日　自今久邇宮ト可稱旨被仰出候事

同年七月十二日　任神宮祭主

同年十二月廿八日　勅語

朕曩ニ賞牌ノ制ヲ定メ式ニ依テ鑄造セシメ以テ成ル今ヤ朕首トシテ之ヲ佩ヒ且ツ卿等ニ賜與ス卿等ソレ斯寵榮ヲ同セヨ

同月三十一日　叙勳一等賜賞牌

（一行原朱）

同十年丁丑十二月八日　廢官

同月十二日　任神宮祭主

同十二年己卯十一月七日　兼補大教正

同十三年庚辰五月十八日　叙二品

一　東京府華族　元京都　三條實美

慶應三年丁卯十二月廿七日　議定被仰出候事三條家記ニ據ル

明治元年戊辰正月九日　副總裁議定職被仰出候事

同年二月二日　任大納言

同年四月廿二日　任左近衛大將○同日　叙從一位

閏四月十日　今度德川慶喜降服謝罪奉仰天裁候ニ付以至仁之睿慮寛典之御處置被仰出候間速ニ東下億兆人心安堵候樣取計可致總テ御委任候且可爲關東監察使御沙汰候事

同年閏四月廿一日　廢三職八局（一行原朱）

同日　是迄之職務被免更議定兼輔相被仰出候事

同年五月廿四日　任右大臣○同日　輔相兼關八州鎭將被仰出候事
（一行原朱）同年七月十七日　廢鎭臺置鎭將府○（原墨）同日　鎭將被仰出關以東政務御委任
被爲遊候條更ニ御沙汰候事　但大事件ハ伺ヲ經テ處置可致事
同年八月十日　不遠御東幸被爲在候ニ付御用之儀候條早々上京可有之旨
被仰出候事
同年十月十九日　東北未平定ニ不至之折柄一先鎭將府被相立候處今般御
東臨被爲遊候ニ付テハ萬機宸斷ヲ以テ被仰出候御儀ニ付鎭將辭退之儀
言上其情實被聞食願之通被免候尤輔相可爲是迄之通事
（二行原朱）同年十月十九日　廢鎭將府○（原墨）同日　鎭將被免候事
同年十二月三日　還幸供奉被仰付候處御用被爲在候ニ付暫時居殘リ御用
濟ノ上歸京被仰付候事
同二年己巳正月十七日　右兵衞督病氣難澁之趣ニ付不被爲得止願之通輔
相被免候間萬機多端之折柄一入職務別テ苦勞被思食候得共精々勉勵可

有之旨被仰出候事

（原書一行明キニシテ月日チ缺ク三條實美公年譜ニ據ルニ四月四日ナリ（校訂者識））

一修史ハ萬世不朽ノ大典祖宗ノ盛擧ナルニ三代實錄以後絕テ續ナキハ豈大闕典ニ非スヤ今ヤ鎌倉以降武門專權ノ弊ヲ革除シ政務ヲ振興セリ故ニ史局ヲ開キ祖宗ノ芳躅ヲ繼キ大ニ文敎ヲ天下ニ施サント欲シ總裁ノ職ニ任ス須ク速ニ君臣名分ノ誼ヲ正シ華夷內外ノ辨ヲ明ニシ以テ天下ノ綱常ヲ扶植セヨ

同年七月八日　任右大臣

同年九月廿六日　汝實美皇道之衰運ニ際シ夙ニ恢復之業ヲ期ス竟ニ躬天下之重ニ係ケ出テハ則鎭將入テハ則輔相能ク中興之業ヲ成ス洵ニ國ノ柱石朕ノ股肱切ニ厥偉勳ヲ嘉ス乃賞賜シテ厥勞ニ酬ユ吁將來輔導益望ムヿ有リ汝實美其懋哉

一高五千石　依偉勳永世下賜候事

同三年庚午十二月十日　東京府貫屬被仰付候事

同月廿四日　來ル廿五日於神祇官孝明天皇御祭典ニ付爲御代拜參向被仰付候事

同四年辛未正月二日　明三日於神祇官御祭典ニ付爲御代拜參向被仰付候事

同年二月　御用有之大坂表へ被差遣候事

同年六月廿七日　兼任神祇伯宣教長官

(一行原朱)

同年七月廿九日　廢官〇同日(原墨)　任太政大臣兼神祇伯宣教長官

(一行原朱)

同年八月十日　改神祇官稱神祇省

同年九月廿七日　皇靈奉迎使被仰付候事

同五年壬申正月三日　除服出仕

同月十四日　除服出仕

同年五月十二日　除服出仕

同月廿二日　朕西巡之間親ク政ヲ視ルヿヲ得ス凡百之事總テ爾實美ニ委

任ス其レ朕カ意ヲ體シテ之ヲ處分セヨ若夫レ重大之件ニ至テハ一々之ヲ以聞シテ裁ヲ請ヘ而シテ事之緊急ニシテ稽緩スヘカラサルモノハ便宜處決シテ後其事由ヲ以聞スヘシ

同六年癸酉三月三十日　神子元燈明臺見分トシテ出張被仰付候事

同年五月十八日　勅諭

朕前日回祿ノ災ニ遭ヒ宮殿之カ爲ニ蕩盡スト雖𪜈今ヤ國用夥多之時ニ際シ造築之事固ヨリ之ヲ亟ニスルヲ希ハス朕カ居室ノ爲ニ民產ヲ損シ黎庶ヲ苦マシムルコト勿ルヘシ汝實美其レ斯意ヲ體セヨ

同年十月三十日　辭表之趣難被及御沙汰所勞之儀ハ不得止事ニ被思食候條精々療養ヲ加ヘ快氣次第出仕可致事

同年十二月十九日　汝實美久シク病ニ罹ル朕甚タ之ヲ憂フ方今國家多事之際股肱ノ任欠ク可ラス汝實美病少ク痊ハ其レ能ク疾ヲ扶ケテ職ヲ奉シ朕ヲ輔翼セヨ

同月廿五日　汝實美再三辭表之趣全ク職掌ニ對シ至誠之衷情ニ出ッ朕之ヲ容納セリ然リト雖𪜈方今國家多事之際朕カ股肱一日モ不可缺更ニ汝親任ス汝實美其之ヲ勉ヨ

同八年乙亥三月十九日　除服出仕

詔勅摘要五月十九日トス

同九年丙子六月一日　朕東巡ノ間親ク政ヲ視ルコトヲ得ス凡百ノ事爾實美ニ委任ス爾實美其レ朕カ意ヲ體シテ之ヲ處分セヨ若シ夫重大ノ件ニ至テハ一々之ヲ行在ニ以聞シテ裁ヲ請ヘ事ノ緊急ニシテ稽緩スヘカラサル者ハ便宜處決シテ後其事由ヲ以聞スヘシ

同九年丙子七月廿九日　北海道巡視被仰付候事

同年十一月廿九日　來明治十年一月大和及京都ヘ行幸ニ付供奉被仰付候事

同年十二月廿九日　叙勳一等賜旭日大綬章

同十一年戊寅三月五日　兼任賞勳局總裁

同十二年己卯五月廿一日　兼任修史館總裁
同年九月十日　露西亞國皇帝陛下ヨリ贈賜シタル白鷲勳章ヲ受領シ及佩
用スルヲ允許ス
同十三年庚辰四月十二日　御巡幸供奉被仰付候事

二

東京府華族　元鹿兒島　島津源久光

己巳年三月六日　先般積年勤王之功勞ヲ被慰度勅使被差下候處早速爲拜
謝病中推テ登京參朝之段叡感不斜格別之思食ヲ以別紙御品下賜候尙御
一新ノ鴻業ヲ賛補勉勵可有之旨御沙汰候事
御召古御打袙一領
右下賜候事
同日　任參議兼左近衞權中將舊官○同日　叙從三位○同日　參議兼中將
之事雖無家例出格之思食ヲ以宣下候事

同年六月二日　積年勤王之稱首トナリ大兵ヲ擧ケ斷然力ヲ朝廷ニ盡シ戊辰之春伏水一戰大ニ賊膽ヲ破リ天下人心之方向ヲ決シ續テ東北諸道ニ出兵毎戰取捷竟ニ今日平定ノ偉功ヲ奏シ奉安宸襟候段洵ニ國家ノ柱石ニ被思食叡感不斜仍テ爲其賞官位昇進被仰付候事○同日　任權大納言

舊官　叙從二位辭退

庚午年十二月　朕忝大統ヲ繼夙夜憂勤惟恐皇紀未張萬姓未安前途之業實不容易朕深苦慮汝久光朕カ股肱之羽翼トナリ宜朕カ不逮ヲ助ケ左右群臣ト同心戮力皇業ヲ贊成シ朕ヲシヲ復古之成績ヲ遂シメヨ今大納言具視ニ勅テ朕カ意ヲ告其欽テ之レヲ聽ケ

辛未年九月十三日　積年功勞不少格別之思召ヲ以分家被仰出御賞典十萬石之内五萬石爲家祿分賜候事

同日　先般從二位宣下再三固辭無余儀被聞食候處今般更ニ思食ヲ以テ從二位宣下被仰出候事○同日　叙從二位

明治六年三月廿五日　東京第二大區一小區内幸町一丁目二番地元從五位
伊東祐歸邸宅下賜候事
同年四月廿八日　老年且所勞ニ付車寄迄乘馬乘車被差許候事
同年五月十日　麝香間祇候被仰付候事○同日　國事御諮詢被爲在候條御
用之節々參朝可致事
同年十二月廿五日　任內閣顧問　親臨國事御評議之節參候被仰付候事
但大臣可爲次席事
同七年二月十三日　以思食鹿兒島縣ヱ被遣候事
勅語
汝久光近日鎭西ノ形勢ヲ憂ヒ自鹿兒島縣ヱ赴カント縷々上陳ス朕甚其
至誠ノ衷情ヲ感ス今ヤ國家多事ノ際朕カ左右ヲ離ルヘカラスト雖事情
亦止ヲ得サルニ出ツ宜急ニ本縣ニ至リ夫能ク力ヲ竭スヘシ尙速ニ歸京
有ヲ俟ツ

同年四月廿七日　任左大臣
同八年乙亥十月廿七日　依願免本官
同年十一月二日　麝香間祇候被仰付候事
同十二年己卯六月十七日　特旨ヲ以テ位階一級被進候事　叙正二位

三

東京府華族元京都　岩倉具視　文政八年九月生

慶應三年丁卯十二月九日　免勅勘復飾被仰出候事○同日　參與職被仰出
候事
同月廿七日　議定職被仰出候事
慶應改元明治戊辰正月九日　副總裁被仰出候事
同月十七日　兼海陸軍務會計事務等總督被仰出候事
同年二月廿五日　任右兵衞督舊官○同日（原墨）　叙從三位（一行原朱）
同年閏四月廿一日　廢三職八局○同日　是迄之職務被免更議定兼輔相被

原書「藍書進退錄ニ據リテ之ヲ改ム」トシテ三ヲ一ニ訂正セリ（校訂者識）

仰出候事

同月廿三日　被免當職依別段之思食自今御前日參被仰出候事

同月廿五日　依別段思食御前日參被仰出候得共今般御革正機務多端ニ付更ニ議定兼輔相被仰出候事

同二年己巳正月十七日　當職辭退之儀難被聞食屆候得共病痾難澀之趣ニ付不被爲得已願之通輔相被免候議定之儀乍太義是迄之通力疾勤仕可致旨被仰出候事但座列可爲議定第一事

同月廿五日　大納言大將極位宣下之儀昨年來屢御沙汰有之候得共再三固辭ニ依テ權大納言正二位推任叙宣下候事　任權大納言舊官　叙正二位

同年二月十四日　至急御用有之候間早々歸京可致旨被仰出候事

同年三月廿七日　病氣ノ趣被聞召爲御慰問御菓子一折下賜候猶精々療養可相加旨御沙汰候事

同年四月十三日　當官ヲ以テ行政官機務取扱候樣被仰付候事

同年五月十五日　議定更ニ被仰付候事
同年七月八日　任大納言
同年八月廿日　伺之通差扣被仰付候事
同月廿一日　差扣被免候事
同年九月廿六日　勅語
汝具視皇道之衰ヲ憂ヒ大ニ恢復之志ヲ抱ク竟ニ太政復古之基業ヲ輔ケ躬ヲ以テ天下ノ重ニ任シ夙夜勵精規畫圖治以テ中興之業ヲ成ス洵ニ國ノ柱石朕ノ股肱切ニ厥偉勳ヲ嘉ミス乃チ賞賜シテ厥勞ニ酬ユ嗚呼將來輔導益望ムコトアリ汝具視其レ懋哉
高五千石　依偉勳永世下賜候事
同年十一月廿三日　兵部省御用掛被仰付候事
同三年庚午四月二日　兵部省御用掛被仰付置候處被免候事
同年七月十日　民部省御用掛被仰付候事

同年閏十月五日　民部省御用掛被免候事
同月八日　御用有之大坂表へ被差遣候事
同年十二月三日　鹿兒島山口兩藩へ勅使被仰付候事○同日　勅語
方今之形勢前途之事業實ニ不容易義ニ付毛利從二位島津從三位上京朕ヲ輔翼太政ヲ賛成シ各藩之標準トナリ大ニ皇基ヲ助ケ候樣朕カ旨ヲ傳ヘ誠意貫徹候樣盡力可致令委任候事
同日　今般深叡慮ヲ以御劔一口薩州鹿兒島照國大明神へ被納國家興隆之御所誓被爲在候條御趣意奉戴參拜可致旨御沙汰候事
同四年辛未七月十四日　任外務卿
同年八月十八日　親臨勅語
一新以來日夜勵精圖治今日之成業ニ到ルモ汝具視功居多ナリ依テ親臨シテ其功勞ヲ謝ス
同年十月八日　任右大臣○同日　爲特命全權大使歐米各國へ被差遣候事

同年十一月四日　今般汝等ヲ使トシテ海外各國ニ赴カシム朕素ヨリ汝等ノ能ク其職ヲ盡シ使命ニ堪フヘキヲ知ル依テ今國書ヲ付ス其能ク朕カ意ヲ體シテ努力セヨ朕今ヨリシテ汝等ノ無恙歸期ノ日ヲ祝センコトヲ俟ツ遠洋千萬自重セヨ

明治六年癸酉九月十三日　歸朝

同年十月廿四日　朕繼統ノ始ヨリ先帝ノ遺旨ヲ體シ誓テ保國安民ノ責ヲ盡サントス賴ニ衆庶同心協力漸ク全國一致ノ治體ニ至ル於是國政ヲ整ヘ民力ヲ養ヒ勉テ成功ヲ永遠ニ期スヘシ今汝具視カ奏狀之ヲ嘉納ス汝宜ク朕カ意ヲ奉承セヨ

同七年甲戌二月廿七日　病後ニ付日勤ニ不及候得共精々相扶御用之節々出仕候樣御沙汰候事

同年十月三十一日　除服出仕

同九年丙子五月八日　奥羽御巡幸供奉被仰付候事

同月十八日　叙從一位
同年八月廿六日　來九月四日於橫須賀迅鯨號船卸式之節御名代被仰付候
事
同年十二月廿九日　叙勳一等賜旭日大綬章
同十年丁丑一月廿二日　朕西幸ノ間親ク政ヲ視ルコトヲ得ス凡百ノ事爾
具視ニ委任ス爾具視其レ朕カ意ヲ體シテ之ヲ處分セヨ若シ夫レ重大ノ
件ニ至テハ一々之ヲ行在ニ以聞シテ裁ヲ請ヘ事ノ緊急ニシテ稽緩スヘ
カラサルモノハ便宜處決シテ後其事由ヲ以聞スヘシ
同十一年戊寅七月廿四日　御巡幸供奉被仰付候事
同十二年己卯一月廿五日　外國公使接待費用之儀自今一ヶ年金六千圓下
賜候事
同年三月三十一日　除服出仕
同年五月廿八日　外國貴客接待ニ付特別ノ譯ヲ以テ邸宅修繕費金千五百

圓下賜候事
同年九月十日　露西亞國皇帝陛下ヨリ贈賜シタル白鷺勳章ヲ受領シ及佩用スルヲ允許ス
同年十月廿一日　御用有之京都ヘ被差遣候事
同年十二月三日　伊太利國皇帝陛下ヨリ贈賜シタルグランコルドーネデルヲルチネデサンマウリシヨエラツアーロ勳章ヲ受領シ及ヒ佩用スルヲ允許ス
同十四年辛巳十一月十二日　除服出仕
同十五年壬午九月十八日　御用有之福島縣下ヘ被差遣候事
同年十一月一日　叙大勳位
同十六年癸未五月十五日　御用有之京都ヘ被差遣候事
同年七月十九日　依願免本官但可稱前右大臣座次可爲如舊事
同月廿日　薨

同月廿三日
大節善ク斷シ旋轉ノ偉業ヲ賛ケ純忠正ヲ持シ彌綸ノ宏猷ヲ畫ス洵ニ是レ國家ノ棟梁寔ニ臣民ノ儀表タリ況ヤ朕幼冲ニシテ祚ニ登リ一ニ匡輔ニ頼ル啓沃誨ヲ納ル誼師父ニ均シ天憖遺セス曷ソ痛悼ニ勝ヘン其レ特ニ太政大臣ヲ贈ル可シ

奉勅　太政大臣從一位大勳位三條實美

明治十六年癸未七月廿三日　贈太政大臣

四　鹿兒島縣士族　大久保利通 一藏

慶應三年丁卯十二月十日　參與職被仰付候事

同改元明治戊辰二月廿日　徵士參與職內國事務局判事被仰付候事

同年三月廿九日　今度大給縫殿頭儀天機爲伺候段全不調ニ付進退伺之處
差扣被仰付候事

同月三十日　差扣被免候事

同年四月二日　小松帯刀後藤象次郎下坂中顧問詰所へ出仕諸事當職同様可相勤御沙汰候事

（一行原朱）同年閏四月廿一日　廢三職八局○同日（原墨）參與職被仰付候事○同日　叙從四位辭退

同月廿八日　今度御制度御改正二等三等等相當之位新ニ被授候ニ付應其階級衣冠賜之候事

同年五月廿四日　當官ヲ以テ江戸在勤被仰付候事

同年六月廿四日　從前勉勵之處御一新之秋ニ當リ殊ニ盡力朝廷ヲシテ今日之隆運ニ至ラシムルハ舊主忠誠ニ原クハ勿論ニ候得共亦汝等ノ力ニ頼ルナリ然シテ今般當官ヲ以東下被仰付候御旨意最モ重任之儀ニ候得ハ一層奮發致シ關八州及ヒ奥羽ノ殘賊ニ至ル迄速ニ可奏鎮定之功様大總督宮三條等ヲ輔翼可有之旨御沙汰候事

原書「官中日記六月五日トス」トシテ廿四日ヲ五日ニ訂正セリ（校訂者識）

同年十月十九日　今般鎭將府被廢候處是迄之通本官ヲ以テ東京在勤可有之樣御沙汰候事
同二年己巳正月三十日　今般島津中將ヘ爲勅使柳原右少辨被差下候間爲差添下向被仰付候事
同年二月十三日　御東幸ニ付御後ヨリ東下被仰付候事
同年五月十二日　當官ヲ以テ行政官機務取扱候樣被仰付候事
同月十五日　參與更ニ被仰付候事但是迄之兼務總テ被免候事
同月廿一日　叙從四位
同年七月八日　待詔院出仕被仰付候事
同日　積年國事ニ鞅掌シ竟ニ復古ノ業ヲ輔ケ樞要ニ參シ鞠躬補理其勤勞不一方深ク叡賞被爲在其功勞ヲ被爲慰度思食ヲ以今度劇職ヲ免シ散官ニ任ス卽今大綱粗擧ルト雖モ前途ノ業最重シ尙太政御諮詢被爲遊候間獻替指畫可竭力旨御沙汰候事

同年七月廿二日　任參議

同年八月廿日　伺之通差扣被仰付候事

同月廿一日　差扣被免候事

同年九月廿六日　積年心ヲ皇室ニ盡シ丁卯ノ冬太政復古ノ基業ヲ策シ夙夜勵精獻替規畫以テ今日ノ丕績ヲ賛成シ候段叡感不斜依賞其勳勞位階ヲ進メ祿千八百石下賜候事

叙從三位　高千八百石　依勳勞永世下賜候事

同年十二月四日　御用有之鹿兒島藩へ被差遣候事

同三年庚午三月三十日　紫組掛緒下賜候事

同年六月九日　氷川社宣命使被仰付候事

同月十三日　氷川社宣命使被仰付置候處依願被免候事

同年七月十日　民部省御用掛被仰付候事

同年閏十月五日　民部省御用掛被免候事

同年十一月廿五日　御用有之鹿兒島藩へ被差遣候事
同月三十日　日田縣騷擾ニ付鎭撫筋之儀岩倉大納言申談指揮可有之事
同四年辛未正月十日　至急御用有之早々歸京可致事
同年四月廿八日　御用有之山口藩へ被差遣候事
同年六月廿五日　免本官
同月廿七日　任大藏卿
同年七月朔日　制度取調專務被仰付候事
同年八月十二日　制度取調御用被免候事
同年十月八日　特命全權副使トシテ歐米各國へ被差遣候事
同五年壬申三月廿四日　歸朝
同年五月十七日　御用有之米國へ被差遣候事
同六年癸酉五月廿日　歸朝
同年十月十三日　任參議

同年十一月廿九日　兼任内務卿
同七年甲戌二月九日　御用有之九州表へ出張被仰付候事
同月十日　佐賀縣下凶徒暴動之報有之爲鎭靜出張被仰付候ニ付左之件々御委任候事但御委任狀略之
同月廿八日　佐賀縣賊徒爲鎭靜出張被仰付候處賊徒益凶暴ヲ逞フシ候ニ付臨機ノ處分ニ及ヒ格別盡力ノ趣叡感被爲在候依之爲慰勞酒肴下賜候猶此上奮勵速ニ平定ノ功ヲ可奏旨御沙汰候事
同年三月一日　今般東伏見二品親王へ賊徒征討總督トシテ進發被仰付別紙ノ通御委任相成候ニ付テハ前日出張ノ節御渡ノ御委任狀中兵事ニ關スルノ條件ハ自今總督權内ニ屬シ候此旨可相心得候事
同月廿七日　二品東伏見嘉彰親王へ佐賀縣下賊徒征討總督被仰付置候處既ニ及平定候ニ付征討總督被免賊徒等犯罪處刑之儀更ニ御委任被仰付候條親王ノ指揮ヲ受ケ夫々可致處分旨御沙汰候事○同日　佐賀縣賊徒

平定ニ付テハ軍艦引上之儀便宜指揮可致此旨相達候事

同年四月廿九日　御用有之長崎表出張被仰付候事○同日　臺灣蕃地處分ニ付清國ハ勿論其他各國交際ニ關係重大之儀長崎出張之上夫々參酌シ兵隊進退等實際ニ付不都合無之樣取計可致御委任候事

同年八月一日　全權辨理大臣トシテ清國ヘ被差遣候事

同月五日　勅語

此節清國使命之儀ハ不容易大任苦勞候得共素ヨリ國家ノ重事汝其任ニ克ユルヲ信要ス宜ク朕カ意ヲ體シ盡力アルヘシ

同年十一月廿七日　歸朝○同日　勅語

汝利通臺灣蕃地之擧アルヤ清國ト大ニ葛藤ヲ生スルニ方リ辨理大臣ノ重任ヲ奉シ往テ其事ヲ理セシム汝能ク朕カ旨ヲ體シ反復辨論遂ニ能ク國權ヲ全フシ交誼ヲ保存セシム是一ニ汝カ誠心ヲ竭シ義ヲ執テ撓マサルノ致ス所ナリ啻ニ朕カ心ヲ安スルノミナラス實ニ兆庶ノ慶福タリ其

功大ナリト謂フ可シ朕深ク之ヲ嘉尚ス

同日

一錦三卷　紅白縮緬四匹

右下賜候事

同八年乙亥三月十七日　政體取調御用被仰付候事

同年四月三十日　地租改正事務局總裁被仰付候事○同日　米國博覽會事務總裁被仰付候事

同九年丙子五月八日　奥羽御巡幸供奉被仰付候事但御先發之事

同十年丁丑二月十三日　御用有之京都へ被差遣候事

同年八月廿日　佛國博覽會事務總裁被仰付候事

同年十月十七日　本月廿日上州新町驛紡績所開業式ニ付出張被仰付候事

同年十一月二日　叙勳一等賜旭日大綬章

同年十二月十四日　汝利通曩ニ佐賀縣ノ暴動アルヤ速ニ鎭靜ノ功ヲ奏シ

臺灣ノ擧重任ヲ奉シ清國ニ赴キ克ク其事ヲ辨理シ兩國ノ和平ヲ保テリ
朕深ク其勳勞ヲ嘉尙ス仍テ位一級ヲ進メ且前日授ル所ノ旭日大綬章ニ
年金七百四拾圓ヲ付與ス

叙正三位

同十一年戊寅五月十四日　賊刃ニ罹リ薨ス

同月十五日

忠純許國策鴻圖乎復古公誠奉君賛丕績于維新剛毅不撓外樹殊勳英明善
斷內奏偉功洵是股肱之良實爲柱石之臣茲聞溘亡曷勝痛悼仍贈右大臣正
二位並賜金幣五千圓

贈右大臣　贈正二位

五　山口縣士族　廣澤藤原眞臣 兵助

戊辰年正月三日　下參與被仰付候事

同月十七日　今度可爲徵士被仰付候事○同日　海陸軍務掛被仰付候事

同月十九日　內國事務掛被仰付候事但海陸軍務兼勤被仰付候事

同年二月九日　御親征大總督可爲參謀被仰下候事但來ル十五日可爲發遣
候事

同月十二日　御親征大總督參謀被免內國事務專務被仰付候事

同月十六日　今度外國人上京參內ニ付御用掛被仰付候事

同月二十日　徵士參與職內國事務局判事被仰付候事

（一行原朱）同年閏四月二十一日　廢三職八局

同月廿二日　參與職被仰付候事○同日　敘從四位下辭退

同月廿八日　今度御制度御改正二等三等相當ノ位新ニ被授候ニ付應其階
級衣冠賜之候事

同年五月廿三日　當官ヲ以テ京都府御用掛被仰付候事

同年八月廿五日　直垂地一領被下候事

同年十一月二日　當今參與席御無人ニ付至急上京候樣被仰出候事

同二年己巳二月九日　御東幸供奉被仰付候事

同年四月八日　本官ヲ以民部官副知事兼勤被仰付候事

同年五月九日　耶蘇宗徒御處置取調掛被仰付候事

同月十五日　是迄ノ職務被免民部官副知事更ニ被仰付候事

同月廿一日　叙從四位下

（一行原朱）同年七月八日　廢民部官置民部省○（原墨）同日　任民部大輔

同月廿日　御用ノ節々開拓使ヘ出仕被仰付候事

同月廿三日　任參議

同年八月廿日　伺ノ通差扣被仰付候事

同月廿一日　差扣被免候事

同年九月廿六日　積年心ヲ皇室ニ盡シ竟ニ太政復古ノ朝ニ預參シ日夜勵精獻替規畫以テ今日ノ丕績ヲ賛ケ候段叡感不斜仍テ賞其勳勞祿千八百

石下賜候事
高千八百石　依勳勞永世下賜候事
同三年庚午正月七日　紫組掛緒下賜候事
同年三月廿三日　叙正四位
同月廿四日　御用有之山口藩へ被差下候事
同年五月十二日　彈例取停手落ニ及ヒ不束ノ次第ニ付謹愼被仰付候事
同月十九日　謹愼被免候事
同年七月十日　民部省御用掛被仰付候事
同年閏十月五日　民部省御用掛被免候事
同年十一月十五日　御用有之上京被仰付候事
同月三十日　御用有之上京被仰付置候處被免候事○同日　東京府御用掛
被仰付候事
同四年辛未正月八日　死

同月九日　竭心復古之業致身維新之朝獻替規畫勳大功超今也不幸溘然謝
世深悼惜焉因贈正三位幷賜金幣　宣
金三千兩

六　長崎縣士族元佐賀　副島種臣次郎

慶應改元明治戊辰三月十三日　徵士參與職制度事務局判事被仰付候事
同月十九日　御用之筋ニ付當分顧問席ヘ出參可有之事
（原朱）同年閏四月廿一日　廢三職八局（原墨）○同日　參與職被仰付候事○同日　敍従
四位下辭退

（原書「同ノ字職務進退錄ニ據ル」トシテ同月十九日ヲ四月十九日ニ訂正セリ（校訂者識））

同月廿八日　今度御制度御改正二等三等等相當之位新ニ被授候ニ付應其
階級衣冠賜之事
同年六月廿五日　今般願ニ付歸國御暇被賜候ヘ共方今御多事之折柄用向
相濟次第早々登京可致旨被仰付候事

同年七月廿三日　去六月以來賊焰再熾益肆狂悖梗王師候ニ付其方當官ヲ以テ北行被仰付東北遊擊軍將久我大納言ヲ輔翼可致旨御沙汰候事
同年八月廿八日　兼テ被仰付置候通羽州ヘ被差向候然ルニ外御用筋モ有之候ニ付彼表凡目途相立候上ハ早々歸京可致旨被仰付候事
同年十月廿四日　至急之御用有之早々東京ヘ可罷下旨被仰付候事
同年十二月四日　東京在勤被仰付候事
同月十日　以當官議事取調兼勤被仰付候事
同二年己巳二月廿一日　鍋島中納言願ニ依テ少時御暇被下候間用辨相運候上ハ成丈早々東京ヘ可罷出旨御沙汰候事
同年五月十二日　當官ヲ以テ行政官機務取扱候樣被仰付候事○同日　當官ヲ以テ教導局御用掛兼勤被仰付候事
同月十五日　參與更ニ被仰付候事但是迄之兼勤總テ被免候事
同月廿一日　叙從四位下

同年七月八日　任參議

同年八月廿日　伺之通差扣被仰付候事

同月廿一日　差扣被免候事

同年十一月廿八日　奉職以來日夜勵精獻替規畫候段叡感被思召依之御劔一口下賜候事

同三年庚午正月七日　紫組掛緒下賜候事

同年三月廿三日　叙正四位

同月廿八日　彈例取停手落ニ及ヒ不束之次第ニ付謹愼被仰付候事

同年四月二日　謹愼被免候事

同年六月十三日　氷川祭宣命使被仰付候事

同四年辛未五月九日　當分外務省御用專務被仰付候事○同日口達　政府省共日々出仕之事

同年五月十三日　樺太境界談判之爲メ魯國ポシエット灣ヘ被差遣候事

同月廿二日

我邦魯國ト壤土最近シ交誼最厚フスヘシ殊ニ樺太地方ノ如キハ彼我人民雜居往來各其利ヲ營ム之ヲ保全スルノ道ニ於テ豈心ヲ盡サヾルヘケンヤ曩ニ嘉永五年魯帝全權使臣ヲ派シ經界ヲ定メンコトヲ議ス而レトモ互ニ事故アリテ其議成ラス爾後慶應三年ニ至リ彼得堡ニ於テ假リニ雜居ノ約ヲ結ヘリ朕竊ニ方今樺太ノ形狀ヲ察スルニ言語意脈ノ通セサルヨリ民心疑惑或ハ爭隙ヲ生シ怨讐ヲ釀シ遂ニ兩國交誼ノ際懇親ノ意ヲ失フニ至ランカ是經界ヲ定ムルノ最急務ニシテ獨朕ノ深ク憂フルノミナラス魯帝モ亦嘗テ大ニ心ヲ勞セシ所以ナリ因テ爾種臣ニ命シ委ヌルニ全權ヲ以テシ往テ經界ヲ定ムルヲ議セシム爾種臣其レ機宜ニ從ヒ其事ヲ正シ兩國人民ヲシテ其慶福ヲ保タシメ且以テ交誼ノ益厚ク永久渝ラサランコトヲ是朕カ深ク望ム所ナリ爾種臣篤ク斯旨ヲ體セヨ

明治四年五月廿二日

原書廿八日ノ條ノ次ニ左ノ項ヲ書シ朱ヲ以テ抹殺セリ（校訂者識）

同月廿九日外國公使等私宅ニ於テ接待モ有之候ニ付別段爲手當金二千圓宛年々下賜候事

三月九日ノ條ハ原書欄外ニ補入シアルモノニシテ詔勅録ニ抄録明治六年三月九日

同年七月　歸朝

同月廿四日　免本官○同日　御用有之東京滯在被仰付候事

同年十一月四日　任外務卿

同月廿八日　勅語

今般我邦澳地利國ト和親貿易本條約ヲ交換ス爾種臣ニ命シ其事ヲ掌ラシメ委スルニ全權ヲ以テス爾種臣其レ朕ガ意ヲ體シテ以テ能ク其事ヲ了セヨ

同五年壬申四月八日　條約改正取調御用掛被仰付候事

同年五月十六日　御用有之横濱表ヘ出張被仰付候事　外務省

同六年癸酉二月廿七日　特命全權大使トシテ淸國ヘ被差遣候事

同年三月九日　勅語

朕聞ク臺灣島ノ生蕃數次我人民ヲ屠殺スト若シ棄テ問ハスンハ後患何ソ極ラン今爾種臣ヘ委スルニ全權ヲ以テス爾種臣其往テ之ヲ伸理シ以

（外務大臣副島種臣ヲ清國ニ遣リ臺灣ノ事件ヲ處セシムルノ詔トシテ勅語ヲ掲ゲ最後ニ朱ヲ以テ「外ニ別勅并ニ達シアリ」ト註セリ（校訂者識））

テ朕カ民ヲ保ンスルノ意ヲ副ヘヨ欽哉

神武天皇卽位紀元二千五百三十三年

同年七月十四日　歸朝

同年八月廿日　秘魯國條約之事朕爾ニ全權ヲ委任ス欽メ哉

同年九月廿七日　除服出仕○同日　御用有之至急上京可致事

同年十月十三日　任參議○同日　外務省事務總裁被仰付候事

同月廿五日　依願免本官○同日　外務省事務總裁被免候事○同日　御用滯在被仰付候事

同九年丙子九月九日　依願御用滯在被免候事

同十二年己卯四月廿一日　宮內省御用掛一等侍講兼務被仰付候事但一等官ヲ以テ年俸四千圓下賜候事

七

山口縣士族　前原一誠 彥太郞
元佐世八拾郞

明治元戊辰年六月　參謀被仰付候事

同年七月六日四　同藩山縣狂介儀北越官軍參謀依願被免其方へ右代リ被仰付候事

（欄外）戊辰年七月廿九日七　徵士越後府判事被仰付候事

（欄外朱書）同年九月廿一日　改越後府稱新潟府

同年十月　北越本營在勤可致旨御沙汰候事

同二己巳年正月廿四日　新潟府判事被仰付置候通早々府政取計可致旨重テ御沙汰候事

（欄外朱書）同己巳年二月八日　置越後府

同年二月八日　越後府判事被仰付候事〇同日　敍從五位下

同月十二日　御用有之ニ付至急東京へ可罷出旨御沙汰候事

同月廿一日　昨年來久々ノ軍旅兵部卿宮ヲ輔翼シ畫策謀略其機宜ニ中リ速ニ東北平定ノ功ヲ奏シ候段叡感不淺候仍之不取敢爲御太刀料金三百

兩下賜候事

同年六月二日　戊辰正月以來參謀ノ命ヲ奉シ軍務勉勵北越强悍ノ賊ニ當リ苦戰益奮勵指揮其宜ヲ得遂ニ成功ヲ奏シ候段叡感不淺仍テ爲其賞六百石下賜候事

高六百石　依軍功永世下賜候事

同年七月八日　任參議〇同日　叙從四位

同年十二月二日　任兵部大輔

（欄外）庚午年正月十九日　御用有之山口藩へ被差下候事

同三庚午年二月七日　御用有之山口藩へ被差下候樣被仰付置候處御模樣ニヨリ被止候事

同年九月二日　依願免本官〇同日　御用有之東京滯在被仰付候事

同年十二月　在勤中職務勉勵候ニ付官祿三分一終身下賜東京府貫屬被仰付候事

（原書四月八日百兩下賜ノ件ノ次ニ同日東京府貫屬被仰付候事ノ書シ朱ニテ抹殺シアリ（校訂者識））

同四辛未年四月八日　先般在勤中官祿三分一終身下賜東京府貫屬被仰付候處御詮議ノ筋有之御取消相成候事

（欄外）辛未年四月八日　金百兩　右下賜候事○同日　御用有之候條病氣平癒次第東京へ可罷出候事

同七甲戌年八月十五日　御用有之早速上京可致事

同九年丙子十月三十日　位記被褫候事

八

山口縣士族　元桂　木戸孝允　準一郎 小五郎

丁卯年十二月十八日　今般無偏無黨公平之御所置ヲ以テ與天下更始被遊候ニ付人才御撰擧之筋ヲ以急々達叡聞候輩ハ博ク御諮詢被爲在候ニ付其藩右人體御登用被爲遊候間早々登京致候樣可申付旨御沙汰候事

戊辰年正月廿三日〔五〕　顧問參與被仰付候事

戊辰年二月廿日　徵士參與職總裁局顧問被仰出候事○同日　當分外國事

務掛被仰出候事

同年閏四月　徳川慶喜段々悔悟恭順之趣愈謝罪之實効相立候ニ付慶喜之處分且家名被立下候ニ付相續人並秩祿高之儀衆議高（マヽ）論ヲ執リ御裁決被爲遊度候間無伏臟見込之程封書ヲ以可申上樣被仰出候事

同月六日　長崎表切支丹宗徒御處置之儀不容易事件ニ付取扱被仰付候間早々發程盡力可有之候事

（原朱）同年閏四月廿一日　廢三職八局○（原墨）同日　是迄之職務被免更ニ參與被仰付候事

閏四月廿三日　叙從四位下　辭退

戊辰閏四月廿八日　今度御制度御改正二等三等（等脱カ）相當之位新ニ被授候ニ付應其階級衣冠賜之候事

同年六月十九日　以江戸東京ト被定之儀ヨリ件々遠大之御內慮被仰含候通リ速東下大總督宮三條輔相等ヘ遂評議候上復奏可有之候尤至重之儀

ニ付兩士へ被仰付候間現在臨其地治國平天下之基礎相立候樣宜廻神算旨御沙汰候事

同年八月廿八日　東京行幸供奉被仰付一通御用濟次第早々歸京可致旨御沙汰候事（孝允手紀ニ六月十九日トアリ）

戊辰十一月廿一日　外國官副知事心得ヲ以可致兼勤旨被仰付候事但御猶豫願

同年十二月　來八日還幸供奉被仰下候事

同月三日（三日朱書）　還幸供奉被仰付候處御用被爲在候ニ付暫時居殘リ御用濟之上歸京被仰付候事

己巳年二月九日（九日朱書）　會津降伏人之儀軍務官へ取締被仰付候ニ付テハ其方於テハ兼々取扱致候ニ付同官申合取計可致旨御沙汰候事

同年三月六日（六日朱書）　久々東京在勤歸京日間モ無之候得共四月十日迄ニ東下可有之被仰出候事但東下迄之處尤御留守在勤可有之事

同月　今般御東幸御留守之儀尤大切ノ事苦勞被思食候得共別テ勉勵奉可有之旨御沙汰候事但今日被仰渡候儀於御前親鋪御沙汰可被爲在思食之處段々御多事御問合モ無之ニ付不被爲及其儀候猶兼テ御設之酒肴下賜候事

同年七月八日七　積年國事ニ鞅掌更始以來樞要ニ參シ鞠躬補理其勤勞不一形深ク叡賞被爲在其功勞ヲ被爲慰度思食ヲ以今度劇職ヲ免シ散官ニ任ス卽今大綱粗擧ルト雖前途之業最重シ尙大政御諮詢被爲遊候間獻替指畫可竭力旨被仰出候事○同日　補待詔院學士

同月　待詔院上局學士被廢候ニ付改テ待詔院出仕被仰付候間國事御諮詢之節々參朝可有之候事

同年九月廿六日　積年心ヲ皇室ニ盡ス戊辰ノ春太政ニ預參シ夙夜勵精獻替規畫以テ中興ノ鴻業ヲ贊成シ候段叡感不斜仍テ賞其勳勞位階ヲ進メ祿千八百石下賜候事

叙従三位
高千八百石　依勳勞永世下賜候事
同年十二月三日　明春支那朝鮮使節可被差越候右ハ最重大事件ニ付即今ヨリ交際規程古今斟酌篤ク取調可申旨御內意候事
己巳年十二月三日（三日朱書）　御用有之山口藩ヘ被差向候事
庚午年二月　山口藩內暴動之次第不容易儀ニ付速ニ至鎭定候樣可致盡力御沙汰候事
庚午年三月十五日　先般山口藩ヘ被差遣候處早々御用取片附歸京可致旨御沙汰候事
同年六月十日（廿三日朱書）　任參議
同年九月廿三日　先般疾ヲ以當職辭退之儀不被及御沙汰候處當今御多事之折柄ニ付格別御宥貸被爲在病間ヲ以精々出仕可致旨更御沙汰候事
同年十月七日　紫組掛緒下賜候事

同年十一月廿五日　御用有之山口藩へ被差遣候事

同年十一月三十日　日田縣騷擾ニ付鎭撫筋之儀岩倉大納言申談指揮可有之事

辛未年三月　御用有之山口藩へ被差遣候事

同年四月十四日　御用有之早々歸京可致事

同年六月廿五日　免本官○同日　任參議

同年十月八日　特命全權副使トシテ歐米各國へ被差遣候事

明治四年辛未十一月四日　勅語

今般汝等ヲ使トシテ海外各國ニ赴カシム朕素ヨリ汝等ノ能ク其職ヲ盡シ使命ニ堪ユヘキヲ知ル依テ今國書ヲ付ス其能ク朕カ意ヲ體シテ努力セヨ朕今ヨリシテ汝等ノ無恙歸朝ノ日ヲ祝センコトヲ俟ツ遠洋千萬自重セヨ

明治六年七月廿七日　歸朝

明治六年十月廿四日　辭表之趣難被及御沙汰所勞之儀ハ不得已事ニ候得
共政務多端之際篤ト療養ヲ加ヘ快氣次第出仕可致事
明治七年一月廿五日　兼任文部卿
明治七年二月十二日　病中ニ付不及日勤候得共精々相扶時々出仕可致事
同年二月十四日　參議兼內務卿大久保利通九州出張中內務卿兼勤被仰付
候事
同年四月廿七日　大久保內務卿歸京ニ付內務卿兼勤被免候事
同年五月十三日　依願免本官並兼官〇同日　宮內省出仕被仰付候事但一
等官給ヲ賜席順之儀可爲如舊事
同年十二月廿五日　御用有之候條來一月歸京可致事
同八年三月八日　任參議
同月十七日　政體取調御用被仰付候事
同年六月二日　地方官會議議長被仰付候事

同年八月八日　地方官會議議長被免候事

同年十一月廿二日　除服出仕

同九年丙子三月廿八日　依願免本官〇同日　內閣顧問被仰付候事但年俸三千圓下賜席順之儀ハ可爲如舊事

同年五月八日　奧羽御巡幸供奉被仰付候事

同年八月三日　宮內省出仕被仰付候事但一等官給下賜席順之儀ハ可爲如舊事〇同日　御輔翼之儀ハ勿論省中一切ノ事務卿輔ト協議取扱可有之事

同年十一月三十日　來明治十年一月大和及京都へ行幸ニ付供奉被仰付候事

同十年五月廿五日　敘勳一等

同月廿六日　死

同廿八日　公誠忠愛夙傾心于皇室獻替規畫大展力於邦猷賛維新之洪圖襄

中興之偉業功全德豐有始有終洵是國之柱石實爲朕之股肱茲聞溘亡曷勝
痛悼因贈正二位併賜金幣
同日　贈正二位

九

長崎縣士族元佐賀　大隈重信八太郎
天保十年癸亥十月生

慶應改元明治戊辰三月十七日　徵士參與職外國事務局判事被仰付橫濱在
勤可有之事
同年閏四月十日　橫濱裁判所在勤被仰付候事
同年五月四日　是迄之職務被免長崎府判事兼外國官判事被仰付候事
同月六日　叙從五位下
同年八月廿二日　長崎府判事被免外國官判事被仰付候事○同日　御用有
之候間長崎表御用濟次第早々東下可致事
同年十一月廿五日　御用有之早々東下候樣被仰付候事

同年十二月廿七日　外國官副知事被仰付候事
同二年己巳正月十日　參與職被仰付候事但外國官副知事兼勤可致候事
同月十二日　當官ヲ以テ會計官ヘ出仕可致旨被仰付候事
同年二月　叙從四位下
同年三月廿日　當職ヲ以テ民政取調被仰付候事
同月晦日　當官ヲ以テ會計官副知事兼勤被仰付候事
同年四月十七日　外國官副知事兼勤被免會計官副知事兼勤被仰付候事
同年五月十五日　是迄之職務總テ被免會計官副知事更ニ被仰付候事
同年七月八日　任大藏大輔
同月廿二日　任民部大輔
同年八月十一日　兼任大藏大輔
同年十月廿四日　謹愼被仰付候事
同月廿九日　謹愼被免候事

同年十一月十日　鐵路製作決定ニ付英國ヨリ金銀借入方條約取結ノ全權
御委任候事
同月廿八日　昨年來奉職鞅掌勵精盡力候段御滿足被思召候依之爲御太刀
料金三百兩下賜候事
同三年庚午七月十日　免本官專任大藏大輔
同年九月二日　任參議
同年十月七日　紫組掛緒下賜候事
同年閏十月八日　御用有之大坂表へ被差遣候事
同月十四日　制度御用掛被仰付候事
同四年辛未二月十五日　大坂造幣寮御開ニ付出張被仰付候事
同年三月十八日　各國條約改定御用掛被仰付候事
同年五月八日　御用有之大坂表へ被差遣候事
同年六月廿五日　免本官

同月廿七日　任大藏大輔
同年七月朔日　制度取調專務被仰付候事
同月十四日　任參議
同年十一月四日　造幣寮創建ノ儀ハ我邦未曾有之大業ニ候處速ニ成功ニ及候段全ク勵精盡力之所致叡感不淺候依之爲其賞別紙目錄之通下賜候事
　金四百圓
同年十二月九日　敍正四位
同月十三日　墺地利國展覽會御用掛被仰付候事
同五年壬申十月廿二日　御用有之西國筋ヘ被差遣候事
同月廿五日　鐵道創建ノ始物議紛紜ヲ不顧定見ヲ確守シ終ニ今日之成功ニ及候段叡感不淺候依之爲其賞目錄之通下賜候事
　御劒　一口　代金六百圓

同月廿七日　博覧會事務總裁被仰付候事
同六年癸酉三月三十日　神子元島燈明臺見分トシテ出張被仰付候事
同年五月九日　本官ヲ以テ當分大藏省事務總裁被仰付候事
同年八月廿八日　御用有之京攝ヘ出張被仰付候事
同年十月廿五日　兼任大藏卿
同七年甲戌四月五日　臺灣蕃地事務局長官被仰付候事
同月十五日　長崎臺灣蕃地事務局出張被仰付候事
同年十二月十日　從四位井上馨大藏大輔奉職中舊盛岡藩外債ニ係ル村井茂兵衛上納金處分ノ次第委詳取調早々可差出此旨相達候事
同八年乙亥四月三十日　地租改正局御用掛被仰付候事
同九年丙子五月八日　奥羽御巡幸供奉被仰付候事
同十年丁丑四月十六日　御用有之京都ヘ被差遣候事
同年六月廿五日　除服出仕

同年十月十七日　本月廿日上州新町驛紡績所開業式ニ付出張被仰付候事
同年十一月二日　叙勳一等賜旭日大綬章
同年十二月四日　征討費總理事務局長官被仰付候事
同月十四日　曩ニ臺灣ノ擧アルヤ汝重信事務長官ノ任ヲ盡シ日夜黽勉能ク之ヲ綜理ス朕其功勞ヲ嘉シ仍其賞トシテ金幣ヲ賜與ス
金千五百圓
同十一年戊寅五月十六日　地租改正局總裁被仰付候事
同年七月廿四日　御巡幸供奉被仰付候事
同十二年己卯三月七日　條約改正御用掛被仰付候事
同年六月十八日　法制局長官井上馨出張中同局御用取扱被仰付候事
同年七月十一日　法制局長官井上馨歸京ニ付同局御用取扱被免候事○同日　香港鎭臺ヘンチッシー氏箱館巡覽ニ付同行被仰付候事
明治十三年二月廿八日　免兼官

同十四年辛巳六月十六日　御巡幸供奉被仰付候事
（一行原朱）同月三十日　廢地租改正事務局
同年七月二十二日　特旨ヲ以位一級被進候事○同日　叙從三位○同日
地租改正事務勉勵綜理候ニ付爲其賞別紙目錄ノ通下賜候事
目錄　金貳千圓
同十四年辛巳十月十二日　依願免本官

一〇

鹿兒島縣士族　西鄕隆盛（吉之助）

慶應三年丁卯年十二月十日　參與職被仰付候事
明治元年戊辰年正月　海陸軍務掛被仰付候事
同年二月十四日　大總督參謀被仰付候事
戊辰五月六日　叙從四位下
同年五月七日　是迄之職務被免更ニ參與被仰付候事

戊辰五月七日　大總督參謀可爲是迄之通旨被仰出候事
戊辰五月廿四日　江戸在勤被仰付候事
戊辰年十月三十日　春來久々之軍旅兵部卿ヲ輔翼シ畫策謀略其機宜ニ中リ速ニ東北平定之功ヲ奏候段叡感不淺候今般凱旋ニ付不取敢爲御太刀料金三百兩下賜候事
同二年己巳正月十八日　先般依願歸國被仰付置候處御用有之早々上京可致旨御沙汰候事
同年六月二日　積年勤王之志不淺丁卯以來大政復古之盛業ヲ賛ケ續テ參謀之命ヲ奉シ東京城ヲ收メ其後北越ニ出張軍務勵精指麾緩急其圖ニ中リ竟ニ成功ヲ奏シ奉安宸襟候段睿感不斜仍テ爲其賞二千石下賜候事
高二千石　依軍功永世下賜候事
同年九月廿六日　太政復古之際ニ方リ身ヲ以國ニ許シ鞠躬盡力以テ成功ヲ奏シ候段睿感不斜仍賞其功勞正三位ニ被叙候事

敍正三位
同三年庚午三月廿七日　先達被爲召候處大久保參議復命言上之趣被聞食候條最早不及上京候事
同年五月二日　位記返上願之通被思食候事
同年七月廿八日　任鹿兒島藩大參事
同四年辛未六月廿五日　任參議○同日　敍正三位
同年七月三日　紫組掛緒下賜候事
同年十月廿三日　大藏省御用掛被仰付候事
同五年壬申七月十九日　兼任陸軍元帥○同日　近衞都督被仰付候事
同月廿九日　任陸軍元帥兼參議
同六年癸酉五月十日　任陸軍大將兼參議
同月廿日　先般大藏省御用掛被仰付置候處被免候事
同年十月廿四日　依願免兼官○同日　依願近衞都督被免候事○同日　辭

表之趣難被及御沙汰被思召候得共別段陳述之衷情モ有之不得已次第ニ付願之通參議被免陸軍大將如故候事
明治十年丁丑二月廿五日　官位褫奪被仰付候事

一　高知縣士族　板垣退助正形

戊辰年二月　東山道總督府參謀被仰付候事
同年六月十一日　東山道總督府參謀被仰付置候處被免大總督府參謀補助被仰付白川口出張各兵隊驅引可致旨御沙汰候事
同月十四日　鷲尾侍從奧羽追討白川口出張被仰付候間同人指揮ニ從ヒ當役ヲ以可相勤旨御沙汰候事
同年十月三十日　春來久々之軍旅兵部卿ヲ輔翼シ畫策謀略其機宜ニ中リ速ニ東北平定之功ヲ奏シ候段叡感不淺候今般凱旋ニ付不取敢爲御太刀料金三百兩下賜候事

己巳年二月十二日　御用有之ニ付至急東京ヱ可罷出旨御沙汰候事
同年四月九日　徵士參與職被仰付候事○同日　叙從四位下
同月十三日　當官ヲ以行政官機務取扱候樣被仰付候事
同月十四日　當職ヲ以賞典取調掛兼勤被仰付候事
同年五月十五日　參與職更被仰付候事但是迄之兼勤總テ被免候事
同年六月二日　戊辰正月以來參謀ノ命ヲ奉シ軍務勉勵萬變應機畫策得其宜今日平定之功ヲ奏シ奉安宸襟候段叡感不斜依爲其賞祿千石下賜候事
高千石　依軍功永世下賜候事
同年七月七日　久シク軍旅ニ勞シ繼テ太政ニ預參シ勉勵不一形卽今紀綱稍張ト雖モ前途甚遠シ今前職ヲ免シ散官ニ任ス尙太政御諮詢被爲在候間獻替指畫可竭力旨被仰出候事○同日　補待詔院學士
同年七月　待詔院上局學士被廢候ニ付改テ待詔院出仕被仰付候間國事御諮詢之節々參朝有之候事

同年八月　依病氣願待詔院出仕被免位階返上被聞食候事
庚午年八月十四日　御用有之歐羅巴洲ヱ被差遣候事
同月廿七日　歐羅巴行被仰付置候處被免候事
同年閏十月廿四日　任高知藩大參事
同四年辛未七月四日　今度別紙ノ通高知藩知事へ可被仰出ノ處兼テ病痾願ノ次第モ有之ニ付知事代リトシテ御用ノ節々可被爲召候間此段相達候事○同日口達　一月中三ケ度參內ノ事但二ノ日ヲ以テ定日トシ十字參仕政府宮內省へ舍人ヲ以テ可屆出尤御用有之節ハ此余時々可被召候事
辛未年七月十四日　任參議○同日　叙從四位
同年十二月八日　叙正四位
明治六年三月三十日　神子元島燈明臺見分トシテ出張被仰付候事
同年十月廿五日　依願免本官○同日　御用滯在被仰付候事

同八年三月十二日　任參議

同月十七日　政體取調御用被仰付候事○同日　今般再任ニ付特旨ヲ以坐順之義モ從前之通タルヘキ旨被仰出候事

同八年十月廿七日　依願免本官

一二

東京府士族元高知　後藤象二郎元燁

慶應三丁卯年十二月十日　參與職被仰付候事

明治元戊辰年正月十七日　參與職外國事務掛被仰付候事

同年二月廿日　徵士參與職總裁局顧問被仰付候事○同日　當分外國事務掛被仰出候事

同年三月廿四日　外國事務局判事兼勤被仰付候事

同月廿五日　御親征中軍監兼勤被仰付候事但顧問兼外國事務局判事是迄之通被仰付候事

(原朱)
同年閏四月廿一日　廢三職八局○同日(原墨)　是迄之職務被免更ニ參與被仰付候事○同日　叙從四位下

同月廿八日　今度御制度御改正ニ付二等三等等相當之位新ニ被授候ニ付應其階級衣冠賜之候事

同年五月廿三日　當官ヲ以大坂府在勤被仰付候事

同年七月十二日　當官ヲ以大坂府知事兼勤被仰付候事

同年九月十九日　大坂府在勤中會計御用ヲモ可取扱旨被仰付候事

同年十月廿日　當官ヲ以治河掛被仰付候事

同年十一月七日　在坂之會計官御用向總テ其府ニテ取扱可致旨被仰付候事○同日　今般治河掛被仰付候ニ就テハ其地天保山新港開鑿別テ盡力可有之旨被仰出候事

同二己巳年正月十二日　御用有之早々東京ヘ可下旨被仰付候事

同年二月十三日　御東幸御先著被仰付候事

同月廿四日　大坂府知事兼勤被免候事

同月廿五日　治河掛兼勤被免候事　（符箋）職務進退錄二月廿日トス

同年三月廿日　當官ヲ以民政取調被仰付候事

同月　東京在勤被仰付候事

同年四月十三日　當官ヲ以行政官機務取扱候樣被仰付候事

同年五月十五日　參與更ニ被仰付候事但是迄之兼勤總テ被免候事

同月廿一日　叙從四位下

同年七月　復古之業ヲ助ケ樞要ニ參シ職務勉勵不一形深ク睿賞被爲在其
功勞被慰度思召ヲ以テ今度劇職被免尙令住京候樣被仰出候事

同年九月廿六日　丁卯之歲復古之基業ヲ助ケ大政ニ參シ日夜勵精以テ今
日之丕績ヲ賛ケ候段睿感不斜仍賞其勳勞祿千石下賜候事

高千石　依勳勞永世下賜候事

同三庚午年七月十二日　麝香間祇候被仰付候事但國事御諮詢被爲在隔日

出仕被仰出候事
同月卅日　紫組掛緒下賜候事
同年八月十七日　制度御用掛被仰付候事
同年十一月廿七日　毎月二七ノ日二時ヨリ國法御會議ニ付出席被仰付候
事
同四辛未年六月廿八日　任工部大輔
同年七月二日　制度取調専務被仰付候事
同年八月十二日　制度取調御用被免候事
同年九月廿日　任議長
同年十二月九日　叙正四位
明治六年癸酉三月三十日　神子元島燈臺見分トシテ出張被仰付候事
同年四月十九日　任參議
同年七月十四日　本官ヲ以當分左院事務總裁被仰付候事

同年十月廿五日　依願免本官○同日　左院事務總裁被免候事○同日　御用滯在被仰付候事
同八年乙亥四月廿五日　任議官
同月廿八日　任副議長
同九年丙子三月廿八日　依願免本官

一三

長崎縣士族元佐賀　大木喬任民平
天保三年壬辰三月生

慶應改元明治戊辰閏四月四日　徵士參與職外國事務局判事被仰付候事
（一行原朱）
同月廿一日　廢三職八局
同月廿四日　京都府判事被仰付候事○同日　叙從五位下
同月廿八日　京都府判事被免軍務官判事被仰付候事○同日　今度御制度御改正二等三等等相當ノ位新ニ被授候ニ付應其階級衣冠賜之候事
同年五月廿四日　當官ヲ以テ議長ノ場相勤候樣被仰付候事
同年六月七日　兼テ議長ノ場相勤候樣被仰付置候處頃日軍務殊更多端ニ付右被免候事
同年七月十二日　是迄之職務被免參與被仰付候事○同日　叙從四位下辭退

同月十九日　以江戸東京ト被定之儀ヨリ件々遠大之御内慮被仰含候通速ニ東下大總督宮三條輔相等ヘ遂評議候上復奏可有之候尤至重之儀ニ付兩士ヘ被仰付候間現在臨其地治國平天下之基礎相立候樣宜廻心算旨御沙汰候事

同年九月　御東行供奉被仰付候事

同月十九日　議事體裁取調御用被仰付候事○同日　兼テ被仰付置候議事體裁取調御用此度山内中納言ヘ總裁被仰付候間以後右御用ニ關係致候儀ハ總裁ヘ可伺出候事

同年十二月四日　東京在勤被仰付候事

同月　當官ヲ以東京府知事兼勤被仰付候事

同二年己巳三月廿二日　當官ヲ以開墾掛被仰付候事

同年五月十五日　參與被免東京府知事是迄之通被仰付候事

同月廿一日　叙從四位下

同年七月十五日　任東京府大參事
同年十一月十八日　任東京府權知事
同月廿二日　今般厚キ思食ヲ以權知事被仰付候處建言辭表之趣無餘儀儀ニ被思召御採用相成候事但大參事是迄之通可相勤事
同年同月廿九日　昨年來奉職鞅掌勵精盡力候段御滿足被思召候依之御太刀料トシテ金三百兩下賜候事
同年十二月廿七日　先達テ高知藩片岡三治變死之節取扱方不行屆ニ付謹愼被仰付候事
同月三十日　謹愼被免候事
同三年庚午七月十日　任民部大輔○同月同日　當分東京府御用掛被仰付候事
同年十二月二日　東京府御用掛更ニ被仰付候事
同四年辛未二月　東京府中警固卒被置候ニ付取調御用掛被仰付候事

同年六月廿五日　免本官

同年七月二日　制度取調専務被仰付候事

同月四日　任民部大輔

同月十四日　任民部卿

同月廿七日　廢民部省（一行原朱）

（原墨）追テ御沙汰候迄從前之通事務取扱可致事

同月廿八日　任文部卿

同年八月十二日　制度取調御用被免候事

同年十二月十四日　叙正四位

同五年壬申十月廿五日　兼任教部卿

同六年癸酉四月十九日　任參議

同年十月廿五日　兼任司法卿

同七年甲戌七月廿九日　除服出仕

同九年丙子十一月十一日　西國暴動ノ賊犯罪處分ノ爲メ出張被仰付候事
○同日　今般西國ニ於テ暴動ノ賊徒等犯罪處分之儀御委任出張被仰付
候ニ付其地ニ就テ臨時裁判ヲ開キ本月八日司法省ヘ御達シ相成候罪名
大目ニ依リ裁決處刑濟之上可遂奏聞事
同十年丁丑五月十七日　御用有之京都ヘ被差遣候事
同年十一月二日　叙勳一等賜旭日大綬章
同十三年庚辰二月廿八日　兼任議長
同年四月三十日　民法編纂總裁被仰付候事
同十四年辛巳六月十六日　御巡幸供奉被仰付候事
同年十月廿一日　免兼官○同日　兼任司法卿
同十一月五日　金五百圓　右御巡幸供奉中格別勉勵候ニ付爲慰勞頭書之
通下賜候事　宮内省

一四　佐賀縣士族　江藤新平

明治元年戊辰閏四月五日　徵士被仰付候事

同月十日　三條大納言爲關東監察使下向被仰出候間附屬被仰付候事

同年五月十一日　軍監ヲ以江戸府判事兼帶被仰付候事

同月十三日　叙從五位下

同年六月五日　江戸鎭臺府判事今般改テ被仰出候事

(原朱)同年七月十七日　廢鎭臺府置鎭將府

(原朱)同年十月十九日　廢鎭將府○同日　今般鎭將府被廢候ニ付是迄之職務被免候事

同月廿日　會計官判事被仰付候事但東京在勤可有之事

同月廿三日　東京府判事被仰付會計官判事兼勤候樣改テ御沙汰候事

同年十一月廿九日　當官ヲ以奥羽府縣取調御用掛被仰付候事

同年十二月四日　東京在勤被仰付候事

同月十二日　皇居御造營掛被仰付候事

同二年己巳正月十日　御用有之候間至急上京可致旨御沙汰候事

同年五月廿三日　勤仕中格別勵精之段神妙之事ニ候今度官員御減省ニ付是迄之職務被免候事但位階返上之事

任佐賀藩權大參事　校訂者識本項月日ヲ記セズ

同年十一月七日　任中辨

同年十二月十七日　其方儀不慮之難ニ遇ヒ候段達睿聞爲養生料金百五拾兩下賜候事

同三年庚午二月三十日　本官ヲ以制度取調專務被仰付候事

同年九月廿五日　戊辰江城新ニ定ルノ時ニ當テ專ラ民政ヲ修メ日夜鞅掌奉職勉勵候段睿感不淺仍テ賞其勳勞祿百石下賜候事

高百石　依勳勞終身下賜候事

同四年辛未二月　制度局御用掛兼勤被仰付候事

同月　東京府中警固卒被置候ニ付取調御用掛被仰付候事
同年七月二日　制度局兼勤被仰付候事
（原朱）同月十四日　廢官○（原墨）同日　太政官出仕被仰付候事
同月十八日　任文部大輔○同日　制度局兼務被仰付候事
同年八月四日　任一等議員
同月十日　任副議長
同年十二月九日　叙從四位
同五年壬申三月十四日　敎部省御用掛兼勤被仰付候事
同年四月廿五日　任司法卿
同年五月二日　爲理事官歐米各國ヘ被差遣候事
同年五月五日　叙正四位
同六年癸酉四月十九日　任參議
同年十月廿五日　依願免本官○同日　御用滯在被仰付候事

同七年甲戌三月十五日　位記被褫候事

一五

鹿兒島縣士族　寺島宗則 陶藏

明治元年戊辰正月廿三日　參與外國事務掛被仰付候事

同年二月廿日　參與職外國事務局判事被仰付候事

同年三月四日　當分制度事務局判事被仰付候事但外國事務局判事如故候事

同月廿七日　横濱裁判所在勤被仰付候事

(一行原朱)同年閏四月廿一日　廢三職八局

同年六月十七日　是迄之職務被免神奈川府判事被仰付候事

同年八月十日　伊斯波尼亞國和親貿易條約取結之儀願出候處御許容相成右條約取結之全權東久世中將へ御委任被爲在候ニ付同樣取扱候樣被仰付候事

同年九月十七日　廢神奈川府置神奈川縣
（一行原朱）
同月十九日　是迄之職務被免神奈川縣知事被仰付候事
同年十月廿五日　外國官判事兼勤被仰付候事○同日　叙從五位下
同年十一月廿七日　獨乙國北部聯邦新條約取結全權東久世中將へ御委任被爲在候ニ付同樣取扱候樣被仰付候事
同二年己巳三月晦日　是迄之職務被免候事○同日　參與被仰付候事　叙從四位下
同年七月八日　任外務大輔
同月廿三日　澳太利國和親貿易條約取結之全權御委任被仰付候事
同年十一月廿八日　昨年來奉職鞅掌勵精盡力候段御滿足被思召候依之爲御太刀料金三百兩下賜候事
同三年庚午正月廿九日　西班牙國和親貿易條約取結之全權御委任被仰付候事

同四年辛未六月十九日　ハウアイ島和親貿易條約取結之全權御委任被仰付候事
同月廿九日　制度取調專務被仰付候事
同年十一月廿八日　今般我邦澳地利國ト和親貿易本條約ヲ交換ス爾宗則ニ命シ委スルニ全權ヲ以テス宗則其レ朕カ意ヲ體シテ以テ能ク其事ヲ了セヨ
同年十二月十四日　澳地利國展覽會御用掛被仰付候事
同五年壬申四月八日　條約改正取調御用掛被仰付候事
同月廿五日　任大辨務使○同日　英國在留被仰付候事
同月廿八日　英國ヘ被差遣候ニ付交際之事務及在留國民管轄委任被仰付候事
同年五月三日　敍正四位
(原失)
同年十月十四日　廢官○同日(原墨)　任特命全權公使

（一行原朱）
六年癸酉十月十七日　歸朝
同六年癸酉十月廿五日　任參議兼外務卿
同八年乙亥九月十五日　除服出仕
同九年丙子一月十七日　除服出仕
同年七月廿九日　北海道巡視被仰付候事
同十年丁丑六月六日　御用有之京都ヘ被差遣候事
同年十一月二日　叙勲一等賜旭日大綬章
同年十二月廿四日　露西亞國皇帝陛下ヨリ贈賜シタル神聖アンナ第一等
　勳章ヲ受領シ及佩用ヲ允許ス
同十二年己卯九月十日　兼任文部卿
同月十二日　兼任法制局長官（兼文部卿如故）
同十三年庚辰二月廿八日　免兼文部卿
（一行原朱）
同年三月三日　廢法制局

同年四月十二日　御巡幸供奉被仰付候事
同年六月十五日　御用有之御巡幸供奉被免候事但御用相濟次第參向可致候事

一六

山口縣士族　伊藤博文俊輔

明治元年戊辰正月廿五日　參與職被仰付候事
同年二月廿日　徵士參與職外國事務局判事被仰付候事
（一行原朱）同年閏四月廿一日　廢三職八局
同年五月三日　是迄之職務被免大坂府判事兼外國官判事被仰付候事但兵庫神戸兩所在勤ノ事
同月六日　敍從五位下
同月廿三日　兵庫縣知事被仰付候事
同二年己巳三月十八日　御用有之東下可致旨被仰付候事

同年四月十日　依願兵庫縣知事被免候事但位記返上ノ事
同月十二日　願之趣難被聞食屆候得共無餘儀次第モ有之兵庫縣知事被免候然ル處何分要港之儀ニ付更判事被仰付候間知事久我維麿ヲ輔翼シ勉勵候樣御沙汰候事
同日　徵士兵庫縣判事被仰付候事○同日　叙從五位
同年五月十六日　當官ヲ以テ通商司知事兼勤被仰付候事
同年五月十八日　是迄之職務被免會計官權判事被仰付候事
同年六月廿日　當官ヲ以テ東京在勤被仰付候事
同年七月八日　廢會計官置大藏省
（一行原朱）
同月十八日　任大藏少輔
同年八月十一日　兼任民部少輔
同月十五日　本官ヲ以テ北海道開拓御用掛被仰付候事
同年十一月十日　鐵路製作決定ニ付英國ヨリ金銀借入方條約取結之全權

御委任被仰付候事
同月廿八日　昨年來奉職鞅掌勵精盡力候段御滿足被思食候依之爲御太刀料金三百兩下賜候事
同三年庚午七月十日　民部少輔兼任被免候事
同年閏十月三日　御用有之米利堅國ヱ被差遣候事
同月廿日　復古以來勤勞不少候ニ付位階二等昇進被仰付候事　叙從四位
同四年辛未五月　歸朝
同年六月廿日　御用有之大坂表ヘ出張被仰付候事
同年七月廿八日　任租稅頭
同年八月五日　當分造幣頭兼勤被仰付候事
同年九月廿日　任工部大輔
同月廿七日　前職中御用取調トシテ大坂出張被仰付候事
同年十月八日　特命全權副使トシテ歐米各國ヱ被差遣候事

同年十一月四日　今般汝等ヲ使トシテ海外各國ニ赴カシム朕素ヨリ汝等ノ能ク其職ヲ盡シ使命ニ堪フヘキヲ知ル依テ今國書ヲ付ス其レ能ク朕カ意ヲ體シテ努力セヨ朕今ヨリシテ汝等ノ恙ナク歸朝ノ日ヲ祝センコトヲ俟ツ遠洋千萬自重セヨ

同年十一月四日　造幣寮創業之儀ハ我國未曾有之大業ニ候處速ニ成功ニ及候段全勵精盡力之所致叡感不淺候依之爲其賞別紙目錄之通下賜候事

金四百圓

同五年壬申十月廿五日　銕道創建物議紛紜ヲ不顧定見ヲ確守シ終ニ今日之成功ニ及ヒ候段叡感不淺依之爲其賞目錄之通下賜候事

劔一口　代金六百圓

同六年癸酉九月十三日　歸朝

同年十月廿五日　任參議○同日　兼任工部卿

同七年甲戌二月十八日　叙正四位

同年七月七日　地方官會議議長被仰付候事
同年八月二日　大久保內務卿淸國派出中內務卿兼勤被仰付候事
同年十一月廿八日　大久保內務卿歸朝ニ付內務卿兼勤被免候事〇同日
　地方官會議長官被免候事
同八年乙亥一月十七日　御用有之大坂表へ出張並但馬生野京都越前敦賀
　へ順廻被仰付候事
同年三月十七日　政體取調御用被仰付候事
同年七月九日　法制局長官被仰付候事
同九年丙子四月廿二日　賞牌取調掛被仰付候事
同年五月十六日　御用有之生野銀山出張被仰付候事
同年七月廿九日　北海道巡視被仰付候事
同年十月十二日　兼任賞勳事務局長官兼工部卿法制局長官如故
同年十一月廿九日　來明治十年一月大和及京都へ行幸ニ付供奉被仰付候

事

同十年丁丑七月廿五日　還幸供奉被仰付候事

同年十月十七日　本月廿日上州新町驛紡績所開業式ニ付出張被仰付候事

同年十一月二日　敍勳一等賜旭日大綬章

同年十二月廿五日　刑法草案審査總裁被仰付候事

（原朱）同十一年戊寅三月五日　廢賞勳局長官副長官○同日（原墨）　兼任議定官兼工部卿法制局長官如故○同日　地方官會議議長被仰付候事

同年五月十五日　免兼工部卿○同日　兼任内務卿兼議定官法制局長官如故○同日　當分之内工部省御用取扱被仰付候事

同月廿八日　佛國博覽會事務總裁被仰付候事○同日　刑法草案審査總裁被免候事

同年八月一日　工部省御用取扱被免候事

同月廿九日　大隈大藏卿御巡幸供奉中大藏卿兼勤被仰付候事

同年十一月十一日　大藏卿兼勤被免候事
同十二年己卯二月十九日　依願免法制局長官
同年四月三十日　法制局長官井上馨長崎出張中同局御用取扱被仰付候事
同年六月四日　法制局長官井上馨歸京ニ付同局御用取扱被免候事
同年七月十一日　大藏卿大隈重信箱館出張中大藏卿兼務被仰付候事
同月十八日　御用有之日光へ被差遣候事
同年八月七日　大藏卿大隈重信歸京ニ付大藏卿兼務被免候事
同十三年庚辰二月廿八日　免兼內務卿
同年三月十五日　依願免兼官
同年四月十二日　御巡幸供奉被仰付候事
同年六月十五日　御用有之御巡幸供奉被免候事但御用相濟次第參向可致
候事

一七

山口縣士族

山縣有朋 狂介

明治元年戊辰七月六日　北越出張盡力不一方候處今般依願參謀被免候事

同月十七日　越後口參謀奉命以來不容易盡力被遊御感候當表御出張ノ上ハ迅速賊徒平定奉安宸襟度思食候間愈盡力ノ儀依賴被遊候旨總督宮御沙汰候事

同二年己巳二月十二日　御用有之ニ付至急東京ヘ可罷出旨御沙汰候事

同年六月二日　戊辰正月以來參謀ノ命ヲ奉シ軍務勉勵北越强悍ノ賊ニ當リ苦戰益奮勵指揮其宜ヲ得遂ニ成功ヲ奏候段睿感不淺仍爲其賞六百石下賜候事

高六百石　依軍功永世下賜候事

同三庚午年八月十二日　御用有之當分東京滯在被仰付候事

同月廿八日　任兵部少輔○同日　叙從五位

同年九月廿日　御用有之大坂表ヘ被差遣候事

同年十一月廿五日　御用有之大坂出張被仰付候事

同月三十日　日田縣騷擾ニ付臨機出兵ノ儀大久保參議木戸參議申談可受指揮候事

同年十二月　今般岩倉大納言鹿兒島山口兩藩ヘ爲勅使下向ニ付附添被仰付候事

同四辛未年六月廿五日　免本官

同月廿九日　任兵部少輔○同日　制度取調專務被仰付候事

同年七月十四日　任兵部大輔

同年十二月十二日　叙從四位

(原朱)同五壬申年二月廿七日　廢兵部省置陸海軍兩省○(原墨)同日　任陸軍大輔

同年三月九日　任陸軍中將兼陸軍大輔○同日　近衞都督被仰付候事

同年五月九日　御巡幸取調御用掛被仰付候事

同年七月廿日　近衞都督被免候事

同六年四月十八日　依願免兼官

同月廿九日　陸軍省御用掛被仰付候事但陸軍卿代理可致事

同年六月八日　兼任陸軍卿

同年十一月十五日　叙正四位

同七年二月八日　依願免兼官○同日　近衛都督被仰付候事

同年二月十二日　陸軍省第六局長被仰付候事

同月廿日　陸軍省御六局長被免候事

同月廿二日　陸軍省參謀局長兼勤被仰付候事

同月廿三日　征討參軍被仰付候事

同年三月一日　勅語

佐賀縣賊徒征討ニ付二品親王東伏見嘉彰ヲ以テ征討總督ニ任シ委スルニ陸海軍務一切ノ區畫幷ニ將軍以下撰任黜陟等ノ事ヲ以テス汝有朋ニ參軍ヲ命ス其レ能ク帷幕ノ機謀ニ參シ凡ソ陸軍ニ關スルノ事ハ篤ク總

督ヲ輔翼シ遂ニ成功ヲ奏セヨ
同月三日　佐賀縣賊徒平定ノ趣報知有之候ニ付テハ前日出張被仰付候近衞兵二大隊引率歸京可致事
同月廿七日　征討參軍被免候事
同年六月卅日　兼任陸軍卿
同年七月廿日　臺灣蕃地處分ニ付陸軍關係ノ儀蕃地事務局ヘ出仕合議可致事
同年八月二日　兼任參議兼陸軍卿如故
同月七日　今般參議大久保利通全權辨理大臣トシテ清國ヘ被差遣候處彼地形勢交戰ノ外他途無之節ハ直ニ出張兵隊ヘ其旨可爲及指揮候條豫テ密々其筋ヘ相達置臨時不都合無之樣精々注意可有之此段內達候事但蕃地事務都督西鄉從道ヘ別紙ノ通相達候條此旨可相心得事
同年十一月八日　大久保辨理大臣淸國數回談判ノ末彼政府ヨリ償金差出

撤兵可致旨結約ノ趣本日電報有之候得共追テ及指令候迄ハ兵備ノ儀兼テ內達ノ通彌不相弛樣可致此旨更ニ及內達候事

同月三十日　谨沼村近傍ニ於テ演習師團指揮長官被仰付候事

同九丙子年一月十日　御用有之大坂表へ出張被仰付候事

同年三月三十一日　參謀局長被免候事

同年七月廿九日　北海道巡視被仰付候事

同十年丁丑一月十六日　本年一月大和及京都へ行幸ニ付供奉被仰付候事

同年二月十九日　征討參軍被仰付候事

同日　二品親王有栖川熾仁ヲ以テ鹿兒島縣逆徒証討總督ニ任シ委ヌルニ陸海一切ノ軍事並將官以下黜陟償罰ノ事ヲ以テシ汝有朋ニ參軍ヲ命ス其能ク惟幕ノ機謀ニ參シテ總督ヲ補翼シ速ニ成功ヲ奏セシメヨ

同年三月七日　鹿兒島縣逆徒益兇暴ヲ逞フシ官軍ニ抗敵シ候處能總督宮ヲ輔ケテ諸軍ヲ指揮シ晝策進討勵精盡力候段達睿聞深ク苦勞ニ被思召

候依テ爲慰勞酒肴下賜候猶此上奮勉將士ヲ率ヒ勵マシ速ニ平定ノ功ヲ可奏旨御沙汰候事但各隊士官兵隊等ヘモ御慰勞ノ旨可相達事

同年五月十三日　賊徒猖獗益官軍ニ抗シ候處參籌督戰曩ニ熊本城ニ聯絡シ大ニ賊勢ヲ挫キ候段睿感不淺候仍テ積日ノ軍勞ヲ慰セラルヘキ爲侍從長東久世通禧ヲ被差遣酒肴下賜候事但各隊士官兵隊巡査隊ヘモ御慰勞之旨可相達候事

同年七月廿五日　賊徒猖獗ヲ恣ニシ益官軍ニ抗敵候處此炎熱ニ方リ參籌督戰大ニ賊勢ノ退縮ヲ致シ候段睿感不淺候今ヤ還幸ニ際シ積日ノ勞ヲ慰セラレン爲メ陸軍中將西鄕從道ヲ被差遣猶此上黽勉速ニ平定ノ功ヲ可奏旨御沙汰候事

同年十月十六日　曩ニ鹿兒島縣逆徒征討ニ方テ朕汝ニ參軍ヲ命ス汝能ク總督ヲ輔翼シ久シク難苦ヲ歴參籌督戰克ク平定ノ功ヲ奏ス朕深ク之ヲ嘉ミス

同年十一月二日　汝曩ニ鹿兒島逆徒征討參軍トシテ總督ヲ輔翼シ參籌督戰克ク平定ノ効ヲ奏セリ朕深ク之ヲ嘉ミス依テ勳一等ニ敍シ旭日大綬章ヲ授與ス○同日　敍勳一等賜旭日大綬章

同月八日　陸軍將校以下勳功調查委員被仰付候事

同月廿日　兼任議定官（兼參議陸軍卿如故）

同月廿六日　近衛都督被免候事

同年十二月六日　年金七百四拾圓下賜候事

同十一年戊寅五月一日　近衛都督被仰付候事

同年六月七日　砲兵支廠爲見分大坂出張被仰付候事

同年十二月二十四日　免兼陸軍卿○同日　兼任參謀本部長（兼參議議定官如故）

同十二年己卯十月十五日　近衛都督被免候事

同十三年庚辰六月十二日　御直達　實地演習施行ニ付出張被仰付

一八

開拓使士族元鹿兒島 黑田源清隆了介

明治元戊辰年二月口達 奥羽征討ニ付九條左大臣參謀被仰付候事

同年三月(二カ)口達 奥羽征討參謀差免候事

同年四月口達 北越征討ニ付參謀申付候事

同年七月十九日 越後口參謀奉職以來不容易盡力御感被遊候此度當表御出張之上者迅速賊徒平定奉安宸襟度思召候間彌盡力之儀御依賴被遊候旨總督宮御沙汰候事 目錄金一萬疋 爲慰勞被下候事

同二己巳年二月 今般箱館追討ニ付清水谷中將參謀申付候事

同年七月十八日(十八日朱書) 任外務權大丞

同年九月 箱館戰功賞典取調被仰付候事

同月十四日(十四日朱書) 戊辰之夏北越參謀之命ヲ奉シ大ニ强悍之賊ヲ破リ進テ羽州之賊ヲ討シ畫策其宜ヲ得竟ニ成功ヲ奏ス己巳 春流賊北邊ニ橫行スルニ當リ再ヒ參謀之命ヲ奉シ奥ノ青森ニ至リ續テ蝦地ニ入リ賊巢ヲ擧テ

平定之功ヲ奏候段叡感不斜仍テ爲其賞高七百石下賜候事

高七百石　依軍功永世下賜候事

同年十一月廿三日（廿三日朱書）　任兵部大丞

同三庚午年三月十四日（十四日朱書）　敍從五位

同年五月九日（九日朱書）　任開拓次官○同日　敍從四位○同日（朱書）　樺太專務被仰付候事

同年七月（原墨）　樺太出張被仰付候事

同月十九日　今般樺太出張被仰付候ニ付テハ全權ヲ以テ臨機適宜處分可有之事

同年十一月十七日　御用有之歐羅巴幷支那ヘ被差遣候事

同四辛未年六月七日（一行原朱）　歸朝

同四辛未年九月七日　除服出仕

同七甲戌年六月廿三日　任陸軍中將兼開拓次官○同日　北海道屯田憲兵

事務總理被仰付候事
同年八月二日　兼任參議開拓長官
同年十一月五日　叙正四位
同年十二月十日　御用有之大坂表ヘ出張被仰付候事
同八乙亥年八月十二日　御用有之クリル諸島ヘ出張被仰付候事
同年十二月九日　特命全權辨理大臣トシテ朝鮮國ヘ被差遣候事
同月三十日　錦三卷　紅白縮緬四疋　右朝鮮國發遣ニ付下賜候事
同九年丙子三月四日　歸朝
同月五日　勅語
朕汝淸隆等ヲ朝鮮國ニ派遣スルヤ負シムルニ重任ヲ以テス汝等黽勉克ク其使命ヲ全フシ新ニ條約ヲ互換シ以テ兩國ノ好ミヲ爲セリ朕甚タ之ヲ嘉ス
同年九月廿二日　勅語

朕曩ニ汝淸隆ヲ朝鮮國ニ派遣シ負ハシムルニ重任ヲ以テス汝克ク黽勉シテ終ニ其使命ヲ全フシ新ニ條約ヲ互換シ以テ兩國ノ好ミヲ爲セリ朕甚タ之ヲ嘉ミス仍テ其賞トシテ金幣ヲ賜與ス　金貳千圓

同十年丁丑二月廿三日　御用有之京都へ被差遣候事

同月廿八日　御用有之鹿兒島縣へ被差遣候事

同年三月十四日　征討參軍被仰付候事○同日　兵隊巡査ヲ率ヒ肥後海ヨリ賊ノ後ロヲ擊ツコトヲ委任ス最モ征討總督ノ指命ヲ受クヘシ

同月廿七日　鹿兒島縣逆徒益兇暴ヲ逞フシ官軍ニ抗敵シ候處能ク總督宮ヲ輔ケテ諸軍ヲ指揮シ畫策進討勵精盡力候段睿聞深ク苦勞ニ被思食候依テ爲慰勞酒肴下賜候猶此上奮勉將士ヲ率ヒ勵マシ速ニ平定ノ功ヲ可奏旨御沙汰候事　但各隊士官兵隊並巡査隊等へモ御慰勞ノ旨可相達候事

同年四月廿二日　征討參軍被免候事

同年五月五日　汝淸隆嚮ニ征討參軍ノ命ヲ奉シ懸軍八代ニ向チ賊ノ背後

ヲ衝キ連戰累捷遂ニ熊本城ニ聯絡ス是汝ノ身力ヲ竭シ畫策宜キヲ得ル
ノ致ス所ナリ朕深ク之ヲ嘉尙ス
同年七月廿一日　御用有之鹿兒島縣ヘ出張被仰付候事
同年十一月二日　汝曩ニ鹿兒島逆徒征討參軍トシ總督ヲ輔翼シ參籌督戰
克ク平定ノ効ヲ奏セリ朕深ク之ヲ嘉ミス依テ勳一等ニ叙シ旭日大綬章
ヲ授與ス〇同日　叙勳一等賜旭日大綬章
同年十二月六日　年金七百四拾圓下賜候事
同年十二月廿四日　露西亞國皇帝陛下ヨリ贈賜シタル神聖スタニスラフ
第一等勳章ヲ受領シ及佩用スルヲ允許ス
同十一年戊寅四月四日　除服出仕
同十四年辛巳六月十六日　御巡幸供奉被仰付候事
同十一月五日　金五百圓　右御巡幸供奉中格別勉勵候ニ付爲慰勞頭書之
通下賜候事

一九　鹿兒島縣士族　西鄕平從道愼吾

己巳年六月二日　昨年賊徒掃攘之砌軍務勉勵候段神妙被思食仍爲其慰勞
目錄之通下賜候事
庚午八月十二日　御用有之當分東京滯在被仰付候事
庚午年八月廿二日　任兵部權大丞
辛未年四月晦日　御用有之山口藩へ被差遣候事
同年七月廿八日　免本官○同日　任陸軍少將兼兵部大丞　叙從五位
同年十二月四日　任兵部少輔
同月十二日　叙正五位
(原朱)壬申年二月廿七日　廢兵部省置陸海軍兩省(原墨)○同日　任陸軍少輔
同年三月九日　任陸軍少將兼陸軍少輔○同日　近衞副都督被仰付候事
同年八月九日　近衞副都督被免候事

明治六年七月二日　兼任陸軍大輔
同年十一月十五日　叙従四位
明治七年三月廿五日　臺灣生蕃處置取調御委任被仰付候事
同七年四月四日　任陸軍中將兼陸軍大輔如故○同日　臺灣蕃地事務都督
被仰付候事
同月五日　臺灣蕃地處分ニ付汝從道ニ命シ事務都督タラシム凡陸海軍務ヨリ賞罰等ノ事ニ至ル迄委スルニ全權ヲ以テス乃チ委任ノ條款ヲ遵奉シ黽勉從事其レ能ク成功ヲ奏セヨ（御委任條畧之）
明治四年十一月我琉球ノ民漂流シ臺灣ノ蕃地ニ至リ土人ノ爲メニ刼殺セラルヽ者五十四名又六年三月我小田縣下備中淺口郡ノ住民佐藤利八等四名漂到シテ亦爲ニ衣類器財ヲ掠奪セラル其土人兇暴ヲ逞フスルヤ如此而シテ支那政府ノ管轄ニ屬セス化外自肆ニ任ス若シ棄テ問ハスンハ後患何ソ極ランン今膺懲ヲ行フノ意ハ彼野蠻ヲ化シテ我良民ヲ安スル

ニアリ宜ク斯旨ヲ體シ左ノ條款ヲ遵守シ以テ從事スヘシ（左ノ條款畧之）

明治七年四月六日　馬具一脊　短銃一組、　右此度台灣出張ニ付下賜候事

同年六月十八日　臺灣蕃地出張ノ命ヲ奉シ溽暑ヲ冒シ滯陳（マヽ）候處土蕃襲擊遂ニ進戰追々降服セシメ格別盡力之段叡感被爲遊候仍テ爲慰勞酒肴下賜候尙此上奮勵從事スヘキ旨御沙汰候事

金五拾圓但士官兵隊一同ヘ此旨可相達事

同年八月七日　今般參議大久保利通全權辨理大臣トシテ清國ヘ被差遣別紙內勅並御委任狀御附與相成候條同人ノ指揮ヲ以致進退自然開戰ノ形勢ニ立至リ候節ハ十分盡力可有之候此段內達候事（別紙畧之）

同年十月廿二日　久シク蕃地ニ滯陳シ撫育其方ヲ得候處不圖病痾ニ罹リ候段達叡聞候仍テ爲慰問酒肴下賜候尙精々保養可致旨御沙汰候事但士官兵隊ニモ此旨可相達事

同年十一月十三日　朕向キニ汝從道ニ命シ都督トシ兵ヲ率ヒテ罪ヲ蕃地ニ問ハシメ三條ヲ勅シ十款ヲ諭ス汝遵奉懈ラス克ク其功ヲ奏ス然ルニ清國異議ヲ其間ニ生シ事數月ニ彌ル今ヤ全權辨理大臣大久保利通等同國政府ト互ニ條款ヲ換ヘ彼已ニ我義擧ヲ認メ以テ我兵ヲ撤シ更ニ和好ヲ全フスルニ至ル乃チ汝ヲシテ全軍ヲ將テ凱旋セシム汝其レ斯旨ヲ奉セヨ

同日　當四月以來永々蕃地ニ滯陣冒險苦身將士ヲ撫御シ土蕃ヲ誘導ス其功勞不尠候今般凱旋被仰出候ニ付不取敢慰問トシテ酒肴下賜候事

同年十二月廿七日　歸朝○同日　汝從道嚮ニ都督ノ命ヲ奉シテ蕃地ニ入ルヤ不日ニシテ兇魁ヲ誅シ諸蕃相踵テ降附セシム是一ニ汝ノ難險ヲ冒シ身力ヲ竭スニ由ル朕深ク之ヲ嘉尙ス

同年十二月廿九日　勅語　長々遠地出張苦勞

同八年一月十日　臺灣蕃地事務取纒御用有之當分舊蕃地事務局ヘ出仕可

致事
同年三月九日　長崎梅ヶ崎祭典ニ付祭主被仰付候事
同年五月廿二日　米國費拉特費府博覽會事務副總裁被仰付候事〇同日
免兼官
同年八月廿九日　米國費拉特費府博覽會事務副總裁勤務中月俸金四百圓
下賜候事
同九年丙子一月十日　米國費拉特費府博覽會へ被差遣候事
同年二月廿二日　汝曩ニ臺灣蕃地事務都督トシテ彼地へ出張鞠躬盡力畫
策其宜ヲ得速ニ成功ヲ奏ス朕深ク之ヲ嘉ミス依テ勳一等ニ叙シ賞牌ヲ
賜與ス　叙勳一等賜一等賞牌　以從臺灣役賜軍牌
同十年丁丑二月廿四日　陸軍卿不在中每日午前第九時ヨリ太政官出勤可
致事〇同日　陸軍卿代理被仰付候事
同年四月廿四日　御用有之京都へ被差遣候事

（一行欄外朱書）
同年七月廿三日　御用有之九州地方へ出張被仰付候事
同年十一月廿日　兼任議定官
同月廿六日　近衞都督被仰付候事○同日　陸軍卿代理被免候事
同年十二月六日　年金七百四拾圓下賜候事
同十一年一月七日　陸軍始諸兵隊指揮長官被仰付候事
同年三月廿九日　戸山學校近傍實地演習甲軍指揮長官被仰付候事
同年四月十八日　兼任特命全權公使兼議定官如故○同日　伊國在勤二等官年俸下賜候事○同日　近衞都督被免候事
同年五月廿四日　免兼官○同日　兼任參議文部卿兼議定官如故
同年九月十二日　山縣陸軍卿病氣療養中陸軍卿兼勤被仰付候事
同年十一月八日　山縣陸軍卿病氣平愈ニ付陸軍卿兼勤被免候事
同年十二月廿四日　免兼文部卿○同日　兼任陸軍卿兼參議議定官如故
同十二年十二月十五日　叙正四位

同十三年庚辰二月廿八日　免兼陸軍卿

同年六月十二日　實地演習施行ニ付出張被仰付候事

同月十五日　佛蘭西共和國政府ヨリ贈賜シタルグランドフイシエードラレジオンドノールル勳章ヲ受領シ及ヒ佩用スルヲ允許ス

二〇

鹿兒島縣士族　川村純義　與十郎　天保十一年庚子正月生

原書欄外「慶明雜錄十四及十二年職員錄ニ據リ川字ニ改ム十三年三月」トシテ河村ヲ川村ニ訂正セリ（校訂者識）

明治二年己巳十一月廿三日　任兵部大丞

同三年庚午正月廿日　伺ノ通謹愼被仰付候事

同月廿一日　謹愼被免候事

同年三月十四日　敍從五位

同年九月廿日　御用有之大坂表ヘ被差遣候事

同年閏十月廿二日　兼任兵學頭

同年十一月廿五日　御用有之大坂出張被仰付候事

同月三十日　日田縣騷擾ニ付臨機出兵ノ儀大久保參議木戸參議申談可受
指揮事
同年十二月十八日　今般岩倉大納言鹿兒島山口兩藩ヘ爲勅使下向ニ付附
添被仰付候事
同四年辛未三月十五日　免兼官
同年七月十五日　任兵部少輔
同年十二月十二日　叙正五位
(原朱)同五年壬申二月廿七日　廢兵部省置陸海軍兩省(原墨)○同日　任海軍少輔
同年四月二日　艦隊諸港廻艦乘組被仰付候事
同月十五日　艦隊諸港廻艦乘組被免候事
同年十一月廿六日　御用有之澳國博覽會ヘ被差遣候事
同六年癸酉十一月十一日　歸朝
同年十二月廿三日　御用有之長崎表ヘ出張被仰付候事

同七年甲戌七月廿日　臺灣蕃地處分ニ付海軍關係之儀蕃地事務局ヘ出仕合議可致事
同年八月五日　任海軍中將兼海軍大輔○同日　兼テ御内達之趣モ有之候ニ付御用之節々正院ヘ出仕可致事
同月七日　今般參議大久保利通全權辨理大臣トシテ清國ヘ被差遣候處彼地形勢交戰ノ外他途無之節ハ直ニ出張兵隊ヘ其旨可爲及指揮候條豫テ密々其筋ヘ相達置臨時不都合無之樣精々注意可有之此段內達候事
同年十月十九日　御用有之九州表ヘ出張被仰付候事
同年十一月五日　叙從四位
同八年乙亥八月廿九日　御用有之能州七尾表ヘ出張被仰付候事
同九年丙子一月十八日　御用辨之爲メ每日午前九時ヨリ十二時マテ正院ヘ出勤可致事
同年十二月廿七日　來明治十年一月大和及京都ヘ行幸ニ付供奉被仰付候

事

同十年丁丑二月六日　御用有之鹿兒島表ヘ被差遣候事

同月十九日　征討參軍被仰付候事○同日　二品親王有栖川熾仁ヲ以テ鹿兒島縣逆徒征討總督ニ任シ委ヌルニ陸海一切ノ軍事幷將官以下黜陟賞罰ノ事ヲ以テシ汝純義ニ參軍ヲ命ス其レ能ク帷幕ノ機謀ニ參シテ總督ヲ輔翼シ速ニ成功ヲ奏セシメヨ

同年三月七日　鹿兒島縣逆徒兇暴ヲ逞フシ官軍ニ抗敵シ候處能總督宮ヲ輔ケテ諸軍ヲ指揮シ畫策進討勵精盡力候段達叡聞深ク苦勞ニ被思召候依テ爲慰勞酒肴下賜候猶此上奮勉將士ヲ率ヒ勵マシ速ニ平定ノ功ヲ可奏旨御沙汰候事但各隊士官兵隊等ヘモ御慰勞之旨可相達候事

同年五月十三日　賊徒猖獗益官軍ニ抗シ候處參籌督戰曩ニ熊本城ニ聯絡シ大ニ賊勢ヲ挫キ候段叡感不淺候仍テ積日ノ勞ヲ慰セラルヘキ爲メ侍從長東久世通禧ヲ被差遣酒肴下賜候事

同年七月廿五日　賊徒猖獗ヲ恣ニシ益官軍ニ抗敵候處此炎熱ニ方リ參籌督戰大ニ賊勢ノ退縮ヲ致シ候段叡感不淺候今ヤ還幸ニ際シ積日ノ勞ヲ慰セラレン爲メ陸軍中將西鄕從道ヲ被差遣猶此上黽勉速ニ平定ノ功ヲ可奏旨御沙汰候事

同年十月十日　曩ニ鹿兒島縣逆徒征討ニ方テ朕汝ニ參軍ヲ命ス汝能ク總督ヲ輔翼シ久シク艱苦ヲ歷參籌督戰克ク平定ノ功ヲ奏ス朕深ク之ヲ嘉ミス

同年十一月二日　汝曩ニ鹿兒島逆徒征討參軍トシ總督ヲ輔翼シ參籌督戰克ク平定ノ功ヲ奏セリ朕深ク之ヲ嘉ミス依テ勳一等ニ敍シ旭日大綬章ヲ授與ス○同日　敍勳一等賜旭日大綬章

同月廿日　兼任議定官　兼海軍大輔如故

同年十二月六日　年金七百四十圓下賜候事

同十一年戊寅五月廿四日　兼任參議海軍卿兼議定官如故

同年八月十四日　金剛艦ヘ乘組本邦周海巡航被仰付候事
十二年十二月十五日　敘正四位
同十三年二月廿八日　免兼海軍卿

二一　山口縣士族　井上　馨聞多

慶應改元明治戊辰正月三日　參與職被仰付候事
同月廿八日　參與兼外國事務掛被仰付候事
同月廿九日　九州鎭撫總督參謀被仰付候事
同年二月十六日　長崎裁判所參謀被仰付候事
同年二月廿日　徵士參與職外國事務局判事被仰付候事
（二行原朱）同年閏四月廿一日　廢三職八局
同年五月四日　是迄之職務被免長崎府判事兼外國官判事被仰付候事
同月六日　敘從五位下辭退

同年六月十九日　德川ニ於テ取立置候長崎府製銕場其外局々從來不取締ヨリシテ種々ノ惡弊相生シ已ニ十年ノ久キニ至ルト雖モ其成功無之候處今般御一新海陸ノ武備大ニ御更張被爲在候ニ付テハ尤緊要ノ器械ニ付速ニ右局々ノ規則嚴重被相立從前ノ惡弊一掃シ天下ノ武器十分修繕相成候樣被遊度思召ニ付御用掛被仰付候條精々取締盡力可致御沙汰候事

同年九月二日　長崎府判事兼外國官判事被免佐渡知縣事被仰付候事

同年十月十七日　佐渡國知縣事被仰付候處長崎府先職御用半途ノ儀有之候條知縣事被免是迄之通判事在勤可致旨御沙汰候事

同二年己巳三月十八日　御用有之東下可致旨被仰付候事

同年六月　當官ヲ以テ大坂府在勤被仰付候事

（原朱）同月廿日　廢長崎府置長崎縣（原墨）○同日　長崎縣ヘ出張改革向御委任被仰付候事

同年八月十三日　長崎表御用被仰付置候處至急御用有之ニ付東京ヘ可罷出候事

同月十八日　任造幣頭

同年十月十二日　任民部大丞兼大藏大丞

同月　本官ヲ以テ大坂府出張被仰付候間大參事之心得ヲ以テ在勤可致事

同年十一月十日　敍從五位

同月廿八日　昨年來奉職鞅掌勵精盡力候段御滿足被思召候依之爲御太刀料金三百兩下賜候事

同三年庚午二月八日　御用有之山口藩ヘ被差下候事

同年三月十五日　先般山口藩ヘ被差遣候處早々御用取片付歸京可致旨御沙汰候事

同年五月三日　大參事ノ心得ヲ以テ大坂府在勤被仰付置候處被免候事〇

同日　造幣事務專任被仰付候事

同月四日　兼任造幣頭兼大藏大丞如故

同年七月十日　免本官專任大藏大丞造幣頭兼任如故

同年八月十三日　伺之通謹愼被仰付候事

同月十八日　造幣寮至急御用有之ニ付日數未滿候得共謹愼被免候事

同年十一月十二日　任大藏少輔兼官如故

同四年辛未三月廿九日　御用有之山口藩ヘ被差遣候事

同年六月廿五日　免本官幷兼官

同月廿八日　任民部少輔

同月廿九日　制度取調專務被仰付候事

同年七月十四日　任民部大輔

(原朱)同月廿七日　廢民部省　(原墨)追テ御沙汰候迄東京滯在可致事

同月廿八日　任大藏大輔

同年八月十二日　制度取調御用被免候事

同年十一月四日　造幣寮創建ノ儀ハ我邦未曾有ノ大業ニ候處速ニ成功ニ
及ヒ候段全ク勵精盡力ノ所致容感不淺候依之爲其賞別紙目錄ノ通下賜
候事　金四百圓
同年十二月十三日　敍從四位○同日　墺地利國展覽會御用掛被仰付候事
同五年壬申四月十三日　墺地利國博覽會御用掛被免候事
同月十七日　御用有之大坂表ヘ出張被仰付候事　大藏省
同年九月五日　御用有之横濱出張被仰付候事　同上
同六年癸酉二月十三日　御用有之大坂出張被仰付候事
同年五月十四日　依願免本官但位記返上ノ儀不被及御沙汰候事○同日
御用滯在被仰付候事
同年十二月十三日　御用滯在被免候事
同月廿五日　織物一卷下賜候事
同八年乙亥十二月廿七日　任議官○同日　年給四千圓下賜候事

同日　特命副全權辨理大臣トシテ朝鮮國へ被差遣候事
同月三十日　錦　二卷　紅白縮緬　二匹
右朝鮮國發遣ニ付下賜候事　宮內省
同九年丙子三月四日　歸朝
同月五日　勅語
朕汝馨等ヲ朝鮮國ニ派遣スルヤ負シムルニ重任ヲ以テス汝等黽勉克ク其使命ヲ全フシ新ニ條約ヲ互換シ以テ兩國ノ好ミヲ爲セリ朕甚之ヲ嘉ミス
同年四月廿二日　御用有之歐州へ被差遣候事
同年九月廿二日　勅語
朕曩ニ黑田淸隆ヲ朝鮮國ニ派遣スルヤ汝馨ヲ副タラシム遂ニ克ク其使命ヲ全フシ新ニ條約ヲ互換シ以テ兩國ノ好ミヲ爲セリ朕甚タ之ヲ嘉ミス仍テ其賞トシテ金幣ヲ賜與ス

金千五百圓

同十一年戊寅七月廿九日　任參議兼工部卿

同年八月七日　御巡幸供奉被仰付候事

同十二年己卯二月十日　叙勳一等賜旭日大綬章

同月十九日　兼任法制局長官

同年四月廿八日　長崎ドック落成ニ付見分トシテ出張被仰付候事

同年六月十四日　今般香港鎭臺ヘンネシー氏京攝及奈良邊巡覽ニ付同行
被仰付候事

同年九月十日　兼任外務卿

同年十月十四日　外賓待遇禮式取調委員長被仰付候事

同年十二月十五日　叙正四位

二二　山口縣士族　**山田顯義**（市之丞）

弘化元甲辰年九月生

明治元戊辰年正月　征討總督仁和寺宮副參謀被仰付候事
同年七月　海軍參謀被仰付候事但上陸可爲同樣事
同年十一月　青森口陸軍參謀被仰付候事　軍務官

東征總督記九日トス但シ達書少異アリ

同二己巳年四月　其方事海軍參謀可爲兼勤旨申付候事　箱館總督府
同年六月　箱館賊徒平定候ニ付參謀被免候事
同年七月八日　任兵部大丞
同年九月十四日　戊辰ノ秋北越ニ出張海軍ニ參謀シ再懸軍羽州ニ在リ流賊北邊ニ入ルニ及ンテ奥羽總督ノ命ニ應シ軍ヲ青森ニ屯シ更ニ參謀ノ命ヲ奉シ己巳ノ春遂ニ進ンテ蝦地ニ入リ畫策其宜ヲ得攻擊無前竟ニ賊巢ヲ擧ケ平定ノ功ヲ奏候段睿感不斜仍爲其賞高六百石下賜候事
　高六百石　依軍功永世下賜候事
同三庚午年正月廿日　伺之通謹愼被仰付候事
同月廿一日　謹愼被免候事

同年二月八日　御用有之京都出張被仰付候事

同年三月十四日　叙從五位

同年十一月三十日　日田縣騷擾ニ付臨機出兵ノ儀大久保參議木戸參議申談可受指揮候事

同辛未年三月廿九日　御用有之山口藩ヘ被差遣候事

同年七月廿八日　免本官○同日　任陸軍少將兼兵部大丞

同年十月廿二日　爲理事官歐米各國ヘ被差遣候事

同年十一月四日　勅語

今般汝等ヲ海外各國ニ赴カシム朕汝等カ能ク其職ヲ奉シ其任ニ堪ユヘキヲ知ル黽勉事ニ從フヲ望ム遠洋渡航千萬自重セヨ

同日　勅旨

各國ノ內文明最盛ナル國ニ於テ本省緊要事務目今實地ニ行ハルヽ景況ヲ親察シ其方法ヲ硏究講習シ內地ニ施行スヘキ目的ヲ立ツヘシ

一研究講習スル事務ノ科目ヲ分チ及ヒ其國ヲ定メ便宜行事ノ循(ママ)序期限
等ハ特命全權大使ノ指揮ニ從フヘシ

一隨行ノ官員ニ事務ノ科目ヲ分ツハ特命全權大使ノ指揮ニ由ルト雖モ
其分任ノ事務ヲ督シ之ヲ整理スルノ責ニ任スヘシ

一本省要用ノ爲メ外國人ヲ雇ヒ書籍器具等ヲ購スル事アラハ特命全權
大使ノ決判ニ從フヘシ

一當務ノ顚末研究習學ノ功程等時々書錄シテ報告スヘシ

右勅旨件々宜シク遵奉シテ愆ルヿナカレ

(原朱)同五壬申年二月廿七日　廢兵部省置陸海軍兩省　(原墨)追テ御沙汰候迄從前ノ
通事務取扱可致事

同六癸酉年六月廿四日　歸朝

同月廿五日　叙正五位

同年七月七日　東京鎭臺司令長官被仰付候事

同年十一月十三日　來ル十五日諸兵操練天覽ノ節總指揮官被仰付候事
同月廿四日　兼任特命全權公使○同日　清國在勤被仰付候事○同日　東京鎭臺司令長官被免候事
同七甲戌年二月十二日　免兼官○同日　御用有之九州表ヘ出張被仰付候事
同月廿八日　佐賀縣賊徒益兇暴ヲ逞シ遂ニ官兵ニ抗シ候ニ付畫策贊成致シ候段容感被爲在候依之爲慰勞酒肴下賜候猶此上奮勉速ニ平定ノ功ヲ可奏旨御沙汰候事
同年六月四日　勅語
曩キニ佐賀縣ノ役福岡縣新募ノ兵ヲ率勵シ險地ニ向ヒ賊鋭ニ當リ戰鬪盡力速ニ平定ノ功ヲ奏ス朕深ク之ヲ嘉賞ス
同年七月五日　兼任司法大輔
同年十一月五日　敍從四位

同九年丙子十一月十五日　大木司法卿不在中御用辨ノ爲メ毎日午前九時ヨリ十二時マテ正院ヘ出勤可致事
同十年丁丑二月廿日　御用有之京都ヘ被差遣候事
同年三月十八日　御用有之長崎表ヘ出張被仰付候事
同月廿七日　鹿兒島縣逆徒益兇暴ヲ逞フシ官軍ニ抗敵シ候處進討力戰能ク賊鋭ヲ挫キ候段達睿聞深ク苦勞ニ被思食候依テ爲慰勞酒肴下賜候猶此上奮勉將士ヲ率ヒ勵マシ速ニ平定ノ功ヲ可奏旨御沙汰候事
同年五月十三日　賊徒猖獗益官軍ニ抗シ候處奮勵勇戰曩ニ熊本城ニ聯絡シ大ニ賊勢ヲ挫キ候段睿感不淺候依テ積日ノ軍勞ヲ慰セラルヘキ爲メ侍從長東久世通禧ヲ被差遣酒肴下賜候事
同年七月廿五日　賊徒猖獗ヲ恣ニシ益官軍ニ抗敵候處此炎熱ニ方リ追討勇戰大ニ賊勢ノ退縮ヲ致シ候段　睿感不淺候今ヤ還幸ニ際シ積日ノ勞ヲ慰セラレン爲メ陸軍中將西郷從道ヲ被差遣猶此上黽勉速ニ平定ノ功

ヲ可奏旨御沙汰候事

同年十月三日　汝顯義嚮ニ部下ノ諸兵ヲ率ヒ各地轉戰久シク艱苦ヲ經終ニ克ク其効ヲ奏ス朕深ク汝カ其職任ヲ盡セルヲ嘉ミス

同年十一月九日　曩ニ鹿兒島逆徒征討ニ方リ部下ノ諸兵ヲ督シ各地進討勵精盡力克ク平定之功ヲ奏シ候段睿感不淺依テ勳二等ニ叙シ旭日重光章下賜候事○同日　叙勳二等賜旭日重光章

同年十一月廿六日　陸軍將校以下勳功調查委員被仰付候事

同年十二月十五日　勳二等年金六百圓下賜候事

同十一年戊寅二月廿八日　刑法草案審査委員被仰付候事

同年三月五日　兼任議官兼司法大輔如故

同年十一月廿日　任陸軍中將兼議官司法大輔如故

同十二年己卯九月十日　兼任參議工部卿

同年十一月一日　叙勳一等

同年十二月十五日　叙正四位
同月十九日　兼任議定官兼參議工部卿如故
同十三年庚辰二月廿八日　免兼工部卿
同年四月十二日　御巡幸供奉被仰付候事

二三

鹿兒島縣士族　伊地知正治
文政十一戊子年六月生

戊辰年二月　東山道先鋒総督參謀被仰付候事
同年十月　春來久々之軍旅晝策謀略其機宜ニ中リ速ニ東北平定之功ヲ奏シ候段叡感不淺候今般凱旋ニ付不取敢御太刀料トシテ金三百兩下賜候事
己巳年正月十八日　先般依願歸國被仰付置候處御用有之ニ付早々上京可致旨御沙汰候事
同年六月二日　戊辰正月以來參謀ノ命ヲ奉シ軍務勉勵萬變應機晝策得其

宜今日平定ノ功ヲ奏シ奉安宸襟候段叡感不斜依爲其賞千石下賜候事
高千石　依軍功永世下賜候事
辛未年七月廿七日　御用有之東京エ可罷出候事
同年十月五日　任中議官
同年十二月八日　叙從五位
壬申年二月八日　任大議官
同年四月十五日　叙正五位
同月廿二日　教部省御用掛被仰付候事
同月卅日　任副議長
同年五月廿四日　教部省御用掛被免候事
同年十月五日　叙從四位
明治六年十一月廿五日　制度取調御用兼勤被仰付候事
同七年二月廿日　制度取調御用被免候事

同年四月三十日　任議長
同年七月四日　地方官會議御用掛被仰付候事
同年八月二日　任參議兼議長
同年十一月五日　叙正四位
同月廿八日　地方官會議御用掛被免候事
同八年六月十日　任一等侍講
同月廿四日　修史副總裁被仰付候事
（一行原朱）
同十年丁丑一月十八日　廢修史局
同月廿五日　兼任修史館總裁
同年八月廿九日　免本官專任修史館總裁〇同日　宮内省御用掛被仰付候
事
同年十月四日　席順之儀ハ可爲二等官相當事
同年十一月一日　除服出仕

東京官中日記五日トス是ナリ佐々木高行履歴等参看スヘシ

同十二年己卯四月廿一日　依願免本官○同日　宮内省御用掛被仰付候事

但一等官ヲ以テ年俸四千圓下賜候事

二四　高知縣士族　**齋藤利行**彌久馬

明治二年己巳十二月廿五日　任中辨○同日　叙從五位

同三年庚午二月七日　任刑部大輔○同日　叙從四位

同年五月十五日　任參議○同日　本官ヲ以テ御前御用專務被仰付候事

同四年辛未二月廿五日　新律綱領撰修成功ニ付爲御賞別紙目錄ノ通下賜候事　織物壹卷

同年六月廿六日　免本官

同月廿九日　御用有之東京滯在被仰付候事○同日　麝香間祇候被仰付候事

同年七月十日　御前御用被仰付漢籍御會ノ時々御相手被仰付候事

同年九月七日　依願東京滯在被免候事
同月十三日　於御前天盃頂戴御軸物御印籠拜賜被仰付候事
同七年甲戌二月廿五日　御用有之上京被仰付候事
同年五月十四日　御用ノ節々宮内省ヘ出仕被仰付候事但三等官給下賜候
事
同八年乙亥七月二日　任議官
同年十二月七日　年給三千五百圓下賜候事

二五　高知縣士族　佐々木高行（三四郎）

明治元年戊辰二月十六日　長崎裁判所助役申付候事　九州鎮撫使
同年三月七日　徵士長崎裁判所判事兼九州鎮撫使參謀被仰付候事
（一行原朱）同年五月四日　廢長崎裁判所置長崎府
閏四月廿五日　是迄之職務被免肥後天草富岡知縣事被仰付候事

同年八月廿九日　富岡知縣事被免鎮將府判事被仰付候事但長崎表御用濟
次第登京可致事
同年十二月十二日　刑法官判事被仰付候事○同日　敍從五位下
同二年己巳五月　耶蘇宗徒御處置取調掛被仰付候事
同月十五日　刑法官判事被免副知事被仰付候事
同月十六日　敍從四位下
(原朱)同年七月八日　廢刑法官置刑部省○(原墨)同日　任刑部大輔
同月廿七日　伺之通謹愼被仰付候事
同月廿八日　謹愼被免候事
同年十一月廿八日　昨年來奉職勉勵候段御滿足被思召候仍之爲御直垂料
金二百兩下賜候事
同三年庚午二月五日　任參議○同日　刑律取調之儀成功候迄當官ヲ以從
前之通被仰付候事

同年三月晦日　紫組掛緒下賜候事
同年八月十三日　御用有之奥羽出張被仰付候事
同年十月七日　刑部省御用掛被仰付候事
同四年辛未六月廿五日　免本官
同年六月廿九日　制度取調専務被仰付候事
同月九日　任司法大輔
同年八月十二日　制度取調御用被免候事
同年十月廿二日　理事官トシテ歐米各國へ被差遣候事
同年十一月四日　今般汝等ヲ海外各國ニ赴カシム朕汝等カ能ク其職ヲ奉シ其職任ニ堪ユヘキヲ知ル黽勉事ニ從フヲ望ム遠洋渡航千萬自重セヨ
同六年癸酉四月十七日　免本官○同日　御用滯在被仰付候事
同年十一月十三日　任大判官
同七年甲戌一月十五日　任司法大輔

同年七月五日　任副議長

（原朱）同八年乙亥四月十四日　廢左院○（原墨）同日　御用滯在被仰付候事

同年六月二日　任議官

同年十二月七日　年給四千圓下賜候事

同九年丙子十月三十日　御用有之四國地方へ被差遣候事

二十二日更ニ滯京ヲ命セラルヽト有功履歷ニ見ユ

同十年丁丑二月廿日　御用有之高知縣へ被差遣候事

同十年六月八日　御用有之高知縣へ被差遣候事

同十一年戊寅三月五日　兼任一等侍補

同年八月五日　御巡幸供奉被仰付候事

（一行原朱）同年十二月廿四日　宮内省中廢侍補

同十二年十月十三日侍補ヲ廢ス

同年十二月廿四日　兼任侍補○同日　海軍省御用掛被仰付候事

同十二年己卯十月廿三日　宮内省御用掛被仰付候事○同日　御用有之奥羽地方へ被差遣候事

同十三年庚辰三月十三日　任副議長
同年五月十一日　海軍省御用掛被免候事
同年六月五日　海上裁判所訴訟規則審査總裁被仰付候事
同年九月四日　海上裁判所聽訟規則審査總裁被仰付候事
同年十二月廿八日　日本海令草按審査總裁被仰付候事
同十四年辛巳七月十六日　叙勳二等
同年十月廿一日　任參議兼工部卿
同年十一月十二日　日本海令草按審査総裁被免候事〇同日　海上裁判所
訴訟規則幷海上裁判所聽訟規則審査総裁被免候事
同年十一月廿八日　叙正四位

二六

静岡縣士族　勝　安　芳　安房
文政二年己卯正月生

明治元年戊辰閏四月二日　江府鎮撫萬端取締ノ儀御委任候間可有精勤旨

大總督宮御沙汰候事　大總督府參謀
同年十一月五日　至急御用有之候ニ付晝夜兼行出府候樣被仰出候事但雖所勞相扶卒急可罷出候
同二年己巳七月十八日　任外務大丞
同年八月十三日　依願免本官
同年十一月廿三日　任兵部大丞
同三年庚午三月廿二日　先般願ノ通歸省被仰付置候處當節御用向有之候間早々出京可致事但所勞候共押テ可罷出事
同年六月十二日　依願免本官○同日　御用有之東京滯在被仰付候事
同年十二月廿五日　御用有之東京滯在被仰付置候處被免候事
同五年壬申五月十日　任海軍大輔
同年六月十五日　敘從四位
同六年癸酉三月三日　御用有之長崎表へ被差遣候事

同年十月廿五日　任參議○同日　兼任海軍卿
同七年甲戌二月十八日　叙正四位
同八年乙亥四月廿五日　任議官
同年十一月廿八日　依願免本官

二七　鹿兒島縣士族　松方正義一郎
天保六年乙未二月生

明治元戊辰年二月廿日　長崎裁判所參謀助役被仰付候事
同年三月五日　長崎裁判所參謀被仰付候事
同年閏四月二日　徵士內國事務局權判事被仰付長崎裁判所在勤可有之事
同月廿五日　是迄之職務被免豐後日田縣知事被仰付候事
同二己巳年七月　任日田縣知事
同月廿七日　叙從五位
同月廿九日（廿九日朱書）　更始以來黽勉奉職民政向行屆候段御滿足被思食候今度歸縣

被仰付候間猶又厲精盡力可致旨御沙汰候事
同三庚午年閏十月　任民部大丞
同年十一月晦日　御用有之日田縣ヘ被差遣候事〇同日　近來浮浪ノ徒豊後路邊各所ニ潛伏出沒暴行ニ及候趣ニ付右爲取締河野彈正少忠日田縣ヘ被差遣候間諸事申談取計可致事
同四辛未年二月廿二日　御用有之福島縣ヘ出張被仰付候事
同年七月廿七日（原朱）　廢民部省　（原墨）追テ御沙汰候迄東京滯在可致事
同月廿八日　任大藏權大丞
同年八月十三日　任租税權頭
同七甲戌年一月十五日　任租税頭
同年二月十八日　叙正五位
同年九月廿八日　兼補大藏省三等出仕
同年十月二日　大藏輔之心得ヲ以テ事務取扱可致候事

同八年乙亥五月四日　兼補地租改正局三等出仕（兼大藏省三等出仕如故）

同年十一月四日　任大藏大補（兼地租改正局三等出仕如故）

同年十二月十八日　叙從四位

同九年丙子五月十一日　兼任勸業頭（兼地租改正局三等出仕如故）

同年八月十一日　內國勸業博覽會御用掛被仰付候事

同月十八日　御用辨ノタメ毎火曜日金曜日午前第八時ヨリ正院出勤可致
事

同年十月七日　地租改正御用ニ付神奈川埼玉千葉茨城群馬橡木之縣々へ
出張被仰付候事

（原朱）同十年丁丑一月十一日　廢勸業寮○（原墨）同日　內務省勸農局長兼勤被仰付候
事

同年四月十三日　御用有之大阪表エ出張被仰付候事

同月十六日　大阪表出張被免候事

同月十七日　大藏卿不在中御用辨ノ爲メ每日午前九時ヨリ太政官ヱ出勤可致事
同月廿七日　佛國博覽會事務局御用掛被仰付候事
同年六月廿一日　佛國博覽會副總裁之心得ヲ以テ事務取扱可致事
同月廿五日　御用有之大坂表へ出張被仰付候事
同年八月廿日　佛國博覽會事務副總裁被仰付候事
同月廿九日　大藏卿不在中爲御用辨每日午前八時ヨリ太政官へ出勤可致事
同年十月八日　佛國博覽會へ被差遣候事
同月十七日　上州新町紡績所富岡製絲場及總州牧羊場へ出張被仰付候事
同月廿日　佛國博覽會事務官長兼務被仰付候事
同十一年戊寅二月六日　叙勳二等賜旭日重光章
同年六月廿六日　佛國博覽會事務官長兼務被免候事

同十二年五月十二日　佛蘭西共和國政府ヨリ贈賜シタルコンマンドール
ドラレジオンドノール勲章ヲ受領シ及佩用スルヲ允許ス
同十二年己卯五月廿一日　濠洲シドニー府博覽會事務總裁被仰付候事
同年六月十四日　御用有之大坂造幣局へ出張被仰付候事
同年七月九日　伊太利國皇帝陛下ヨリ贈賜シタルコンマンダトレサンテ
イモウリジヨエラザロ勲章ヲ受領シ及佩用スルヲ允許ス
同年八月十四日　御用有之長崎表へ出張被仰付候事
同年十月廿一日　御用有之福島縣下對面ケ原邊へ出張被仰付候事
同十三年庚辰二月十八日　濠州メルボルン府博覽會事務總裁被仰付候事
同月廿八日　任内務卿
同年四月十二日　御巡幸供奉被仰付候事
同年五月廿四日　叙正四位
同年六月十二日　御用有之供奉御先發被免候事但追テ御用相濟次第參向

可致事
同月廿八日　内國勸業博覽會事務副總裁被仰付候事
同年九月二日　索遜國皇帝陛下ヨリ貸付シタルアルブレヒト第一等勳章ヲ受領シ及ヒ佩用スルヲ允許ス
同年十月十九日　濠州シドニー府博覽會事務總裁被仰付候事
同十四年辛巳六月廿一日　御巡幸供奉御先發被仰付候事
同年七月廿二日　叙勳一等○同日　地租改正事務勉勵從事候ニ付爲其賞別紙目錄ノ通下賜候事　目錄　金千圓
同年八月三十一日　第二回內國勸業博覽會事務勉勵綜理候ニ付爲其賞銀牌壹個下賜候事○同日　第二回內國勸業博覽會事務勉勵綜理候ニ付爲慰勞金貳百圓下賜候事
同年十月廿一日　任參議兼大藏卿
同年十一月七日　豪洲メルボルン府博覽會事務総裁被免候事

同十一月九日　金五百圓　右御巡幸供奉中格別勉勵候ニ付爲慰勞頭書之
通下賜候事　口達　宮内省

二八　鹿兒島縣士族　大山　巖 清海
天保十三年壬寅十月生

明治四年辛未四月廿五日　任兵部權大丞○同日　叙正六位
同年七月廿八日　任陸軍大佐兼兵部權大丞
(朱書)同年八月十日　廢大少丞權官
同月十五日　任陸軍少將
同年十一月三日　免本官○同日　兵部省出仕佛國留學被仰付候事
(原朱)同五年壬申二月廿七日　廢兵部省置陸海軍兩省　(原墨)追テ御沙汰候迄從前之
通事務取扱可致事
同七年甲戌十月三日　歸朝
同年十一月十八日　任陸軍少將兼陸軍少輔○同日　陸軍省第一局長被仰

付候事
同八年乙亥二月廿四日　叙正五位
同年十月三十一日　天長節ニ付分列式天覽之節諸兵隊指揮長官被仰付候事
同九年丙子一月七日　陸軍始諸兵隊指揮長官被仰付候事
同年四月十九日　陸軍將校以下賞牌並從軍牌賜方取調被仰付候事
同年五月十六日　御用有之仙臺ヘ被差遣候事
同年八月八日　御用辨ノ爲メ毎火曜金曜日午前第八時ヨリ正院ヘ出勤可致事
同年十月廿六日　御用有之熊本鎭臺ヘ出張被仰付候事
同月廿九日　當分熊本鎭臺司令長官兼務被仰付候事
同年十一月十五日　熊本鎭臺司令長官兼務被免候事
同十年丁丑一月廿三日　御用辨ノ爲メ毎火曜日金曜日午前第九時ヨリ太

政官ヘ出勤可致事
同年二月十九日　野津陸軍少將不在中東京鎭臺司令長官兼勤被仰付候事
同月廿三日　陸軍卿代理並東京鎭臺司令長官兼勤被免候事○同日　御用
有之大坂出張被仰付候事
同年三月七日於京都行在所　鹿兒島縣逆徒益兇暴ヲ逞フシ官軍ニ抗敵候處
進討力戰能ク賊鋭ヲ挫キ候段達叡聞深ク苦勞ニ被思召候依テ爲慰勞酒
肴下賜候猶此上奮勉兵士ヲ率ヰ勵マシ速ニ平定ノ功ヲ可奏旨御沙汰候
事
同年五月十三日　賊徒猖獗益官軍ニ抗シ候處奮勵勇戰曩ニ熊本城ニ聯絡
シ大ニ賊勢ヲ挫キ候段叡感不淺候依テ積日ノ軍勞ヲ慰セラルヘキ爲メ
侍從長東久世通禧ヲ被差遣酒肴下賜候事
同年七月廿五日　賊徒猖獗ヲ恣ニシ益官軍ニ抗敵候處此炎熱ニ方リ追討
勇戰大ニ賊勢ノ退縮ヲ致候段睿感不淺候今ヤ還幸ニ際シ積日ノ勞ヲ慰

セラレン爲メ陸軍中將西鄉從道ヲ被差遣猶此上黽勉速ニ平定ノ功ヲ可
奏旨御沙汰候事
同年十月三日　汝嚴嚮ニ部下ノ諸兵ヲ率ヒ各地轉戰久シク艱苦ヲ經終ニ
克ク其效ヲ奏ス朕深ク汝カ其職任ヲ盡セルヲ嘉ミス
同年十一月八日　陸軍將校以下勳功調查委員被仰付候事
同月九日　曩ニ鹿兒島逆徒征討ニ方リ部下ノ諸兵ヲ督シ各地進討勵精盡
力克ク平定ノ功ヲ奏シ候段睿感不淺依テ勳二等ニ敘シ旭日重光章下賜
候事
　敘勳二等賜旭日重光章
同年十二月十五日　勳二等年金六百圓下賜候事
同十一年戊寅七月廿四日　御巡幸供奉被仰付候事
同年九月廿六日　御用有之金澤營所ヘ御先著被仰付候事
同年十一月廿日　任陸軍中將

同年十二月七日　兼任參謀本部次長

同年十二月七日　陸軍省第一局長被免候事

同月十四日　陸軍士官學校長兼勤被仰付候事

同十二年己巳九月三十日　御用有之相模國觀音崎邊へ出張被仰付候事

同年十月十六日　兼任內務大輔大警視（參謀本部次長如故）

同月廿一日　陸軍士官學校長被免候事

同十二年十二月十六日　叙從四位

同年十二月十九日　兼任議定官（兼參謀本部次長內務大輔大警視如故）

同十三年庚辰二月廿八日　兼任陸軍卿（兼議定官如故）

同年五月廿四日　叙正四位

同十四年辛巳六月廿一日　御巡幸供奉被仰付候事

同年七月二十日　御都合有之御巡幸供奉被免候事

同年十月廿一日　兼任參議（兼陸軍卿議定官如故）

二九

高知縣士族

福岡藤原孝弟藤次

天保六年乙未二月生

丁卯年十二月九日　參與職被　仰付候事

戊辰年二月廿日　徵士參與職制度事務局判事被仰付候事

同年四月八日　行在所御用有之候間來ル十日十一日之內下坂候樣御沙汰候事

同年同月廿日　御用筋ニ付當分顧問席へ出參可有之事

（二行原朱）
同年閏四月廿一日　三職八局廢

同月廿三日　是迄之職務被免參與職被　仰付候事

同月廿四日　叙從四位下

同年九月　議事體裁取調被　仰付候事

同月十九日　兼而被　仰付置候議事體裁取調御用此度山內中納言へ總裁被　仰付候間以後右御用ニ關係致候儀ハ總裁へ可伺出事

森有禮大木喬任鮫島尚信神田孟恪等履歷書本條亦九月十九日ノ達書トス

同月廿一日　兼ゟ議事體裁取調御用被　仰付置候儀ニ付東下可致旨　御
沙汰候事
同月廿七日　議事體裁取調御用ニ付東下被　仰付候處依所勞不克其儀旨
願出之段被　聞食候就ゟハ右取調之儀東西相隔リ候ゟハ難整ニ付御用
掛被免候事
己巳年正月十五日　病氣無余儀次第ニ候得共辭表之儀者御聞屆難相成候
間精々療養相加出仕可致事
同年二月十日　再願所勞之趣無餘儀被爲　聞食參與職之儀者被免候間徵
士其儘ニテ歸省之上精々治療致シ快方之上ハ出仕可致樣御沙汰候事
同月十七日　依願病氣職務被免歸國療養快氣之上出仕候樣被仰付置候處
至急御用有之ニ付一先引返候樣御沙汰候事
同年四月十八日　學校御用掛被仰（原墨）付候事
（原朱）同年九月二日　廢京都皇漢學所○同日　是迄之御用掛不殘被免候事

同年九月廿六日　太政復古ノ時ニ際シ一藩ヲ助ケ力ヲ皇室ニ盡シ候段叡
感不淺仍テ賞其功勞祿四百石下賜候事
　高四百石　依功勞永世下賜候事
庚午年二月　任高知藩少參事
同年十一月　任高知藩權大參事
(原朱)辛未年七月十四日　廢藩置縣　(原墨)追テ御沙汰候迄大參事以下是迄之通事務
取扱可致事
同月十八日　御用有之東京ヘ可罷出候事
同年八月　精々療養相加快氣次第上程可致事
(原朱)同年十一月十五日　廢高知縣更置同縣　(原墨)追テ御沙汰候迄新置縣令並參事
之差圖ヲ受ケ從前之廳ニ於テ事務取扱可致事
壬申年二月十三日　任文部大輔
同年八月十三日　任司法大輔

明治六年十一月九日　依願免本官○同日　御用滯在被仰付候事
同七年三月廿三日　任一等議官
同年七月十二日　依願免本官
同月十五日　御用滯在被仰付候事
同年九月七日　御用滯在被免候事
同八年四月廿五日　任議官
同年五月十九日　依願免本官
同十三年庚辰五月十四日　任議官○同日　年俸三千圓下賜候事
同年十一月八日　自今年俸三千五百圓下賜候事
同十四年辛巳四月七日　任文部卿
同年六月三十日　叙正四位
同年七月十六日　叙勳二等
同年十月廿一日　任參議兼文部卿

百官履歴　第一

一　　京都府華族　　鷹司輔凞

叙從一位

明治元年戊辰二月二日　制度寮事務總督被仰出候事
（一行原朱）同月五日　廢制度寮置制度事務局
同月廿日　議定職制度事務局督被仰出候事
（一行原朱）同年閏四月廿一日　廢三職八局
同日　是迄ノ職務被免神祇官知事被仰出候事
同年九月十二日　神祇官知事被免議定職被仰出候事
同二年己巳四月廿五日　除服出仕
同月廿七日　當官ヲ以テ宮公卿取締幷學校御用掛兼勤被仰付候事

同年五月十五日　是迄ノ職務被免留守長官被仰付候事

同月廿七日　今度多田隊御處置ノ儀御委任被仰付候事但刑法官可申合事

同年七月廿七日　御用有之ニ付東下可致旨御沙汰候事

同年八月十三日　留守長官被免候事

同年十月十日　麝香間參入被仰付候間日々祗候可致候事

同三年庚午四月四日　御用有之歸京被仰付候事

同十一年七月九日　薨去

二

東京府華族元京都　中山忠能

文化六年己巳十一月生

原書中山忠能ノ履歴二通ヲ收メ體裁稍異ナル今其ノ一ヲ收ム（校訂者識）

慶應三年丁卯十二月九日　議定職被仰出候事

明治元年戊辰二月三日　輔弼被仰出候事

（原朱）同年閏四月廿一日　廢三職八局○（原墨）同日　議定被仰出候事

同月廿三日　被免當職依別段ノ思召自今御前日參被仰出候事

職務進退錄三ヲ一ニ作ル是ナリ

同月廿五日　依別段思召御前日參被仰出候ヘ共今般御革正ニ付更ニ議定
被仰出候事

同月廿六日　叙從一位

同年八月四日　任准大臣舊官

同二年己巳五月十五日　議定被免神祇官知事被仰付候事

同年七月八日　任神祇伯

同年九月廿六日　皇道委靡滿朝危疑ノ日ニ當リ斷然回復ノ策ヲ賛シ竟ニ
中興ノ大業ヲ輔ケ候段叡感不斜仍賞其勳勞祿千五百石下賜候事

高千五百石　依勳勞永世下賜候事

同年十月四日　兼任宣敎長官

同四年辛未四月七日　伺ノ通謹愼被仰付候事

同月九日　謹愼被免候事

同年六月廿五日　追々老年苦勞ニ被思召本官幷兼官ヲ免シ特旨ヲ以テ終

身現米五百石下賜候事
同日　麝香間祗候被仰付候事○同日　大嘗會御用掛被仰付候事
同年九月十二日　來ル十七日御祭典神饌供撤御手代被仰付候事
同月廿七日　御手代被仰付候事
同年十二月十八日　來廿三日廿五日御祭典ニ付神饌御手代被仰付候事
同月　大嘗會御用且御代拜御手代每度勤仕候ニ付爲其賞金千兩下賜候事
同五年壬申三月七日　神武天皇御例祭ニ付御手代被仰付候事
同九年丙子十二月六日　來明治十年一月大和國幷京都ヘ行幸ニ付供奉被
仰付候事

三　東京府華族元京都　岩倉具綱　岩倉具視嫡男

慶應三年丁卯十二月　書記御用被仰出候事
戊辰年正月十日　參與職助役被仰出候事

同年二月廿日　參與職被仰出候事○同日　內國事務權輔被仰出候事
同年四月廿一日　叙從四位上○同日　近臣被仰出候事
同年五月廿八日　依願免近臣
己巳年九月五日　官位返上被聞食候事
辛未年七月廿八日　任大錄　宮內省
同年八月　任權大錄　宮內省
同年十月廿七日　依願免本官
明治七年六月廿四日　補式部寮七等出仕兼任大掌典
同年七月三日　從四位復舊被仰付候事
同年八月廿日　神嘗祭參向被仰付候事

四

元正親町三條
東京府華族元京都　嵯峨藤原實愛

丁卯年十二月九日　議定職內國事務總督被仰付候事

戊辰年二月三日　自今可爲輔弼被仰下候事但総裁局出仕之事
（原朱）同年閏四月廿一日　廢三職八局（原墨）○同日　議定職被仰付候事
同年八月廿六日　今般御東幸之節岩倉右兵衞督供奉被仰付候然ル處三條
右大臣ニモ未タ東京ノ在職相成候ニ付御留守中當官ニテ諸務御委任被
仰出候ニ付テハ輔相候所ヘ出仕可致旨被仰付候事
同二年己巳五月十五日　是迄之職務總テ被免刑法官知事被仰付候事
同年六月十二日　御用有之候ニ付早々上京被仰付候事
同月廿四日　依所勞願上京被免候事
（原朱）同年七月八日　廢刑法官置刑部省（原墨）○同日　任刑部卿
同年九月廿六日　皇道衰頽之時ニ當リ回復ノ志ヲ抱キ竟ニ中興ノ大業ヲ
輔ケ候段叡感不斜仍テ賞其功勞祿千石下賜候事
高千石　依勳勞永世下賜候事
同三年庚午十月十二日　任大納言

同年十月廿日　正二位降階之儀願之趣謙退之情實無餘儀被聞召届候事但
從二位可爲上座事
同四年辛未三月廿五日　大嘗會御用掛被仰付候事
同年七月十四日　辭職願之旨不得止乍御遺憾被聞食候事　依願免本官但
麝香間祗候被仰付候事
同日　御維新以來綱紀更張御施設相成候處方今内外之形勢前途之事業不容易深ク御配慮被爲在今般一層御釐革被遊候御趣意ニ付國事御諮詢被爲在候間無忌憚建言宏謨ヲ可奉裨補候事

口達覺

月中三ケ度參内之事但二ノ日ヲ以テ定日トシ十字參仕政府宮内省ヘ舍人ヲ以テ可届出尤御用有之候節ハ此餘時々可被爲召候事
同年十二月二日　國事御諮詢之面々此迄二ノ日參朝之處自今定日被廢御用之節々可被召候條此旨相達候事

同五年壬申三月十四日　任教部卿
同年十月廿五日　免本官○同日　麝香間祗候被仰付候事但國事御諮詢被
爲在候ニ付御用之節々出仕可致事
同十年丁丑二月十九日　京都御駐輦中宮内省御用掛被仰付候事但取扱准
勅任之事
同年八月三日　宮内省御用掛被免候事
同十一年十二月廿九日　特旨ヲ以テ正二位ニ被復候事

五

東京府華族元京都　中御門經之　文政三年庚辰十二月生

慶應三年丁卯十二月九日　議定職被仰出候事
明治元年戊辰正月十七日　會計事務督被仰出候事
同年二月廿日　議定職會計事務局督被仰出候事（原墨）
（原朱）同年閏四月廿一日　廢三職八局○同日　議定被仰出候事

同月廿二日　任權大納言○同日　叙從二位
同年五月廿二日　當官ヲ以テ會計官出仕被仰付候事
同年八月八日　會計御用ニ付大坂會計局幷貨幣司鑛山司等へ出張被仰付
候事
同月廿二日　當官ヲ以テ會計官知事兼勤被仰付候事
同年十月廿日　當官ヲ以テ治河掛被仰出候事
同年十一月五日　今度治河掛被仰付候ニ付テハ全權御委任相成候事
同二年己巳二月四日　當官ヲ以テ造幣局掛兼勤被仰出候事
同年五月十五日　是迄ノ職務被免內廷職知事被仰付候事○同日　東下被
仰付候事
（一行原朱）
同年七月八日　廢內廷職
同月廿一日　自今麝香間參入被仰付候事
同月廿三日　治河掛被免候事○同日　恭明宮御造營御用掛被仰付候事

同月廿四日　任留守長官

同年九月廿六日　皇道委靡滿朝危疑ノ日ニ當リ斷然回復ノ策ヲ賛シ竟ニ中興ノ大業ヲ輔ケ候段叡感不斜仍賞其勳勞祿千五百石下賜候事

高千五百石　依勳勞永世下賜候事

同年十一月七日　今般中宮行啓ニ付テハ京都府下人民致動搖候處格別盡力速ニ及鎭靜候段神妙被思召候依之目錄ノ通下賜候事

絹　壹匹　末廣　壹本

同月廿日　任大納言留守長官如故

同三年庚午正月八日　本官ヲ以テ京都府事務取扱被仰付候事

同月廿八日　大原野祭　春日祭　宣命使參向被仰付候事〇同日　大原野祭春日祭參向隨從ノ少史主記官掌使部等御用中留守官々員相當ノ者ヘ勤可申付候事

同年二月十四日　神武天皇山陵ヘ例幣勅使トシテ參向被仰付候事

同年三月廿九日　賀茂祭宣命使參向被仰付候事
同年四月廿日　京都府事務取扱被仰付置候處被免候事○同日　御用ノ儀有之候條東京ヘ罷出候樣被仰付候事
同月　再應ノ辭表深キ旨趣ニ候ヘ共不被及御沙汰候間勉勵奉職可致事
同年五月廿二日　先般御用有之東京ヘ可罷出旨被仰付置候處御都合モ有之不及其儀旨更ニ御沙汰候事
同年七月廿二日　中秋祭宣命使被仰付候事
同年八月　再三ノ辭表ニ候ヘ共不被及御沙汰候間可致勉勵事
同年十二月十二日　依願免本官幷兼官○同日　依病再三辭職ノ儀乍御遺憾被聞召候今後國事御諮詢ノ儀モ可有之候間此旨可相心得候事○同日　勤仕中勵精ニ付目錄ノ通下賜候事　直垂地　一卷
同日　麝香間祗候被仰付候事
(月日ヲ欠ク)恭明宮御用掛被仰付候事

同四年辛未十一月十日　恭明宮御用掛被免候事但同宮宮內省ヘ可引渡事

六

東京府華族元京都　徳大寺藤原實則
天保十年庚子十二月生

敘正二位

丁卯年十二月十日　御前祇候被仰出候事
戊辰年正月三日　參與職被仰出候事
同月九日　議定職被仰出候事
同月十七日　議定職內國事務總督被仰出候事
同年二月二日　任權大納言舊官
同年三月廿九日　今度大給縫殿頭儀天機爲伺候段全ク不調ニ付進退伺ノ
處別段ノ御評議ヲ以テ不被及御沙汰候事但即時出勤可有之事
(原朱)同年閏四月廿一日　廢三職八局○(原墨)同日　議定更ニ被仰出候事但是迄之兼
勤總テ被免候事

同年八月廿六日　今般御東幸ノ節岩倉右兵衛督供奉被仰付候然ル處三條右大臣ニモ未タ東京在職相成候ニ付御留守中當官ニテ諸務御委任被仰出候付テハ輔相候所ヱ出仕可致旨被仰付候事

同年九月廿日　東京行幸御留守中輔相之心得被仰出候事

同二年己巳三月十九日　東京參向在勤被仰付候事

同年四月十四日　當職ヲ以テ内廷知事兼勤被仰付候事

同年五月十五日　議定更ニ被仰付候事但是迄ノ兼勤総テ被免候事

同年七月八日　任大納言辭退

同月十七日　辭表ノ趣不被及御沙汰候間押テ參朝可有之候事

同月廿日　伺ノ通差扣被仰付候事

同月廿一日　差扣差免候事

同年十一月廿八日　中興以來奉職勉勵獻替規畫候段叡感被思在依之御劍一口下賜候事

御劔 祐高

同三年庚午二月十二日　宣撫使トシテ山口藩ヘ下向被仰付候事

同年三月十七日　宣撫使慰勞トシテ御直垂地一領金五萬匹下賜候事

同年四月十二日　除服出仕

同年七月廿二日　三帝御奉謚御祭典ニ付爲勅使參向被仰付候事

同年八月廿二日　鹿島香取兩社宣命使被仰付候事

同年十月七日　本官ヲ以テ御前御用專務被仰付候事

同四年辛未四月二日　御用有之上京被仰付候事

同月五日　孝明天皇山陵勅使被仰付候事

同月七日　後月輪東山陵宣命勅使參仕被仰付候事

同年六月七日　氷川社祭宣命使被仰付候事

同年七月十四日　依願免本官○同日　再三辭職懇願ノ旨不得止乍御遺憾被聞召候事但麝香間祇候被仰付候事

同日　御維新以來綱紀更張御施設相成候處方今內外ノ形勢前途ノ事業不容易深ク御配慮被爲在今般一層御釐革被遊候御趣意ニ付國事御諮詢被爲在候間無忌憚建言宏謨ヲ可奉裨補候事

同日口達　月中三ケ度參向ノ事但二ノ日ヲ以テ定日トシ十字參仕政府宮內省ヘ舍人ヲ以テ可屆出尤御用有之節ハ此餘時々可被爲召候事

同月十八日　御用滯在被仰付候事

同月廿日　宮內省出仕被仰付候事但大輔准席ノ事

同年八月四日　任侍從長

同年十月十七日　任宮內卿兼侍從長

同五年壬申五月廿七日　西國御巡幸供奉被仰付候事

同六年癸酉六月二日　辭表ノ趣不被及御沙汰候事

同年八月廿四日　伊太利國皇族近日渡來ニ付接伴御用掛被仰付候事但外務省ヘ打合可申事

同年九月十二日　除服出仕
同年九月丙子五月八日　奥羽御巡幸供奉被仰付候事
同年十一月廿七日　除服出仕
同月三十日　來明治十年一月大和及京都へ行幸ニ付供奉被仰付候事
（原朱）同十年丁丑八月廿九日　宮內省中廢侍從長○（原墨）同日　兼任一等侍補
同年十月廿九日　除服出仕
（一行原朱）同年十一月五日　除服出仕
同月廿二日　叙勳一等賜旭日大綬章
同十一年戊寅六月七日　依願免兼官
同年七月廿四日　御巡幸供奉被仰付候事
同年十二月廿四日　兼任侍補
同十二年己卯四月七日　除服出仕
（一行原朱）十二年十月十三日　宮內省中廢侍補

同年十月十四日　外賓侍遇禮式取調委員次長被仰付候事
同年十二月三日　伊太利國皇帝陛下ヨリ贈賜シタルグランコルドーネデルヲルゲネヂデーラコロンナデイタリヤ勳章ヲ受領シ及ヒ佩用スルコトヲ允許ス
同十三年庚辰四月十二日　御巡幸供奉被仰付候事

七

東京府華族元京都　坊城俊政
文政九年丙戌十月生

戊辰年正月　御元服奉行被仰出候事
同月　太政官代二條城エ行幸奉行被仰出候事
同年二月　太政官代二條城エ行幸奉行被仰出候事
同月　御親征大坂行幸奉行被仰出候事
同年三月廿九日　任參議舊官○同日　任右大辨舊官○同日　參與職被仰出候事○同日　林和靖間詰被仰出候事

同年四月　住吉神社行幸御用掛被仰出候事

（原朱）同年閏四月廿一日　廢三職八局○同（原墨）日　辨官事被仰出候事

同年六月　辨事職格別繁務ニ付爲勤勞ノ賞紫組掛緒被許候事

同年八月　御東幸御用掛被仰出候事

同年九月十四日　叙從三位

同年十月　氷川神社行幸御用掛被仰出候事

同年十一月　御東幸還幸御用掛被仰出候事

同年十二月　孝明天皇御三周ニ付山陵行幸御用掛被仰出候事

同月　女御御入內卽日立后御用掛被仰出候事

己巳年二月　御再幸御用掛被仰付候事

同年四月八日　內辨事兼勤被仰付候事

同月十四日　內辨事兼勤被仰付置候處被免候事

同年五月八日　給祿取調御用掛被仰付候事

同年六月十八日　祭祀行幸御用掛被仰付候事
同年七月八日　任大辨
庚午年八月廿二日　鹿嶋香取兩社參向被仰付候事
同年九月　制度分局御用掛被仰付候事
同年十月　氷川神社行幸御用掛被仰付候事
同年十一月三十日　御用有之上京被仰付候事
辛未年正月　制度分局御用掛被仰付候事
同年三月廿五日　大嘗會御用掛被仰付候事
(原朱)同年七月十四日　廢官(原墨)○同日　太政官出仕被仰付候事
同月廿九日　任式部長
(原朱)同年八月十日　廢式部局更置式部寮(原墨)○同日　任式部頭
同年十一月　横須賀造船所行幸御用掛被仰付候事
同年十二月　大嘗會御用勉精ニ付御絹料金貳萬匹下賜候事

壬申年五月　御巡幸御用掛被仰付候事

同年九月　伊勢兩宮神嘗祭例幣參向幷京都御文庫取調出張被仰付候事

同八年一月十三日　孝明天皇御例祭幷神宮祈年祭參向被仰付候事

同年八月廿三日　除服出仕

同九年丙子一月十四日　伊勢神宮祈年祭　仁孝天皇御式年祭　孝明天皇御例祭參向被仰付候事

同年三月三日　御用有之橫濱表へ出張被仰付候事

同年十一月三十日　來明治十年一月大和及京都へ行幸ニ付供奉被仰付候事

同十年丁丑三月廿一日　於京都行在所　神武天皇御例祭奉幣使被仰付候事

原書坊城俊政俊章ノ番號ヲ幷ニ七トス本書ハ便宜上俊章ヲ八トスルガ故ニ以下ノ號數必ラズシモ原書ノソレト合セズ（校訂者識）

八

東京府華族元京都　坊城俊章　坊城俊政男　弘化四年丁未正月生

戊辰年二月廿日　參與職被仰出候事○同日　辨事加勢被仰出候事

原書坊城俊章ノ履歴ニ通チ收メ體裁稍異ナル今玆ニ其ノ一チ收ム（校訂者識）

同年三月朔日　辨事被仰出候事

同年四月五日　外國事務局權輔被仰出候事

（一行原朱）同年閏四月廿一日　廢三職八局

同月廿二日　叙從四位下

同年六月二日　三等陸軍將被仰出候事

同年八月　當官ヲ以テ攝泉防禦総督被仰付候間兵隊引卒明曉出張可有之候事

同年九月十二日　攝泉防禦総督ヲ以テ出張被仰付置候處兵隊引卒早々上京可有之御沙汰候事

同月十四日　任左少辨舊官

己巳年四月　今般引卒之兵隊滯在中管轄可有之候事

同年六月十四日　當官ヲ以三陸巡察使被仰付候事

同月十八日　當官ヲ以三陸巡察使被仰付置候處幷磐城國巡察可致樣被仰

付候事
同年七月廿二日　任陸軍少將
同年八月　三陸巡察使被免候事
同月　兼任三陸磐城兩羽按察使
同月五日　兼任三陸磐城兩羽按察次官
庚午年六月十九日　紫組掛緒被許候事
同年九月廿四日　任山形縣知事
辛未年十月五日　免本官
同月十日　魯國留學被仰付候事
明治六年正月　依願獨乙國ェ轉移留學差許候事　佛國パリース公使館
同七年三月　海外留學差免候事　文部省
同年九月廿五日　任陸軍中尉
同十年丁丑六月十六日　任陸軍大尉

同十一年戊寅六月廿二日　鹿兒島逆徒征討之際盡力不少候ニ付勳五等ニ
叙シ金五百圓下賜候事

九　東京府華族　大原重實
天保三年壬辰五月生

慶應改元明治戊辰二月晦日　海軍先鋒被仰出候事
同年三月八日　兵庫表ヘ出張軍艦相揃次第同所ヨリ進發可有之候樣御沙汰候事
同年閏四月十九日　海軍先鋒總督被仰出候事
同年五月十九日　海軍先鋒總督被免江戸鎭臺補被仰出候事
同年五月廿四日六月七日受　先達テ江戸鎭臺補被仰出候處鎭臺府知事下向ニ付被免候事〇同日六月七日受　關八州監察使被仰出候事〇同日　任左近衞權少將舊官
同年七月十九日　久々之軍旅殊ニ炎熱之砌苦勞被思召今般歸京ニ付爲慰

勞賜酒肴候事但大総督宮歸京被奏成功之上其勤勞ニ依リ夫々御褒賞之品モ可有之候得共卽時慰勞本文之通御沙汰候事

同月廿二日　是迄之職務被免權辨事被仰付候事

同年九月十九日　辨官事被仰付候事

同年十一月十五日　東北諸藩賞罰取調掛被仰付候事

同年十二月四日　東京在勤被仰付候事

同月十日　皇居造營御用掛被仰付候事

同二年己巳四月廿三日　是迄之職務被免議長被仰付候事

同月廿四日　叙正四位下

同年五月七日　當官ヲ以制度寮副總裁兼勤被仰付候事

同月十八日　制度寮副総裁兼勤被免候事○同日　本官ヲ以制度取調御用掛被仰付候事

同月廿二日　制度取調御用掛被免候事

同年六月二日　戊辰之夏海軍ヲ督シ海路航行東京ニ至リ職務勉勵之段叡
感被爲在仍テ爲其賞百石下賜候事
高百石　依功勞永世下賜候事
同年七月九日　議長被免候事○同日　領客使被仰付候事
同年八月廿二日　領客使被免候事
同月廿五日　中宮東京ヘ行啓ニ付爲御迎急速上京被仰付候事
同年十二月八日　任酒田縣知事
（朱原）同三年庚午九月廿八日　廢酒田縣○（原墨）同日　御用引渡相濟候得ハ東京ヘ可
罷出事
同四年辛未八月十二日　外務省七等出仕被仰付候事
同五年壬申五月十三日　外務省六等出仕被仰付候事
同年六月二日　魯國王子接待御用掛被仰付候事
同八年乙亥十二月五日　任外務少丞

（原朱）同十年丁丑一月十一日　廢官○（原墨）同日　任外務少書記官
同年九月六日　死
同月八日　積年力ヲ國事ニ盡シ維新之初重職ヲ奉シ勤勞不少爾後數官ヲ
經歷シ勉勵從事候ニ付特旨ヲ以テ祭粢料別紙目錄之通下賜候事
金五百圓

一〇　東京府華族元京都　大原重德　大原重實父
享和元年辛酉十一月生

宮内省上申書ニ十月十六日生ルトアリ

慶應三年丁卯十月十三日　叙從二位
同年十二月九日　參與職被仰出候事
同月十五日　依願參與職被免候事
改元明治戊辰二月廿日　參與職被仰出候事○同日　林和靖間詰幷御內儀
口向等取締被仰出候事○同日　任權中納言舊官
同年四月十五日　笠松裁判所總督被仰出候事但美濃飛驒可爲支配事

同年閏四月四日　林和靖間詰被免候事

同月　木曾川筋年々水災不少趣ニ候間堤防嚴備精々盡力有之候樣御沙汰候事

同月廿一日　笠松裁判所総督被免候事

同月廿三日　刑法官知事被仰出候事

同年五月廿二日　當官ヲ以テ爲巡察笠松ヘ下向被仰出候事

同月廿五日　今度笠松下向被仰出候ニ付テハ早々發途水害ノ場所村民之患苦等巡察可致旨被仰出候事但凡五七日滯在歸京可致樣被仰付候事

同二年己巳二月十三日　東幸ニ付東下被仰付候事

同年三月十四日　當官ヲ以テ十津川鄕巡察トシテ出張朝廷御旨意之趣篤ク可及說諭樣被仰付候事但園池少將渡邊昇ヘ萬事申合可有之事

同年四月廿五日　刑法官知事被免候事

同年五月二日　議定被仰付候事

同月十五日　是迄之職務被免上局議長被仰付候事

同年七月九日　依願免本官

同月十三日　麝香間祗候被仰付候御用之節々參朝可有之旨御沙汰候事

同年九月四日　任集議長官

同月廿六日　積年皇道之衰ヲ憂ヒ丁卯之冬太政復古ノ時ニ方リ日夜勵精
老テ益壯ン力ヲ皇室ニ盡シ以テ今日ノ丕績ヲ賛ケ候段叡感不斜仍テ賞
其勳勞祿千石下賜候事

高千石　依勳勞永世下賜候事

同三年庚午閏十月十七日　免本官○同日　國事御諮詢被爲在候間麝香間
祗候可有之候事

同年十一月廿日　神樂御人數被仰付候事

十二月十日　華族觸頭被仰付候事

同四年辛未八月五日　依願華族觸頭被免候事

同年十一月廿日　積年國事ニ勤勞殊ニ及老年勵精有之候段神妙之事ニ付格別ノ思食ヲ以邸宅下賜候事但大川端元菊間藩邸上地所下賜候條東京府ヨリ可請取事

同六年癸酉三月十八日　神樂御人數被免候事○同日　積年樂道ニ勵精シ且老年迄神樂奉仕候ニ付目録之通下賜候事

白羽二重　三疋

同十二年己卯三月四日　老年ニ付特旨ヲ以宮中杖被差許候事

同年四月　薨

同月四日

夙ニ皇道ノ衰微ヲ憂ヒ心ヲ勞シ思ヲ焦シ遂ニ太政ノ維新ヲ賛ケ精ヲ勵シ誠ヲ效ス矧ンヤ又奉仕朝ヲ累ネ勤勞年ヲ積ム此ニ溘逝ヲ聞ク曷ソ痛悼ニ勝ヘン因リテ正二位ヲ贈リ幷セテ金幣ヲ賜ヒ以テ表彰ス

同日　贈正二位　金幣　三千圓

百九十二

大原重實男

東京府華族元京都　大原重朝

弘化四年丁未五月生

一

慶應改元明治戊辰三月廿日　叙從四位

同年閏四月十九日　參與職辨事被仰出候事

(原朱)同月廿一日　廢三職八局(原墨)〇同日　權辨官事被仰出候事

同年五月十日　辨官事被仰出候事

(一行原朱)同年六月　辨事職務格別繁務ニ付爲勤勞之賞組掛緒被聽候事

同年七月八日　今般勤學之志願有之辨官事辭表差出候段神妙之至ニ候殊ニ職務中格別盡力ニ付辭官ノ儀御殘念ニ思食候得共不得止願之通被聞食候就テハ切磋黽勉他日國家之御用ニ可相立御沙汰候事

同三年庚午十一月廿日　神樂御人數被仰付候事

一

東京府華族元京都　烏丸光德

慶應三年丁卯十二月十三日　參與職被仰出候事
明治元年戊辰正月四日　征討參謀被仰出候事
同月　爲巡撫大和國へ發向被仰出候事
同年二月廿日　參與職被仰出候事○同日　軍防事務局權輔被仰出候事
同月　軍防事務局輔加勢被仰出候事
同年三月　御親征御用ニ付大坂出張被仰出候事○同日　軍曹支配被仰出
候事
同月廿五日　御親征中軍監被仰出候事
(原朱)同年閏四月廿一日　廢三職八局○(原墨)同日　辨事被仰出候事
同月廿二日　任參議舊官
同年五月十日　關東表へ下向大總督宮三條左大將ニ附屬シ進退可受其下
知被仰出候事
同月十二日　依願辨事被免候事○同日　三等陸軍將被仰出候事

免鎮臺輔任東京府知事ハ十七日ニ在リ廿九日ハ東京ニテ拜

同月廿四日　江戸府知事被仰出候事
同年六月十七日　鎮臺輔被仰出候事
(一行原朱)同年七月十七日　廢鎮臺置鎮將府○廢江戸府置東京府
同月廿九日　鎮臺輔被免候事
同年八月廿日　東京府知事被仰付候事
同年十一月七日　辭表ノ趣被聞食東京府知事被免候事但早々歸京可有之
候事
同二年己巳正月三十日　三等陸軍將被仰付候事
同年三月　御用有之大坂へ出張被仰付候事
同年五月十八日　是迄ノ職務被免留守次官被仰付候事○同日　京都出張
被仰付候事
同月廿七日　今度多田隊御處置ノ議御委任被仰付候事但刑法官可申合事
同年六月二日　戊辰正月伏見ノ役鳥羽ニ出馬續テ大坂ニ進ミ盡力候段叡

感被爲在依テ爲其賞五拾石下賜候事
高五拾石　依勤勞永世下賜候事
同年八月十三日　是迄ノ職務被免候事○同日　御用有之東下可致旨御沙汰候事
同年九月十日　任宮內大輔
同年十月朔日　叙從三位
同年十一月廿四日　紫組掛緒被許候事
同三年庚午正月九日　御用有之西京宮內省へ出張被仰付候事
同年十二月三日　祿制取調御用掛被仰付候事
同月十二日　兼任皇大后宮大夫○同日　御用濟次第東京へ可罷出事
同四年辛未六月廿五日　免本官

一三　山口縣士族　小幡高政 彥七

明治四年辛未十月十四日　任少議官
同年十一月廿四日　任宇都宮縣參事
同五年壬申十一月十日　叙從六位
同六年癸酉二月十日　任小倉縣參事
同年十一月廿七日　任小倉縣權令
同七年甲戌二月十八日　叙正六位
同八年乙亥六月五日　兼任五等判事
同九年丙子一月十七日　依願免兼官
同年三月廿八日　依願免本官

一四　山口縣士族　河瀨眞孝 安四郎

明治四年辛未七月廿三日　任工部少輔○同日　叙從五位
同年九月廿日　任侍從長

同年十二月廿日　叙従四位
同六年癸酉九月三十日　任辨理公使○同日　伊澳両國在勤被仰付候事
同年十一月十九日　任特命全權公使○同日　三等官月給下賜候○同日
伊澳両國在勤被仰付置候處被免更ニ伊太利在勤被仰付候事
同七年甲戌七月廿日　兼任総領事
同九年丙子十一月廿一日　御用有之歸朝被仰付候事
同十年丁丑七月廿一日　依願免本官并兼官
同十二年己卯三月十五日　任議官○同日　年俸三千五百圓下賜候事
同十二年己卯十月廿四日　治罪法草案審査委員被仰付候事
同年十一月一日　伊太利國皇族渡來ニ付接伴掛被仰付候事
同十二年己卯十二月三日　伊太利國皇帝陛下ヨリ贈賜シタルグランオフ
ヒシアルデルロルデイヌデルラコロンナデイタリヤ勳章ヲ受領シ及佩
用スルヲ允許ス

同十三年庚辰五月五日　陸軍刑法審査委員被仰付候事
同年十月十四日　海軍律刑法審査委員被仰付候事

一五

東京府華族元岡山　池田章政満次郎政詮
天保七年丙申五月生

明治元年戊辰三月十五日　叙従四位下○同日　任侍従舊官
同月十七日　依願御親征大坂行幸供奉被仰付候事
同年閏四月四日　議定職被仰出候事
同日　徳川慶喜及伏罪候處所々殘賊亂行人民安堵ノ思ヲ不爲ノ趣達叡聽被惱宸襟候依之江戸鎮臺補兼警衛被仰付候條人數召連急々東下抽丹誠可奉安宸襟旨被仰出候事
同月五日　行幸供奉御免被仰出候事
(一行原朱)同月廿一日　廢三職八局
同年五月十九日　關東下向當分御理之儀被聞食候得共尚又可被仰付儀モ

有之候間此段可相心得御沙汰候事○同日　刑法官副知事被仰出候事
同年六月廿九日　其方儀過日賜御暇歸國致候處兼テ在國ノ期限遲延ハ有之間敷候得共願ノ通三十日限ニテ上京可致旨更ニ被仰出候事
同年八月十日　不遠御東幸ニ付テハ御用多端ニ候間當分ノ處當官ヲ以テ議政官出仕議定同樣之心得ニテ勤仕被仰付候事
同月廿八日　東京行幸供奉被仰付候事
同年十月十九日　御東幸御用多端ニ付當官ヲ以テ議定同樣ノ心得ニテ勤仕被仰付置候處今度被免候事但當官ヲ以テ東宮在勤可有之事
同年十二月四日　其方儀先般御東幸ノ節後驅被仰付置候處今度被免兵隊ノ儀ハ其儘東京滯在可爲致旨御沙汰候事○同日　東京在勤被仰付候事
同月九日　議定同樣之心得ヲ以テ議政官ヘ出仕被仰付候事
同二年己巳四月八日　議政官出仕被免刑法官知事被仰付候事
同月十日　任左近衞權少將舊官

同年五月十五日　是迄之職務被免候事○同日　昨年來國家多事之折柄一際勵精深ク御滿足被思召候今般制度御改定ニ付テハ追々御達ノ旨モ可有之間一先職務被免候事○同日　國事御諮詢被爲在候間隔日出仕可有之候事但麝香間祗候可有之事

同年六月二日　丁卯之冬朝廷之危急ヲ察シ兵ヲ京師ニ出シ戊辰ノ春伏見一戰續テ海道ノ軍ニ合シ毎戰奮勵藩屛ノ任ヲ遂ケ候段叡感不淺仍テ爲其賞二萬石下賜候事

高二萬石　依戰功永世下賜候事

同月十七日　岡山藩知事被仰付候事

同年七月三日　先達テ來御諮詢ノ件々尙御斟酌ノ上追々御施行可被爲在候此度歸藩被仰付候間御趣意ヲ奉體シ可盡職任旨御沙汰候事○同日

一昨年來職務勵精盡力ノ段叡感不淺候今度歸藩被仰付候ニ付目錄ノ通下賜候事

同年九月十四日　戊辰ノ冬流賊追討ノ命ヲ奉シ奥ノ青森ニ出兵己巳ノ夏
蝦夷地ニ入リ各所攻撃箱館ノ賊巣ヲ破リ終始勉勵竟ニ成功ニ立至リ候
段叡感不淺依テ爲其賞高一萬石三ヶ年ノ間下賜候事
高一萬石　依軍功三ヶ年間下賜候事
(原朱)
同四年辛未七月十四日　廢藩○同日(原墨)　免本官
同五年壬申六月七日　西國御巡幸御留守中宮内省勤番被仰付候事
同年九月十二日　鐵道開業式ニ付横濱へ行幸供奉被仰付候事
同十一年戊寅六月廿日　特旨ヲ以テ位一級被進候事　叙正四位
同十二年己卯十二月十一日　特旨ヲ以テ位一級被進候事　叙従三位

一六

鳥取縣士族　河田景與 左久馬

慶應三年丁卯十二月　総裁有栖川宮へ隨從御内御用可相勤候事
同改元明治戊辰正月ロ達　募兵御用掛被仰付候事

同年二月　依願募兵御用掛被免候事
同年三月四日　東山道總督府內參謀被仰付候事　軍防事務局
四、年四月　野州賊徒爲追討出張被仰付候事　軍防事務局
同年閏四月廿九日　下參謀補助タルヘキ旨大總督宮御沙汰候事
同年五月十一日　徵士江戶府判事被仰付候事
同月十三日　敍從五位下辭退
同月廿日　大總督府下參謀被仰付候事
同月廿三日　小田原藩ヘ問罪之師被差向候ニ付出張被仰付候事
同年六月十七日　奧州相馬口ヘ出張被仰付候事
同年十月廿八日　徵士甲斐府判事被仰付候事○同日　敍從五位下
同年十一月朔日　春來久々之軍旅勵精盡力戰略苦心速ニ東北平定之功ヲ
奏シ候段叡感不淺候今般凱旋ニ付不取敢爲御太刀料金貳百兩下賜候事
但東北一先平定ニ至ルト雖モ前途皇國御維持之儀深ク御苦慮被爲遊候

ニ付猶此上紀律嚴肅相守誠實ヲ旨トシ緩急可遂奉公之旨御沙汰候事
同月四日　大總督宮歸京ニ付附添被仰付旅中監察使附屬之者ヲ管轄シ諸事取締致候樣御沙汰候事但御用濟次第甲斐府ヘ可罷越候事
同月廿五日　大總督府下參謀トシテ出張遠路跋涉日夜攻擊到ル處功ヲ奏シ既ニ於東京被爲慰軍勞候得共今般凱至ニ付不取敢賜酒肴候事但春來兵事ニ付大宮御所ニテ御内々御憂襟被爲在征討兵士之艱苦ヲ恤敷被思召日夜平定而已御祈念之折柄今般凱旋之趣御内聽被爲在御喜悅不斜候猶歸陣之者慰勞候樣御内諭被爲在候事
同二年己巳正月十八日　甲斐府判事被免軍務官判事被仰付候事
同年二月十二日　軍功賞典取調御用掛被仰付候事
同年六月二日　戊辰之夏參謀之命ヲ奉シ督府ニ出仕續テ奧州ニ進ミ軍務勉勵指揮其宜ヲ得竟ニ成功ヲ奏シ候段叡感不淺仍爲其賞四百五拾石下賜候事

高四百五拾石　依軍功永世下賜候事

同年八月十四日　任兵部大丞

同三年庚午正月八日　任京都府大參事兼留守判官

同年四月廿日　御用之儀有之候條東京へ罷出候樣被仰付候事

同年七月八日　任彈正大忠

同年十一月廿七日　御用有之廣島藩へ被差遣候事

同四年辛未七月二日　任民部大丞兼福岡藩大參事

（原朱）同月十四日　廢藩置縣　（原墨）追テ御沙汰候迄大參事以下是迄之通事務取扱可
致事

同月十五日　免兼官○同日　任福岡縣大參事

（一行原朱）同年十一月十四日　廢福岡縣更置同縣

同月十五日　任鳥取縣權令

同五年壬申七月廿日　免本官○同日　直垂地一卷下賜候事

同十一年戊寅七月二日　任議官○同日　年俸三千圓下賜候事
同十二年己卯十二月十五日　叙從四位

一七

愛媛縣士族元丸龜　土肥實光大作

明治元年戊辰六月十五日　御雇ヲ以三河判縣事被仰付候事
同二年己巳二月十二日　徵士被仰付候事但三河判縣事可爲是迄之通事
同年七月廿八日　依病氣願是迄之職務被免候事
同四年辛未四月十日　任丸龜藩權大參事
同月　免本官
同月廿三日　民部省出仕被仰付候事
（原朱）同年七月廿七日　廢民部省但（原墨）追テ御沙汰候迄是迄之通事務取扱可致事
同年九月廿四日　大藏省七等出仕被仰付候事
同年十一月二日　任姫路縣參事

（一行原朱）同月八日　改姬路縣稱飾磨縣
同五年壬申正月四日　任新治縣參事
（一行原朱）同八年乙亥七月五日　廢新治縣

一八　島根縣士族元津和野　福羽美靜文三郎
天保二年辛卯七月生

明治元年戊辰三月四日　徵士神祇事務局權判事被仰付候事
（原朱）同年閏四月廿一日　廢三職八局（原墨）○同日　是迄ノ職務被免神祇官權判事被仰付候事
同年五月十二日　神祇官判事被仰付候事○同日　叙從五位下
同年八月十二日　當官ヲ以テ御卽位新式取調御用被仰付候事
同月廿九日　今般御卽位御大禮被爲行候ニ付新式取調被仰付候處迅速出來無滯被爲濟盡力出功爲御褒賞賜此品候事
同年十一月八日　御用ノ儀有之候ニ付早々東京ヘ罷下リ候樣被仰付候事

任解日録四日トス是ナリ

但到着ノ上直ニ辨事へ可届出事

同年十二月廿六日　兼テ東下被仰付置候處被免候事

同二年己巳二月十三日　御東幸供奉被仰付候事

同月廿四日　議事取調兼勤被仰付候事

同年四月九日　侍講被仰付候事

同月十七日　當官ヲ以テ制度寮撰修兼勤被仰付候事

同年五月二日　教導局御用兼勤被仰付候事

同月九日　耶蘇宗徒御處置取調兼勤被仰付候事

同月十五日　是迄ノ職務総テ被免神祇官副知事被仰付候事〇同日　叙従四位下

同月十七日　制度取調兼勤被仰付候事

同年七月八日　任神祇少副

同年十月四日　兼任宣教次官

同月十九日　大學校御用掛兼勤被仰付候事
同年十一月廿八日　昨年來奉職勉勵候段御滿足被思召候依之爲御直垂料
金貳百兩下賜候事
同三年庚午七月十三日　大學校御用掛被免候事
同年八月廿二日　鹿島香取兩社奉幣使被仰付候事
同年閏十月廿四日　御系圖取調兼勤被仰付候事
同四年辛未正月廿日　歌道御用掛被仰付候事
同年二月廿四日　制度分局兼勤被仰付候事
同年四月九日　伺ノ通謹愼被仰付候事
同月十四日　謹愼被免候事
同年五月朔日　宣敎御用多端ニ付當分兼官專務被仰付候事
同月十九日　大嘗會御用掛被仰付候事
同年六月廿五日　免本官幷兼官

同月廿七日　任神祇少副兼宣教次官

同月廿九日　制度取調専務被仰付候事

同年八月五日　任神祇大副（兼官如故）

（一行原朱）同月八日　廢神祇官置神祇省

同月九日　任神祇大輔（兼官如故）

同月十二日　制度御用掛被免候事

（原朱）同五年壬申三月十四日　廢神祇省（原墨）〇同日　任教部大輔

同年五月廿四日　免本官〇同日　御用滞在被仰付候事

同年七月廿七日　宮内省三等出仕被仰付候事

同八年乙亥一月廿日　任二等侍講

同年二月廿七日　除服出仕

同年五月三日　除服出仕

同年七月廿二日　任議官兼二等侍講

同年十二月七日　年給三千五百圓下賜候事
同十年丁丑七月三日　御用有之京都へ被差遣候事
同月廿六日　御用相濟歸京被仰付候事
同年八月廿九日　免兼官○同日　宮內省御用掛被仰付候事
同十三年庚辰六月五日　海上裁判所訴訟規則審查委員被仰付候事
同月七日　文部省御用掛兼勤被仰付候事
同年九月四日　海上裁判所聽訟規則審查委員被仰付候事
同年十一月八日　自今年俸四千圓下賜候事
同年十二月廿八日　日本海令草按審查委員被仰付候事
同十四年辛巳七月十六日　敍勳二等
同年十月廿一日　任參事院議官○同日　一等官相當年俸四千五百圓下賜候事
同年十一月十二日　日本海令草按審查委員被免候事○同日　海上裁判所

訴訟規則幷海上裁判所聽訟規則審査委員被免候事

一九

高知縣士族元德島　中島錫胤直人永吉

文政十二己巳年十二月生

戊辰年三月廿三日　徵士刑法事務局權判事被仰付候事

（原朱）
同年閏四月廿一日　廢刑法事務局置刑法官〇同日　是迄之職務被免刑法官判事被仰付候事〇同日　叙從五位下

（原墨）

同月廿八日　今度御制度御改正二等三等相當之位新ニ被授候ニ付應其階級衣冠賜之候事

同年六月廿四日口達　知官事笠松出張御用多之中別テ勉勵致候ニ付大判三枚御三所下賜候事

同年九月廿日　御東幸供奉被仰付候事

同年十二月四日　東京在勤被仰付候事

己巳年三月七日　當官ヲ以當分之內東京府戸籍改正取締兼勤被仰付候事

同年四月　戸籍改正取締兼勤被免候事
同年五月九日　刑法官判事被免候事但位記返上之事
同月廿一日　兵庫縣知事被仰付候事
同年六月朔日　兵庫縣知事被免辨事被仰付候事
同年七月七日　當官ヲ以領客使隨使被仰付候事
同月九日　任中辨○同日　叙從五位
同年八月　領客使隨使被免候事
同月廿二日　領客使隨使奉務中勉勵候ニ付羽二重一匹下賜候事
庚午年正月八日　謹愼被仰付候事
同月十日　謹愼被免候事
同年九月二日　任岩鼻縣知事
辛未年正月十一日　免本官○同日　御用有之東京滯在被仰付候事
同年六月八日　東京滯在被仰付置候處被免候事但位記返上之事○同日

直垂地一卷下賜候事
同年十一月廿五日　任七尾縣權令
同年十二月十八日　任飾磨縣權令
壬申年八月廿七日　免本官
明治六年六月四日　司法省五等出仕被仰付候事
同年十二月廿八日　任權中判事
七年一月八日　長崎裁判所在勤可有之事　司法省
同月十四日　今般長崎縣ヨリ事務引請ノ際ニ限リ判任官以下進退黜陟委
任候條此旨可相心得候事　同上
同年二月十八日　叙正六位
同八年乙亥五月四日　任五等判事
同九年丙子四月十一日　御用都合有之歸京被仰付候事　司法省
同年五月廿七日　大審院詰被仰付候事　同上

（原朱）同十年丁丑六月廿八日　廢官（原墨）○同日六月三十日受　任判事○同日　年俸千八百圓下賜候事
同十二年己卯十月十八日　自今年俸貳千百圓下賜候事
同十三年庚辰一月十五日　叙従五位

二〇　山口縣士族　櫻井直養 愼平

天保五年甲午四月生

明治元年戊辰三月　大坂行在所軍防局へ出仕被仰付候事
同年閏四月四日　徴士軍防事務局權判事試補被仰付候事
（一行原朱）同月廿一日　廢軍防事務局置軍務官
同月廿四日　軍務官權判事被仰付候事
同年五月九日　今般紀州和歌山表へ賊徒潜伏之段相聞候ニ付監察使被仰付候條早々彼表へ出張屹ト詰問可致旨被仰付候事
同年六月三日　軍務官判事被仰付大坂出張被仰付候事○同日　叙従五位

下辭退
同年八月十日　當官ヲ以北越出張被仰付候事
同年十一月二日　御用有之候間急々東京ヘ罷下候樣被仰付候事但到著候ハ、直ニ皇居辨事ヘ可屆出事
同年十二月　東京軍務官詰被仰付候事
同二年己巳三月七日　當官ヲ以當分之內東京府戶籍改正取締兼勤被仰付候事
同月晦日　當官ヲ以鎭撫使久我大納言ヘ隨從出張被仰付候事
同月　巡察使隨行仙臺出張被仰付候事
同年五月　蝦夷開拓御用掛被仰付候事
同年六月　戊辰之夏北越ニ出張軍事勉勵之段神妙ニ被思召仍爲其慰勞目錄之通下賜候事
金五百兩

同年七月　依願病氣軍務官判事暫時被免候條快復次第早々出勤可致事

同三年庚午五月十二日　兵部省出仕被仰付候事○同日　兵部卿有栖川宮
へ隨從被仰付候事

同年六月七日　任兵部權大丞　叙正六位○同日　大坂出張被仰付候事

同四年辛未九月十三日　任兵部少丞

（一行原朱）

同五年壬申二月廿七日　廢兵部省置陸海軍兩省

同月三十日　任陸軍少丞

同六年癸酉八月十四日　依願免本官但位記返上之事○同日　織物壹卷下
賜候事

同七年甲戌十月三日同月十五日請　補司法省六等出仕

同八年乙亥五月廿四日　任六等判事

同年九月廿日　叙從六位（原墨）

（原朱）同十年丁丑六月廿八日　廢官○同日　任判事○同日　年俸千貳百圓下賜

候事

同十二年己卯十月三十日　自今年俸千五百圓下賜候事

同十三年庚辰一月十五日　叙正六位

二一

岐阜縣士族（元大垣）　小原是水（忠寛　二兵衛）

明治元年戊辰正月三日　參與職被仰付候事

同月十七日　今度可爲徴士被仰付候事○同日　會計事務掛被仰付候事

同年二月廿日　徴士參與職會計事務局判事被仰付候事

同年二月九日　御親征行幸御用掛被仰付候事

同月廿五日　會計局御用向一同申談可取計事ニハ候得共御國務御基金幷金銀座御改正等ノ儀御委任被成候間右ノ心得ニテ尚此上盡力可相勤候事

同年閏四月十七日　御政筋萬事御親裁ノ思召ニ付二條城ヲ假リノ皇居ト可被遊候依之右本丸ニ皇居二丸ニ太政官新規御取建ノ筈右御用掛被仰

付候事
同月廿一日　廢三職八局
（一行原朱）
同月廿二日　是迄之職務被免會計官判事被仰付候事○同日　叙從五位下
同月廿八日　今度御制度御改正二等三等ニ相當ノ位新ニ被授候ニ付應其
階級位冠賜之候事
同年五月十二日　當官ヲ以江戸府判事兼帶被仰付候事
同月廿五日　病氣ニ付願之通徵士幷職務位階等總テ被免候事
同月三十日　兼而勤王之志厚舊臘兵馬紛擾之砌無二念王事ニ勉勵シ殊ニ
早春以來舊藩反正大藩ニ不劣所々ニ於テ勵戰致シ候儀汝ノ功居多叡感
不淺候然ル處今度所勞之趣ニ付不得已願之通官爵被免歸邑御暇被仰付
候間全快次第可致上京之旨御沙汰候事但勤勞之賞トシテ賜此品候事
御鐙　一具
己巳年七月十四日　任大垣藩大參事

同三年庚午九月廿日　會計官奉職中不都合ノ次第有之依之謹愼被仰付候事

同年十月十日　謹愼被免候事

同年十二月廿三日　御用有之至急東京へ可罷出候事

同四年辛未正月十四日　任本保縣權知事○同日　叙正六位

同年三月二日　免本官○同日　大垣藩廳出仕被仰付候事

（原朱）同年七月十四日　廢藩置縣　（原墨）追而御沙汰候迄大參事以下是迄之通事務取扱可致事

（原朱）同年十一月廿二日　廢大垣縣合岐阜縣　（原墨）追而御沙汰候迄新置縣令竝參事之差圖ヲ受ケ從前ノ廳ニ於テ事務取扱可致事

同五年壬申四月廿四日　事務取扱被免候事　岐阜縣○同日　願之通位記返上被聞食候事

二二　東京府士族元高知　大橋愼 慎三

天保七年丙申正月生

二百十九

慶應改元明治戊辰年三月八日　多年勤王之志篤ク種々艱難致シ候段神妙之至被聞食届猶王政御一新之御主旨ヲ奉戴シ可精勤者也

同日　軍曹被仰付候事○同日　其方事身柄一代拾人扶持宛被行候事

同月十七日　軍防局裁判所頭取役被仰付候事

同年閏四月三日　徴士内國事務局權判事被仰付三河國裁判所在勤可有之事

六月十二日　是迄之職務被免更ニ軍務官ヘ出仕被仰付候事

同月　平松甲斐權介奉勅奥陸（ママ）路ヘ下向候仍テ為軍監随従被仰付候事

同月　奥羽官軍御慰勞之勅使為随従被差添候兵隊之取締共兼帯被仰付候事

同年十一月　是迄職務被免候事

同二年己巳二月二日　録事申付候事　行政官

同月廿二日　行政官録事被免徴士刑法官權判事被仰付候事

同月廿五日　高野山事件爲取調同所へ出張被仰付候事
同年五月十二日　依願徵士刑法官權判事被免候事
同年六月五日　御用有之至急東下可致事
同年十月　任兵部權少丞
同月　北海道開拓掛申付候間石狩表へ可罷越候事
同年十一月　叙正七位
同三年庚午正月八日　任開拓使權判官
同月十三日　降服人引渡相濟候迄兵部省御用取扱可致事
同年三月廿八日　今般軍曹之稱被廢東京府貫屬士族被仰付候事
同年五月　叙正六位
同月廿三日　有栖川宮家令被仰付候事
同年九月十九日　當分制度局出仕被仰付候事
同年十二月四日　任寺院助

同月五日　御用有之上京被仰付候事
同四年辛未正月　制度分局御用掛兼勤被仰付候事
同年六月廿五日　有栖川宮家事取扱被仰付候事
(原朱)同年七月廿七日　廢寺院寮　(原墨)追テ御沙汰候迄東京滯在可致事
同年八月三日　任舍人長
同月十日　任式部權助
同五年壬申二月廿三日　任大議生
同年四月　有栖川宮家事取扱被免候事
同年八月　死

二三

東京府士族　松尾　秦宿禰　相永　但馬

丁卯年十二月九日　三職御用掛被仰付候事
戊辰年二月七日　參與職辨事被仰出候事

同年同月　御親征行幸被仰付候事

同年三月　海軍　天覽御用掛被仰付候事

同年閏四月十二日（十二日朱書）　當分軍防局御用被仰付候事但辨事其儘ヲ以當御用專
務相心得可申事

同年閏四月二十日　御親征還幸ニ付於小御所酒饌幷御扇子晒布御帋入等
下賜候事

同年同月二十一日（一行原朱）　廢三職八局

同年同月二十四日　軍務官權判事被仰付候事

同年六月十五日　當官ヲ以仁和寺宮ニ附屬越後口ヘ至急出張被仰付候事

同年同月二十二日　出陣ニ付御鐵扇晒布等下賜候事

同年十一月四日（四日朱書）　久々之出張苦勞被思召候今般歸陣ニ付金貳萬疋下賜候
事

同年十二月朔日　久々遠路跋涉攻擊奏功既ニ東京ニ於テ被慰軍勞候ヱ共

今般凱至ニ付不取敢賜酒肴候事但春來兵事ニ付大宮御所ニモ御内々御憂襟被爲在征討兵士之艱苦ヲ恤布被爲思食日夜平定而已御祈念之折柄今般凱旋之趣御内聽被爲在御喜悅不斜候猶又御留守中ニ付歸陣之者厚ク慰勞候樣御内諭被爲在候事

同二己巳年四月廿八日　依願是迄之職務被免候事

同年六月二日　昨年賊徒掃攘之砌軍務勉勵候段神妙ニ被思召依爲慰勞目錄之通下賜候事

黄金　四百兩

同年十月廿八日　御用有之ニ付東京ヘ可罷出候事

同年十二月三日　任宮内權大丞○同日　叙正六位

庚午年正月九日　御用ニ付上京被仰付候事

同年九月十九日　當官ヲ以制度局出仕被仰付候事

同年十一月八日　官位逆退願之通被聞食候事○同日　允請任宮内少丞○

同日　叙從六位○同日　御用有之上京被仰付候事
同年十二月十日　東京府貫屬士族被仰付爲家祿現米四拾石下賜候事
同四辛未年二月三十日　制度分局御用掛兼勤被仰付候事
同年七月十九日　免本官
同年九月二日　任式部權大屬　正院
同年十一月廿七日　任式部大屬　正院
同五壬申年五月　湊川神社御鎭坐八坂神社熱田神宮御祭典參勤中付候事
式部寮
同六癸酉年十月三日　兼任中掌典　正院
同七甲戌年六月廿四日　補式部寮七等出仕兼任大掌典
同八乙亥年二月廿日　來廿二日招魂祭勅使參向被仰付候事
同年八月廿八日　神宮神嘗祭參向被仰付候事
同九年丙子十一月七日　伊勢神宮新嘗祭奉幣使參向被仰付候

同月九日　伊勢神宮新嘗祭奉幣使參向歸路京都出張被仰付候事
同十年丁丑九月十二日　依願免出仕竝兼官
同年十二月　死
同月十二日　積年力ヲ國事ニ盡シ維新以來數官ヲ經歷勉勵從事候ニ付特旨ヲ以テ祭粢料別紙目錄之通下賜候事
金貳百圓

二四　滋賀縣士族元彥根　龍寶寺清人元中居右兵衞
戊辰年七月四日　徵士越後府判事被仰付候事
同年七月二十二日　依願職務差免候事

二五　和歌山高知縣士族　神山郡廉君風左多衞　文政十二年己丑正月生
慶應三年丁卯十二月十二日　參與職被仰付候事

明治元年戊辰正月廿一日　可爲徵士被仰付候事○同日　內國事務掛被仰付候事
同年二月廿日　徵士參與職辨事被仰付候事
（原朱）同年閏四月廿一日　廢三職八局（原墨）○同日　是迄之職務被免更ニ辨官事被仰付候事
同月廿二日　叙從五位下
同月廿八日　今度御制度御改正二等三等等相當ノ位新ニ被授候ニ付應其階級衣冠賜之候事
同年十一月五日　職務進退撰擧掛被仰付辨事官分課改正取調致樣被仰付候事
同二年己巳三月六日　辨官事被免參與被仰付候事○同日　叙從四位下
同年四月八日　當官ヲ以刑法官副知事兼勤被仰付候事
同年五月十二日　刑法官副知事兼勤被仰付置候處被免候事

同月十五日　是迄之職務被免候事
同月十八日　辨官事被仰付候事但歸京可致事
同年八月十三日　是迄之職務被免候事
同年九月廿六日　丁卯復古之時ニ際シ王事ニ勤勞候段叡感被爲在仍爲其賞目錄之通下賜候事
金五百兩
同四年辛未十一月廿五日　任長濱縣權令
（二行原朱）
同五年壬申二月廿七日　改長濱縣稱犬山縣
同年九月廿八日　任島根縣權令
同六年癸酉十月十三日　任和歌山縣權令
同七年甲戌十月十九日　任和歌山縣令
同八年乙亥六月五日　兼任五等判事
同年十月十九日　依願免兼官

同十一年戊寅五月十五日　多年奉職格別勉勵候ニ付自今月俸金五拾圓增給候事

同十三年庚辰十二月十五日　勅任ニ被進自今月俸五拾圓增給候事　任和歌山縣令

二六

鹿兒島縣士族　海江田信義　武次

天保三壬辰年二月生

明治元戊辰年正月九日　桑名征伐參謀被仰付候事

同年二月十四日　東海道先鋒総督參謀被仰付候事

同年六月廿日　徵士軍務官權判事被仰付候事

同年七月九日　伊勢度會府權判事被仰付候事

同月十九日　依願度會府權判事被免候事〇同日　徵士軍務官權判事被仰付候事

同年八月廿三日　軍務官判事被仰付候事〇同日　叙從五位下

同二年己巳正月廿二日　是迄ノ職務被免刑法官判事被仰付候事
同年三月五日　當官ヲ以テ監察掛被仰付候事
同年六月二日　戊辰正月參謀ノ命ヲ奉シ海道ヲ下リ軍事精勤ノ段神妙被
思召依爲其慰勞目錄ノ通下賜候事
金千兩
（一行原朱）同年七月八日　廢刑法官置刑部省
同月十日　任刑部大丞
同月廿一日　任彈正大忠
同年十二月廿四日　糺問ノ筋有之候ニ付至急東京ヘ可罷出候事
同三年庚午正月廿日　糺問中鹿兒島藩ヘ御預被仰付候事
同年三月廿八日　糺問中鹿兒島藩ヘ御預被仰付置候處被免候事○同日
舊職止刑ノ儀所措失當不束ノ次第ニ付謹愼被仰付候事
同年五月十九日　謹愼被免候事

同月廿二日　依願免本官但位記返上ノ事〇同日　御用有之東京滯在被仰付候事

同月廿三日　勤仕中勵精ニ付目錄ノ通下賜候事

直垂地　一卷

同年八月十九日　任奈良縣知事〇同日　叙從五位

（一行原朱）同四年辛未十一月廿二日　廢奈良縣

同五年壬申十一月廿六日　任四等議官

同六年癸酉三月五日　御用有之鹿兒島縣へ被差遣候事

（原朱）同八年乙亥四月十四日　廢左院〇（原墨）同日　御用滯在被仰付候事

同年十月十五日　御用滯在被免候事

二七

長崎縣士族元大村　渡邊清清左衛門　天保六年丁未三月生

明治元年戊辰閏四月四日　東征軍監被仰付上總國八幡村邊へ出張被仰付

候事　東海道先鋒総督
同月　東征參謀被仰付候事　大総督府
同月　武州飯能出張被仰付候事
同年六月九日　大総督府下參謀助被仰付候事
同月十一日　奥羽追討総督參謀被仰付奥羽進擊被仰付候事
同年十一月朔日　春來久々ノ軍旅大総督宮ニ從ヒ勵精盡力速ニ東北平定ノ功ヲ奏シ候段叡感不淺候依之不取敢爲御太刀料金百五拾兩下賜候事
但東北一先平定ニ至ルト雖モ前途皇國御維持ノ儀深ク御苦慮被爲遊候ニ付尚此上規律嚴肅ニ相守リ誠實ヲ旨トシ可遂奉公旨御沙汰候事
同月二日　軍勞ニ依テ短刀并羽二重八丈縞被下候事　大総督府
同月廿五日　久々遠路跋渉攻擊奏功既ニ於東京被爲慰軍勞候ヘ共今般凱至ニ付不取敢賜酒肴候事但春來兵事ニ付大宮御所ニモ御内々御憂襟被爲在征討兵士ノ艱苦恤敷被思召日夜平定而已御祈念ノ折柄今般凱旋ノ

趣御內聽被爲在御喜悅不斜候猶又御留守中ニ付歸陣ノ者厚慰勞候樣御
內諭被爲在事
同二年己巳二月　至急東京ヘ出府被仰付候事
同年四月九日　軍務官ヘ出仕賞典取調御用掛被仰付候事
同年五月廿五日　賞典取調中准五等官候事
同年六月二日　戊辰ノ夏參謀ノ命ヲ奉シ督府ニ出仕續テ奧羽ニ進ミ軍務
勉勵指揮其宜ヲ得遂ニ成功ヲ奏シ候段叡感不淺仍テ爲其賞四百五拾石
下賜候事
高四百五拾石　依軍功永世下賜候事
同月四日　賞典取調御用掛被免候事　右取調勤勞ニ依テ晒布一疋金一萬
疋下賜候事○同日　東京滯在被仰付候事
同月十日　徵士民部官權判事被仰付候事○同日　當官ヲ以テ三陸巡察使
附屬被仰付候事

同月十八日　當官ヲ以テ三陸巡察使附屬被仰付置候處磐城國巡察使附屬
兼勤被仰付候事
（原朱）
同年七月八日　廢民部官民部省（原墨）○同日　任民部權大丞
同年八月五日　兼任三陸磐城兩羽按察使判官
同年九月廿九日　叙正六位
同年十月廿九日　免本官專任按察判官○同日　叙從五位
同三年庚午二月十九日　兼任民部大丞
（原朱）
同年九月廿八日　廢按察使（原墨）○同日　免本官專任民部大丞
同月三十日　御用有之三陸兩羽磐城岩代ヘ出張被仰付候事
同四年辛未三月廿八日　御用有之三河國ヘ出張被仰付候事
同年七月廿四日　嚴原縣出張中知事之心得ヲ以テ事務取扱被仰付候事
同月三十日　任嚴原縣權知事
同年九月五日　免本官○同日　御用滯在被仰付候事

同年十月十八日　任大藏大丞
同五年壬申四月廿八日　御用有之靜岡縣出張被仰付候事
同年七月十八日　御用有之茨城縣出張被仰付候事但縣令ノ心得ヲ以テ事務取扱可致事
同六年癸酉四月十日　先般茨城縣貫屬士族紛紜ノ儀有之候處入縣以後格別盡力處置得宜一和鎭靜ニ及ヒ候ニ付爲御賞目錄ノ通下賜候事
白羽二重　二疋
同年十月九日　今般臨時裁判所被開候ニ付參坐被仰付候事
同年十一月十四日　御用有之畿內中國ヘ出張被仰付候事○同日　政府撫民ノ御主意地方民情ニ貫徹セシメ候爲メ臨時出張被仰付候條此旨篤ク可相心得事
同七年甲戌八月四日　御用有之福岡縣ヘ出張被仰付候事但縣令上京中令ノ心得ニテ事務取扱可致事

同年九月八日　任福岡縣令
同八年乙亥六月五日　兼任五等判事
同年六月廿一日　地方官會議幹事被仰付候事
同年七月十八日　御用有之滯京被仰付候事
同月三十日　御用有之滯京被仰付置候處地方事務差閊候儀可有之ニ付滯
京被免候事
同年八月八日　地方官會議幹事被免候事
同九年丙子二月廿五日宣三月三日受　依願免兼官
同年四月六日　佐賀縣下暴動之際大村其他ヘ出張盡力候ニ付爲其賞目錄
之通下賜候事
縮緬代金百五拾圓
同十年丁丑十二月十五日　鹿兒島逆徒暴擧之際盡力不少候ニ付勳四等ニ
叙シ金五百圓下賜候事

阿野公誠家譜モ亦七月九日トス任解日録待詔下院長官トナルヲ十八日ニ載セリ

同十二年己卯七月一日　多年奉職勉勵候ニ付自今月俸五拾圓增給候事

同十四年辛巳七月廿九日　任議官○同日　年俸三千五百圓下賜候事

明治十四年辛巳八月六日　福岡縣令奉職中地租改正事務勉勵候ニ付爲其賞別紙目録之通下賜候事

白縮緬　三匹

同年八月廿三日　福岡縣奉職中ノ事務引渡トシテ同縣ヘ出張被仰付候事

二八　東京府華族元京都　阿野公誠

明治元年戊辰五月十八日　辨官事被仰付候事

同年九月五日　參與職被仰付候事

同二年己巳五月十五日　是迄之職務被免上局副議長被仰付候事

同年七月九日　任待詔院下局長官

同年八月十四日　任集議院次官

同年三庚午二月九日　依願免本官
同年三月二日　任留守次官兼京都府權知事
同年四月廿日　免兼官
同年五月廿九日　八坂祭宣命使被仰付候事
同年七月十日　北野祭宣命使被仰付候事
同年十二月三日　祿制取調御用掛被仰付候事
同月五日　來ル廿五日孝明天皇御例祭ニ付勅使被仰付候事
同年十二月十二日　任宮内少輔兼留守次官
同四年辛未正月十七日　來ル二月十九日大原野祭同廿四日春日祭宣命使
參向被仰付候事○同日　大原野春日兩祭參向隨從之大史以下使部等御
用其官官員相當ノ者ヘ兼勤被仰付候事
同年三月廿四日　加茂祭宣命使被仰付候事
同年七月十七日　男山祭宣命使被仰付候事

同年八月三日　北野神社例祭ニ付參向被仰付候事
（原朱）同月廿三日　廢留守官（原墨）○同日　免本官○同日　任宮內大丞
同六年癸酉五月十七日　免本官
同月廿日　織物一卷下賜候事
同十一年戊寅六月廿日　麝香間祇候被仰付候事

（原書青山貞ノ履歷二通チ收メ體裁稍異ナル今玆ニ其ノ一チ收ム（校訂者識））

二九

石川縣士族元福井　青山貞小三郎　文政九年丙戌九月生

明治元年戊辰二月廿日　徵士參與職內國事務局判事被仰付候事
（原朱）同年閏四月廿一日　廢三職八局（原墨）○同日　是迄ノ職務被免辨官事被仰付候事○同日　叙從五位下辭退
同月廿八日　京都府判事被仰付候事○同日　今度制度御改正一等二等相當ノ位新ニ被授候ニ付應其階級衣冠賜之候事
同年十月十日　至急東京へ罷下候樣被仰付候事

同年十二月四日　當官ヲ以テ東京在勤被仰付候事
同二年己巳七月十五日　任東京府權大參事
同年十月二日　叙正六位
同月十九日　叙從五位
同年十一月十九日　任東京府大參事
同月廿四日　今般厚キ思召ヲ以テ大參事被仰付候處建言辭表ノ趣無餘儀儀ニ被思召御採用相成候事○同日　任東京府權大參事
同月廿八日　昨年來奉職執掌勵精盡力候段御滿足ニ被思召候依之御太刀料金三百兩下賜候事
同三年庚午七月十七日　任東京府大參事
同四年辛未正月十五日　任岩鼻縣知事
（原朱）同年十月廿八日　廢岩鼻縣合群馬縣（原墨）○同日　任群馬縣權知事
同年十一月二日　任群馬縣權令

同月五日　任群馬縣令
同五年壬申十一月二日　免本官○同日　御用滯在被仰付候事
同六年癸酉十一月二日　任奈良縣權令
同月十七日　任中判事
同七年甲戌一月十五日　任司法大丞
（原朱）同十年丁丑一月十一日　廢官○（原墨）同日　任司法大書記官

三〇

愛知縣士族元名古屋　元林　安孫子靜逸六郎

丁卯年十一月　徵士參與職金穀取締兼勤被仰付候事
戊辰年正月　參與職會計事務局判事兼勤被仰付候事
同年四月十八日　徵士內國事務局權判事被仰付笠松裁判所在勤可有之事
（二行原朱）同年閏四月廿一日　廢三職八局
同年五月　笠松縣權判事被仰付候事

同年七月　笠松縣知事被仰付候事

同年九月　笠松縣知事被免會計官權判事被仰付候事

同年十一月　病氣依願是迄之職務被免候事

三一　春日仲襄

（原書朱）仲襄履歴ハ本人差出候モノ無之當掛（職務掛チ云フ）ニ於テ拔萃致候分故御參考ニ相成間敷候得共差出候

明治元年戊辰五月十九日　奈良縣知事被仰付候事

同年七月廿四日　奈良縣知事被免候事

百官履歴　第二

三二

東京府士族元京都　伊丹重賢

戊辰年四月十三日　徴士内國事務局權判事被仰付大坂裁判所在勤可有之事

(一行原朱)同年閏四月廿一日　廢三職八局

同年五月四日　大坂府權判事改テ被仰付候事

同年七月十四日　大坂府判事被仰付候事

同年十一月三十日　叙從五位下

己巳年七月廿二日　是迄之職務被免候事○同日　御用候間東京滯在可致候事

同年八月七日　任刑部大判事

同年九月廿日　除服出仕
同年十月十日　御用有之ニ付忌明次第東京へ可罷出候事
（原朱）辛未年七月九日　廢刑部省彈正臺置司法省（原墨）○同日　任司法中判事
同年十一月七日　任司法少輔
同年十二月十九日　叙正五位
壬申年五月廿二日　免本官○同日　御用滯在被仰付候事
同月廿四日　任中議官
同年十月八日　任二等議官
明治六年十月三十一日　議長代理被仰付候事
同年十一月廿四日　議長代理被免候事
（原朱）同八年乙亥四月十四日　廢左院（原墨）○同日　御用滯在被仰付候事
同年五月九日　任四等判事
（原朱）同十年丁丑六月廿八日　廢官（原墨）○同日　任判事○同日　年俸貳千四百圓下

賜候事
同年十月廿日　自今年俸貳千百圓下賜候事
同十一年戊寅八月廿二日　任議官○同日　年俸三千圓下賜候事
同十二年己卯十二月十五日　叙從四位
同年六月五日　海上裁判所訴訟規則審査委員被仰付候事
同年九月四日　海上裁判所聽訟規則審査委員被仰付候事

三三　鳥取縣士族　松田道之 正人 天保十年己亥五月生

明治元戊辰年四月廿八日　徵士內國事務局權判事被仰付候事但京都裁判所在勤可有之事
同年閏四月廿一日　廢三職八局（一行原朱）
同年閏四月廿四日　京都府權判事被仰付候事
同月廿八日　京都府判事被仰付候事○同日　叙從五位下

本人往復書廿五日トス

同二己巳年四月五日　御用有之候間早々東京へ可罷下旨被仰付候事
同年七月十三日　任京都府大參事
同月十五日　辰年草創以來奉職盡力候段御滿足被思召候依之直垂地下賜候事
同年十一月廿八日　昨年來奉職勉勵候段御滿足被思食候仍之爲御直垂料金二百兩下賜候事
同年十二月廿四日　糺問之筋有之ニ付至急東京へ可罷出事
同三庚午年三月廿八日　止刑之儀取計方手落ニ及候ニ付謹愼被仰付候事
○同日　糺問中鳥取藩へ御預被仰付置候處被免候事
同年四月十八日　謹愼被免候事
同月廿日　御用濟ニ付歸京被仰付候事
（原朱）同四辛未年十一月廿二日　廢京都府更置同府（原墨）○同日　任大津縣令
（一行原朱）同五壬申年正月十九日　改大津縣稱滋賀縣

同八年乙亥三月廿三日　任内務大丞
同年四月二日　兼任戸籍頭
同月四日　滋賀縣事務爲引繼同縣へ出張被仰付候事　内務省
同年五月十日　兼補地租改正局四等出仕兼戸籍頭如故
同月十四日　御用有之琉球藩へ被差遣候事
同九年丙子一月廿五日　兼任一等法制官兼戸籍頭地租改正局四等出仕如故
（一行原朱）
同年四月十七日　廢戸籍寮
（原朱）
同十年丁丑一月十一日　廢官（原墨）○同日　任内務大書記官兼一等法制官地租改正局四等出仕如故
（一行原朱）
同月十八日　廢法制官
同月廿六日　兼任太政官大書記官兼地租改正局四等出仕如故
同十一年戊寅三月七日　地方官會議御用掛被仰付候事
同年四月八日　地方官會議幹事被仰付候事
同十二年己卯七月三日　叙勳三等　金五百圓下賜候事

同年十二月十二日　任東京府知事〇同日　勅任ニ被進月俸三百五拾圓下賜候事

同十三年庚辰一月五日　地方官會議幹事長被仰付候事

三四

東京府士族　戸塚文海

天保六年乙未三月生

明治五年壬申五月廿四日　海軍省五等出仕被仰付候事

同年十月廿二日　任海軍大醫監

同六年癸酉二月十五日　叙正六位

同年十一月十五日　叙従五位

同九年丙子二月十四日　補海軍省四等出仕〇同日　兼任海軍大醫監

同年十二月十八日　任海軍々醫總監

同十年丁丑一月廿五日　海軍醫務局長被仰付候事

同年三月廿九日　叙正五位

同十一年戊寅五月十四日　鹿兒島逆徒征討之際職務ニ勉勵且多年勤勞少段叡感被爲在依テ勳二等ニ叙シ旭日重光章下賜候事
同十二年己卯七月十七日　中央衛生會議委員被仰付候事

三五

高知縣士族元名東　芳川顯正賢吉
天保十二年辛丑十二月生

明治三年庚午閏十月十七日　出仕申付候事但大佑同席ノ事　大藏省
同四年辛未八月廿五日　任紙幣權助
同年十月廿四日　任紙幣權頭
同年十二月十二日　叙正六位
同五年壬申六月二日　任紙幣頭
同年十月五日　叙從五位
同六年癸酉二月八日　今般國立銀行條例御頒布相成候ニ付テハ西京大坂爲換會社始末幷藩札引換其外御用トシテ大坂ヨリ名東縣迄出張相達候

事　大藏省

同年七月十七日　富岡製糸場出張被仰付候事　大藏省

同年八月廿四日　大坂出張相達候事　大藏省

同七年甲戌一月十五日　任工部大丞

同年八月卅一日　兼任電信頭

同九年丙子八月五日　函館青森へ出張被仰付候事　工部省

（原朱）同十年丁丑一月十一日　廢官（原墨）○同日　任工部大書記官

同十一年戊寅三月八日　英國龍動電信會議委員トシテ派遣被仰付候事

同十二年己卯四月四日　英國倫動電信會議委員トシテ派遣被仰付候事

同十三年庚辰二月廿八日　任外務少輔

三六　鹿兒島縣士族　町田久成　三郎

天保九戊戌年正月生

明治元戊辰年正月廿三日　參與職外國事務掛被仰付候事

同年二月廿日　徵士參與職外國事務局判事被仰付候事
同月晦日　徵士長崎裁判所判事兼九州鎮撫使參謀被仰付候事
同年四月　外國事務局判事被仰付候事
（一行原朱）同年閏四月廿一日　廢三職八局
同年五月四日　是迄之職務被免外國官判事被仰付候事○同月同日　叙從
五位下
同年十二月四日　東京在勤被仰付候事
同二己巳年七月七日　領客使隨使被仰付候事
（一行原朱）同月八日　廢外國官置外務省
同月十日　任外務大丞
同年八月廿二日　領客使隨使被免候事○同日　領客使隨使奉務中勉勵候
ニ付羽二重一疋下賜候事
同年九月廿九日　伺之通謹愼被仰付候事

同年十月五日　謹愼被免候事
同三庚午年九月二日　任大學大丞
（原朱）同四辛未年七月十八日　廢大學置文部省　（原墨）追テ御沙汰候迄是迄ノ通事務
　取扱可致事
同月十九日　任文部大丞
同年九月廿三日　免本官
同月廿四日　任文部大丞
同五壬申年正月五日　澳地利國博覽會御用掛被仰付候事
同年五月十五日　社寺寶物撿査トシテ出張被仰付候事
同年十月五日　免本官
同月七日　今般出張取扱掛ノ事務幷博覽會御用掛是迄ノ通可相心得事
同月廿八日　文部省四等出仕被仰付候事
同六癸酉年三月廿日　四等出仕兼勤被仰付候事

同七甲戌年九月四日　免文部省四等出仕專補四等出仕
同年十二月四日　米國博覽會事務局長被仰付候事
同八乙亥年三月三十日　補內務省四等出仕
同年五月廿二日　米國博覽會事務局長被免候事
同九年丙子二月廿二日　任內務大丞
(原朱)同十年丁丑一月十一日　廢官○(原墨)同日　任內務大書記官
同年九月八日　內國勸業博覽會審査官被仰付候事
同十一年戊寅二月十六日　內國勸業博覽會審査事務勉勵ニ付爲其賞別紙
目錄之通下賜候事　緞子　貳卷
同年六月廿六日　內國勸業博覽會審査官被免候事

三七

東京府士族元和歌山　松浦　阿部　弘武四郎

戊辰年閏四月廿四日　徵士箱館府判事被仰付候事

同年同月同日　叙従五位下辭退

同年五月廿五日　蝦夷地方之儀ニ付多年苦心自著之書物並圖等致獻上且大政更始之折柄奔走盡力候段神妙之至被　思食候依之金壹萬五千疋賜之候事

戊辰年五月廿五日　東海道間道取調トシテ東下被仰付候事

同年八月廿三日　東京府知事附屬被仰付候事　行政官

同年九月十二日　郡政局御用掛被仰付候事　東京府

同二己巳年六月八日　蝦夷開拓御用掛被仰付候事但准四等官之事　行政官

同年七月廿四日　任大主典　開拓使

同年八月二日　任開拓判官

同年九月十九日　北海道々名國名郡名撰定爲御手當目錄之通被下候事

金百兩

同日　叙従五位

同三庚午年三月廿九日　依願免本官但位記返上之事○同日　先年來北海殊方之地ヘ跋渉山川之形勢ヲ探リ土地之物産ヲ索メ著述許多奇特之事ニ候方今開拓ニ付テハ補益不少仍テ被賞其功終身十五人扶持下賜候事
○同日　東京府貫屬士族被仰付候事

三八

石川縣士族元福井　松平正直源太郎
弘化元年甲辰二月生

明治元戊辰年六月十四日　會津征討ニ付御雇ヲ以テ越後口軍監被仰付候事但至急之儀ニ付國許ヨリ直ニ發途可致事
同年十一月五日　御用有之候間早々東京ヘ可罷出樣御沙汰候事但東京ヘ着之上辨事ヘ可屆出事
同二己巳年六月二日　昨年賊徒掃攘之砌軍務勉勵候段神妙被思食仍爲其慰勞目録之通下賜候事　金二百兩
同年十一月　任福井藩少參事

同三庚午年九月　免本官
同月　民部省出仕被仰付候事
同四辛未年二月　制度分局掛被仰付候事
同年三月廿九日　任寺院權助○同日　叙從七位
同年五月十八日　依願免本官但位記返上之事
同年十月二日　兵部省六等出仕被仰付候事
同五年壬申正月四日　任新潟縣參事
同年十一月十日　叙從六位
同七年甲戌二月二日　任內務少丞
同年六月十四日　叙正六位
同八年乙亥五月十日　兼補地租改正局五等出仕
同年十一月二日　御用有之東海並北國筋へ被差遣候事　敦賀縣外十一縣
○同日　今般特旨ヲ以テ各地方へ被差遣候ニ付左之件々可相心得事但

件條略之

同年十二月十三日　任內務權大丞

(原朱)同十年丁丑一月十一日　廢官(原墨)○同日　任內務權大書記官兼地租改正局五等出仕如故

同年四月　御用有之愛知縣外三縣ヘ被差遣候事　內務省

同十一年戊寅六月十四日　御巡幸御用掛被仰付候事

同年七月九日　御巡幸供奉御先發被仰付候事

同月廿日　任宮城縣權令○同日　御巡幸供奉被免候事

同年七月廿五日　任宮城縣令○同日　月俸貳百圓下賜候事

同十二年己卯十二月十五日　敍從五位

三九

岡山縣士族　土倉正彥一修理助享

戊辰年正月十二日　下參與被仰付候事

同月廿四日　海陸軍務掛被仰付候事

同年二月朔日　可爲徵士旨被仰付候事
同月七日　海陸軍務掛被免刑法局判事被仰付候事
同月廿日　徵士參與刑法事務局判事被仰付候事
同年閏四月廿日　於御前御酒肴晒布一疋下賜候事
(一行原朱)
同月廿二日　廢三職八局
同年五月三日　徵士參與職被免候事○同日　爲勤勞之賞賜此品候猶御用モ有之候間滯京被仰付候事
御卷物　一卷但倭錦　御文庫　一箇但內御印籠　三ツ組御盃
同年六月十四日　會津征討ニ付御雇ヲ以越後口軍監被仰付候事
同月廿二日　兵部卿宮隨從被仰付候事○同日　於御所御仮建鐵扇一握晒布一疋御酒肴等下賜候事
同年十一月三日　兵部卿宮東京御凱旋隨從被仰付候事
同月　久々之軍旅勵精盡力速ニ東北平定之効ヲ奏候段叡感不淺候今般凱

旋ニ付不取敢御太刀料金百兩下賜候事

同年十二月　東京在勤申付候事　外國官

同月　外國官御用有之候ニ付御雇ヲ以同官ヱ出仕被仰付候事　行政官

同月八日　御用掛申付候事　外國官

同月　月給四拾兩被下候條准六等官之心得ヲ以可相勤事

己巳年二月　願之趣聞屆御用掛差免候事　外國官

同年六月二日　昨年賊徒掃攘之砌軍務勉勵之段神妙被思召依爲慰勞目錄之通下賜候事

金三百兩

同年九月　任岡山藩大參事

庚午年七月　免本官

同年七月廿四日　今般華頂宮米國勤學被仰付候ニ付隨從被差遣候事

辛未年四月十二日　華頂宮隨從被免候事

同年十二月廿八日　歸朝

四〇

山口縣士族　木梨恒準精一郎
弘化二乙巳年九月生

戊辰年正月六日　東海道鎭撫總督參謀被仰出候事

同年三月　桑城陷落之一擧遂成功候ニ付而ハ格別苦慮盡力之旨　叡感候猶可有勉勵御沙汰候事

同年三月　英佛軍隊神奈川驛ヘ屯營ニ付官軍不日江戸城ヘ進入之節不都合無之樣英國公使ヘ應接可致旨　御沙汰候事

同年五月　東海道鎭定之趣言上猶後備軍催促旁至急歸京被仰付候事

同年五月　至急江戸ヱ歸陣被仰付候事

同年六月　東海道總督參謀被免大總督府參謀可爲補助旨御沙汰候事

同月　奧羽追討總督爲參謀出張被仰付候事

同年八月　當官ヲ以仙臺追討兵可爲總軍監旨　御沙汰候事

同年十月　奥羽平定ニ付一先凱陣被仰付候事
同年十月三十日　春來久々之軍旅勵精盡力戰略苦心速ニ東北平定之功ヲ奏候段　叡感不淺候今般凱旋ニ付不取敢爲御太刀料　金二百兩下賜候事
同二年己巳二月十二日　御用有之ニ付至急東京へ可罷出旨御沙汰候事
同年六月二日　戊辰正月以來參謀ノ命ヲ奉シ海道ノ軍ヲ管シ續テ奥州ニ進ミ軍務勉勵指麾其宜ヲ得竟ニ成功ヲ奏候段　叡感不淺仍爲其賞四百五拾石下賜候事
高四百五拾石　依軍功永世下賜候事
同四年辛未七月　歩兵ノ儀ニ付上京申付候事　山口藩
同年十一月十五日　任兵部少丞
同年十二月十二日　叙正六位
(原朱)同五年壬申二月廿七日　廢兵部省置陸海軍兩省　(原墨)追テ御沙汰候迄從前ノ

通事務取扱可致事

同月三十日　任陸軍少丞

同六年癸酉八月十四日　依願免本官但位記返上之事

同年八月十四日　織物一巻下賜候事

同七年甲戌七月十八日　補内務省七等出仕

同年九月十日　橡木縣出張被仰付候事

同八年乙亥十月三十一日　御用有之中國筋へ被差遣候事

飾磨縣　岡山縣　小田縣　廣島縣　山口縣

濱田縣　北條縣　島根縣　鳥取縣　豐岡縣

同年十二月二日　今般特旨ヲ以テ各地方へ被差遣候ニ付左ノ件々可相心得事(但御委任狀略ス)

同九年丙子二月廿三日　任内務少丞

同年三月廿二日　叙從六位

同年五月十七日　今般琉球藩ヘ別紙之通御達相成候ニ付テハ在勤中判事
兼勤之心得ヲ以テ藩内裁判事務取扱被仰付候事
（二行原朱）
同十年丁丑一月十一日　廢官
同月廿七日　三月九日受　任内務少書記官
同年七月三日　任陸軍中佐兼内務少書記官
同年十月三十一日　山口縣出張中縣權令心得被仰付候事
同年十二月廿八日　九州地方騷擾之際盡力不少候ニ付爲其賞金貳百圓下
賜候事
同十二年己卯八月廿三日　舊琉球藩在勤以來能ク其職ヲ盡シ同藩處分ノ
際盡力不少其賞トシテ金貳百圓下賜候事

四一

東京府華族元京都　萬里小路博房
文政七年甲申六月生

慶應三年丁卯十二月九日　參與職被仰出候事

（符箋）制度寮事務總督ヲ正シトス二月三日制度事務局ト改メラル

慶應改元明治戊辰年正月十七日　制度事務局督被仰出候事
同年二月二日　叙從三位
同月三日　制度事務局輔被仰出候事
同月十九日　議定職兼京都裁判所總督被仰出候事
（原朱）同年閏四月廿一日　廢三職八局（原墨）○同日　是迄之職務被免會計官知事被仰
出候事
同年七月廿八日　當官ヲ以テ山陵總管被仰付候事
同二年己巳四月十七日　依願山陵總管被免候事
同年五月廿三日　御用有之ニ付至急東下可致事
同年七月八日　任宮内卿
同年十月朔日　叙正三位
同年十一月廿八日　昨年來奉職鞅掌勵精盡力候段御滿足被思食候依之爲
御太刀料金三百兩下賜候事

同四年辛未六月廿五日　免本官
同月廿七日　任宮內大輔
同九年丙子十月十七日　皇后宮西京へ行啓ニ付供奉被仰付候事　宮內省
同十年丁丑七月九日　除服出仕
同年八月廿九日　任皇太后大夫○同日　年俸三千圓下賜候事
同年九月十二日　除服出仕

四二
東京府華族元京都　石山藤原基正龜麿　石山基文男

丁卯年二月廿八日　叙從四位上
同年十二月廿二日　三職書記御用掛被仰出候事
戊辰年正月十一日　書記御用掛被免候事○同日　參與助役被仰出候事
同年二月二十日　參與職會計事務局判事加勢被仰出候事○同月日　參與
職會計事務局權判事被仰出候事但參與如元

（一行原朱）
同年閏四月廿一日　廢三職八局
同年五月廿日　參與職會計事務局權判事被免候事
同年九月七日　東京行幸供奉被仰付候事
己巳年六月四日　辨官事候所へ出仕被仰付候事
同年八月廿九日　出仕被免候事
庚午年七月廿日　宮内省出仕被仰付候事
同年十二月廿二日　宮内省出仕被免候事○同日　宮中勤番被仰付候事
辛未年二月三日　雅樂局出仕助准席被仰付候事
同年八月十四日　雅樂助准席被免候事○同日十九日受　式部寮御用掛被仰付候事
同年十一月廿九日　九等出仕申付候事　宮内省
同五年壬申二月八日　出仕差免候事　宮内省○同日　式部寮八等出仕申付候事　正院

（附箋）
從五位ニ謁退之年月日取調之事

同十一年戊寅十二月廿九日　特旨ヲ以テ従四位ニ被復候事

四三

三潴縣士族元柳川　大神雪齋十時攝津

慶應三年丁卯十二月十九日　參與職被仰付候事
同改元明治戊辰正月十日　徵士被仰付候事
同年同月十七日　刑法事務掛被仰付候事
同月廿三日　參與職兼外國事務掛被仰付候事
同年二月六日　參與職辨事被仰付候事
同年三月　刑法外國事務掛被免候事
同年閏四月廿一日　廢三職八局（一行原朱）
同年五月三日　徵士參與職辨事被免候事
同日　兼テ勤王ノ志不薄就中御政務御一新ニ付官代出仕勉勵之段神妙之至被思召候依之爲勤勞之賞賜此品候猶何時被爲召候儀モ可有之候間此

旨可相心得事
同年同月十二日　徵士軍務官判事被仰付候事
同月十三日　叙從五位
同年六月三日　御雇ヲ以爲軍監東下被仰付候事
同月十四日　兼テ被仰付置候軍監ヲ以テ立花飛驒守ニ附屬シ早々東下可
致旨御沙汰候事
同年十一月　軍監被仰付置候處今度其藩願ニ依リ被免候事

四四　　東京府華族元京都　四辻公賀
天保十一年庚子六月生

明治元年戊辰七月廿七日　越後府知事被仰付候事
同年九月八日　越後府知事被免三等陸軍將被仰付候事
同二年己巳正月七日　依願三等陸軍將被免候事
同年二月廿二日　叙正三位

同年六月十九日　內辨事候所へ出仕被仰付候事
同年七月八日　任宮內權大丞
同年九月七日　紫組掛緒被許候事
同三年庚午十一月八日　兼任雅樂助
同月廿日　神樂御人數被仰付候事
同四年辛未四月五日　神樂和琴大典被仰付候事
同年七月廿日　免本官專任雅樂助
（一行原朱）同年八月十日　廢雅樂局
同月十二日　式部寮七等出仕被仰付候事
同五年壬申五月七日　楠社遷座同社祭八坂祭熱田祭參向被仰付候事
同年十一月廿四日　兼任大掌典
同六年癸酉六月五日　兼任大伶人
同年八月十四日　除服出仕

同月廿九日　神宮神嘗祭參向被仰付候事
同七年甲戌十一月四日　神宮新嘗祭奉幣使參向被仰付候事○同日　來ル六日招魂祭勅使參向被仰付候事
同八年乙亥十月卅一日　依願免出仕並兼官

四五

東京府華族元京都　澤清原宣嘉　天保六年乙未九月生

戊辰年正月廿五日　參與職被仰出候事○同日　九州鎮撫總督兼外國事務總督被仰出候事
同年二月二日　長崎裁判所總督被仰出候事
同年閏四月廿二日　任右衞門權佐○同日　叙從四位下○同日　是迄之職務被免候事○同日　長崎府知事被仰付候事
同年八月廿日　長崎府之儀ハ御一新後御取立相成候得共從來舊幕府之節ヨリ開港地ト相成人民相聚リ一都會ヲモ爲シ來リ候折柄ニ付積習弊風

モ不鮮人民困窮之次第モ有之趣自今府藩縣一定之御致治相立候上ハ風
俗革易窮民救助之筋相運ヒ殊ニ外國交際之場所ニ付愈以御趣意貫徹致
候樣勉勵可有之旨御沙汰候事
己巳年二月十二日　御用有之上京被仰付候事
同年三月五日　長崎府知事被免候事○同日　參與職被仰付候事但御東行
御留守被仰付候事○同日　爲御用引渡一先歸府被仰付候事
同年五月　御用之儀有之候ニ付至急東京ヘ可罷出事
同月十五日　是迄之職務被免候事
同月廿九日　外國官知事被仰付候事
同年七月八日　廢外國官置外務省○同日　任外務卿○同日　叙從三位
（原朱）　（原墨）
同月廿三日　澳太利亞國和親貿易條約取結之願出候處御許容相成右條約
全權御委任被仰付候事
同年九月十四日　皇道之衰ヲ憂ヒ夙ニ恢復ノ志ヲ抱ク竟ニ中興之時ニ際

シ日夜勵精事務鞅掌候段叡感不斜仍賞其勳勞祿八百石下賜候事
　高八百石　依勳勞永世下賜候事
庚午年正月廿九日　西班牙國和親貿易條約取結之全權御委任被仰付候事
辛未年二月　御用有之大坂表ヘ被差遣候事
同年六月廿日　ハウアイ島和親貿易條約取結之全權御委任被仰付候事
同年七月十四日　免本官
同年七月廿日　御用有之東京滯在被仰付候事但麝香間祇候之事
同年八月十二日　任盛岡縣知事
同月廿八日　依願免本官
明治六年二月七日　任特命全權公使○同日　魯國在勤被仰付候事
同月十三日　魯國親王迎接トシテ長崎表ヘ被差遣候事
同年九月二十七日（二十七日朱書）死
同月三十日　夙ニ皇運ノ挽回ヲ圖リ心ヲ勞シ身ヲ苦シメ竟ニ太政之維新

ニ際シ精ヲ勵シ職ヲ盡ス忽焉世ヲ謝シ曷ソ痛悼ニ勝ン因テ正三位ヲ贈
リ並テ金幣ヲ賜ヒ以テ功勞ヲ彰ス　金幣　千圓

四六

東京府華族元京都　澤清原爲量

戊辰年二月九日　就御親征可爲奥羽鎭撫總督被仰下候事（但シ來ル十五日可爲發遣候事）

同年二月廿五日　奥羽鎭撫使副總督被仰出候事　總裁

同年七月　當春出陣後賊徒猖獗殊ニ仙臺其他諸藩反覆候ニ付テハ賊軍ノ
中ニ孤立シ千辛萬苦益大義ヲ重シ勉勵候條其忠情篤志神妙被思召候此
後時月遷延及沍寒候テハ不容易儀ニ付此度肥因及諸兵隊迅速被差向候
間諸軍ヲ皷舞シ同心戮力直ニ賊ノ巣窟庄内ヲ居リ奥越ノ官軍ト相應シ
速ニ平定ノ功ヲ奏シ可奉安宸襟御沙汰候事

（原書一行明き）

當春以來賊軍中ニ於テ梳風沐雨久敷金穀輸送之道モ相絶兵士ヲ引率シ
現地ノ難艱其情深ク御憫察被爲遊乍些少思召ヲ以金七百兩拜領被仰付

候事
己巳年六月二日　戊辰ノ春九條左大臣ヲ輔翼シ奥羽出張諸藩反覆之際ニ
處シ不容易難艱ヲ經大義ヲ以諸藩ヲ說諭シ日夜勉勵兵氣ヲ皷舞シ竟ニ
奏功ニ及ヒ候段叡感不斜依テ爲其賞八百石下賜候事
高八百石　依軍功永世下賜候事
同年八月廿日　任宮內權大丞
庚午年十二月　免本官
同年十二月　老年之上勤仕中勵精ニ付格別之譯ヲ以テ別紙目錄之通下賜
候事
羽二重　貳匹

四七　京都府華族　長谷平信篤

敍正三位但舊位

丁卯年十二月十二日　參與職被仰出候事

同月廿三日　議定職被仰出候事○同日　刑法事務總督兼勤被仰出候事

戊辰年三月十日　大津裁判所總督被仰出近江若狹可爲支配候事

同年閏四月廿五日　京都府知事被仰出候事

(原朱)己巳年七月十七日　廢京都府更ニ置同府(原墨)○同日　任京都府知事

同年十月七日　今般中宮啓(マヽ)行ニ付テハ府下人民致動搖候處格別盡力説諭方行屆速ニ及鎭靜候段神妙被思食候此旨相達候事

同年十二月廿四日　糺問之筋有之ニ付至急東京ヘ可罷出事

庚午年三月廿八日　止刑之儀取計方手落ニ及候ニ付謹愼被仰付候事○同日　糺問中平松宮內權大丞ヘ御預被仰付置候處被免候事

同年四月七日　謹愼被免候事

庚午年十二月十七日　華族觸頭兼勤被仰付候事

(原朱)辛未年十一月廿二日　廢京都府更ニ置同府(原墨)○同日　任京都府知事

明治七年甲戌十二月五日　稻荷神社御靈遷御祭典ニ付參向被仰付候事
同月十七日　護王神社御祭典ニ付參向被仰付候事
同八年乙亥七月二日同月八日受　任議官
同年十二月七日　年給四千圓下賜候事
同九年丙子九月十二日　除服出仕
同十年丁丑一月十五日　依願免本官〇同日　御一新以來奉職勉勵候ニ付
　爲其賞位一級被進候事　叙從二位〇同日　麝香間祗候被仰付候事

四八　京都府華族　長谷平信成

丁卯年十二月　書記御用被仰出候事
同月廿一日　參與助役被仰出候事
戊辰年正月十四日　參與職被仰出候事
同年二月九日　會計事務局輔加勢被仰出候事

同月廿七日　會計事務局權輔被仰出候事
（原朱）
同年閏四月廿日　廢三職八課（原墨）○同日　近臣被仰出候事
同年七月十四日　御厩御用掛被仰出候事
同年十二月廿八日　任少納言舊官名
己巳年正月五日　叙正四位下
（一行原朱）
同年七月八日　從前之百官被廢
同年八月廿二日　任侍從
同年九月七日　任宮內權大丞
庚午年四月七日　御厩御用掛被免候事
同年十二月十日　兼任皇后宮亮
（一行原朱）
辛未年八月十日　官制御改革ニ付大少丞廢權官
同月十七日　任宮內少丞但兼官如元
同年十月四日　免皇后宮亮

明治六年五月十七日　免本官
同月廿日　織物一巻下賜候事

四九

東京府士族元静岡　津田眞道眞一郎
文政十二年己丑六月生

明治二年己巳正月十八日　徵士刑法官權判事被仰付議事取調兼勤可致事
同年三月十八日　刑律取調中日々刑法官ヘ出仕可致事
同年四月十七日　是迄ノ職務總テ被免制度寮准撰修刑律取調專務被仰付候事
(原朱)同年五月十八日　廢制度寮(原墨)○同日　是迄ノ職務被免候事
同年八月　任靜岡藩少參事
同三年庚午十月五日　免本官○同日　學制取調御用掛被仰付候事
同年閏十月三日　任刑部少判事○同日　叙從六位
同年十二月廿二日　任刑部中判事○同日　叙正六位

同四年辛未二月　本官ヲ以テ當分外務省へ出仕被仰付候事
同年四月廿五日　兼任外務權大丞○同日　叙從五位
同月廿七日　今般大藏卿伊達宗城欽差全權大臣トシ條約取結ノ爲メ清國
へ被差遣候間爲差副同行被仰付候事
(一行原朱)
同年七月九日　廢刑部省彈正臺置司法省
同年九月廿日　歸朝
同年十一月廿八日　任司法中判事
同五年壬申八月五日　任大法官
同六年癸酉七月十三日　免本官但位記返上ノ事
同月十七日　織物一卷下賜候事
同年八月卅日　補陸軍省四等出仕
同年十一月十五日　叙從五位
同年甲戌八月廿三日　佛蘭西軍法書飜譯掛兼勤被仰付候事　陸軍省

同八年乙亥三月三日　故廣澤參議殺害一件取調ニ付參座被仰付候事
同年六月十二日　故廣澤參議暗殺一件取調參座被免候事
同九年丙子四月八日　任議官○同日　年給三千圓下賜候事
同日口達　從前陸軍省ニ於テ擔任候軍律取調ノ儀ハ取調濟迄兼務候樣可
被相心得也
同年五月廿三日　叙從四位
同十二年己卯六月十日　除服出仕
同十三年庚辰三月十六日　除服出仕
同年四月三十日　民法編纂委員被仰付候事

五〇　千葉縣士族　津田出（又太郎）

明治二年己巳七月十三日　任和歌山藩大參事
同三年庚午八月十五日　御用有之東京ヘ罷出候樣被仰付候事

（原朱）同四年辛未七月十四日　廢藩置縣　（原墨）追テ御沙汰候迄大參事以下是迄之通
事務取扱可致事
同月廿八日　任大藏少輔○同日　叙從五位
同年八月十二日　依願免本官○同日　大藏省四等出仕被仰付候事
同五年壬申二月十三日　免出仕但位記返上ノ事
同六年癸酉三月廿九日　任陸軍會計監督長
同年五月廿五日　叙正五位
同七年甲戌二月八日　任陸軍少將兼陸軍會計監督長
同年三月卅一日　免兼官○同日　兼任陸軍大輔
同年四月五日　陸軍卿代理被仰付候事
同年七月八日　免兼官○同日　兼任陸軍會計監督長
同年十月四日　免兼官
同八年乙亥四月廿五日　兼任議官

同年十二月七日　年給四千圓下賜候事
同月廿八日　叙從四位
同十年丁丑十二月廿五日　刑法草案審査委員被仰付候事
同十二年己卯十月廿四日　治罪法草案審査委員被仰付候事
同十三年庚辰五月五日　陸軍刑法審査委員被仰付候事

五一　東京府華族元京都　北小路大江俊昌

戊辰年八月三日　信州伊那縣知事被仰付候事
同年同月廿四日　叙從五位
己巳年七月廿二日　任伊那縣知事　任解日錄二十日トス
庚午年五月廿八日　免本官

五二　京都府華族　中院通富

叙正二位

明治元年戊辰二月廿日　參與職被仰出候事○同日　林和靖間詰幷御內儀口向等取締被仰出候事

（二行原朱）同年閏四月廿一日　廢三職八局

同月廿二日　參與職幷林和靖間詰被免候事

五三　東京府華族元京都　醍醐忠順

叙正二位但舊位

戊辰年正月廿二日　參與職內國事務掛大坂鎮臺攝泉兼勤被仰付候事

同月廿七日　大坂鎮臺同所裁判所總督被仰付候事

同年五月五日　大坂府知事被仰付候事

同月廿五日　大坂府知事被免候事

己巳年四月十七日　東京內番所參勤被仰付候事

同月廿四日　近習被仰付候事
同年八月廿二日　任侍從
壬申年四月卅日　任侍從番長
同年九月廿五日　允請任侍從
明治六年五月十七日　免本官
同月廿日　織物一卷下賜候事

醍醐忠順男

五四

東京府華族元京都　醍醐忠敬

嘉永二年己酉十一月生

戊辰年二月九日　御親征ニ付可爲奥羽鎭撫總督副被仰出候事但來十五日可爲發遣候事

同月廿五日　奥羽鎭撫使參謀被仰出候事

同年七月　當春出陣後賊徒猖獗殊ニ仙臺其他諸藩反覆候ニ付テハ賊軍ノ中ニ孤立シ千辛萬苦益大義ヲ重シ勉勵候條其忠精篤志神妙ニ被思召候

此後時月遷延及沍寒候テハ不容易儀ニ付此度肥因及諸兵隊迅速被差向候間諸軍ヲ皷舞シ同心戮力直ニ賊ノ巣窟庄内ヲ屠リ奥越ノ官軍ト相應シ速ニ平定ノ功ヲ奏シ可奉安宸襟御沙汰候事

同月　當春以來賊軍中ニ於テ梳風沐雨久敷金穀輸送ノ道モ相絶兵士ヲ引率シ現地ノ艱難其情深ク御憫察被爲遊乍些少思召ヲ以金三百兩拜領被仰付候事

己巳年三月九日　辨官候所エ出仕被仰出候事

同年六月二日　戊辰ノ春九條左大臣ニ參議シ奥羽エ出張諸藩反覆之際ニ處シ不容易難艱ヲ經日夜勉勵兵氣ヲ皷舞シ竟ニ奏功ニ及候段叡感不淺依テ爲其賞高六百石下賜候事

高六百石　依軍功永世下賜候事

同年十二月廿四日　叙從三位

庚午年三月廿七日　任留守權判官○同日　吉田祭松尾祭宣命使參向被仰

付候事
同年四月五日　欽明天皇御遙拜ニ付勅使トシテ參向被仰付候事
同年八月二日　來ル十月延暦寺法華會ニ付勅使被仰付候事
同年十二月廿二日　任宮內權大丞兼留守判官
辛未年四月四日　松尾祭吉田祭宣命使被仰付候事
同月廿三日　加茂祭參向被仰付候事
同年五月廿日　八坂祭宣命使被仰付候事
同年六月廿二日　免兼官
同月　兼任留守權判官
同年七月十七日　北野祭宣命使被仰付候事○同日　男山祭參向被仰付候
事
（原朱）同年八月廿三日　廢留守官（原墨）○同日　免本官○同日　神祇省六等出仕被仰
付候事

壬申年正月廿五日　神宮祈年祭大原野祭春日祭神武天皇御例祭參向被仰付候事
（一行原朱）同年三月十四日　廢神祇省
同年四月十九日　直垂地一卷下賜候事

五五　白川縣貫屬士族　木村撫松（木村得太郎貞通）

明治元年戊辰正月　徵士參與刑法掛被仰付候事
同年二月廿日　外國事件ニ付御用有之候間明廿一日致下坂候樣被仰付委細之儀ハ木戶準一郎廣澤兵助大久保一藏之內ヘ可申談御達ニ付委細咄合廿一日致下坂泉州堺表ニ於テ土州藩ヨリ佛人ヘ重手ヲ負セ候末土州藩ニテ割腹ニ極リ右御用掛ニテ堺表ヘ出役仕候事
同年三月廿一日　御親征御下坂ニ付御跡仕舞ニテ同廿四日下坂仕候事
同月廿九日　御親征中軍監兼勤被仰付候事

同四月十八日　依願職務被免候事

同閏四月七日　還幸ニ付御跡仕舞ニテ上京仕候處同月廿日岩倉卿ヱ被仰渡ニテ御親征供奉萬端盡力至極之御都合ニテ還幸相成候ニ付奈良晒壹匹御扇子頂戴畢ヲ於小御所　天顏拜其末　玉座前御入側ニヲ御酒肴頂戴天盃頂戴被仰付候事

（符箋）進退錄二十五日ニ收ム

同月廿七日　是迄之職務被免日向富高知縣事被仰付候ニ付京都表殘御用相仕舞同五月京都表被差立一旦熊本藩ヘ着仕候處大病ニ付職掌御斷願書差出候處精々加療養快氣之上早々發行盡力致シ候樣職掌徵士共不被免段御達ニ付同年九月ニ至日向表ヱ罷出相勤居候内日田縣合併ニ相成

同所引拂候事

同年十二月　徵士富高知縣事被免候事

五六

山口縣士族

宍戸　源　璣三郎

文政十二己丑年三月生

己巳年十月　任山口藩權大參事
庚午年十月廿四日　任刑部少輔
同日　叙從五位
辛未年二月廿五日　新律刋布ニ付爲御賞御末廣下賜候事
同年七月四日　制度取調御用被仰付候事
（二行原朱）
同月九日　廢刑部省置司法省（原墨）○同月同日　任司法少輔
同年八月十二日　制度取調御用被免候事
同年十一月四日　任司法大輔
同年十二月十九日　叙從四位
壬申年五月廿二日　免本官
同日　御用滯在被仰付候事
同年五月廿七日　任敎部大輔
同年十月廿五日　兼任文部大輔

明治六年九月廿七日　依願免兼官
同七年三月十九日　除服出仕
同九年丙子一月十八日　御用辨ノ爲メ毎日午前九時ヨリ十二時迄正院へ
　出勤可致事
同年十二月五日　來明治十年一月大和及京都へ行幸ニ付供奉被仰付候事
（二行原朱）
十年丁丑一月十一日　廢敎部省
同月十二日　本年一月大和及京都へ行幸ニ付供奉被仰付置候處被免候事
同月十六日　任議官○同日　年給三千五百圓下賜候事
同年六月十四日　御用有之京都へ被差遣候事
同月十八日　御用有之山口縣へ被差遣候事
同十二年己卯三月十二日　任特命全權公使○同日　淸國在勤被仰付候事
○同日　淸國在勤二等官年俸下賜候事
同年三月廿六日　叙勳二等賜旭日重光章

五七

静岡縣士族元濱松　頴川君平雅文

明治元年戊辰八月八日　御雇ヲ以開市場通辨御用掛申付候事　東京府
同二年己巳十一月七日　任少屬　東京府
　但別段爲手當壹ヶ月金拾兩宛被下候事
同三年庚午七月七日　任文書權大佑　外務省
同四年辛未二月廿日　當省御用兼神奈川出張申付候事　外務省
同年四月廿七日　大藏卿伊達宗城外務大丞柳原前光淸國ヘ被差遣候ニ付
　隨從申付候事　辨官
（一行原朱）
同年八月十日　廢文書司
同年九月廿八日　任中錄　外務省
同年十月廿三日　任權大錄　司法省
同五年壬申二月十八日　任大錄　司法省

同年八月十九日　任大解部　司法省
同六年癸酉三月七日　依願免本官　司法省
同年八月十五日　任鐵道一等中師　工部省
同七年甲戌七月廿五日　補鐵道寮七等出任
同十年丁丑一月十一日　廢鐵道寮
（一行原朱）
同月十二日同月十八日受　任工部權少書記官
同年三月廿九日　叙正七位
同十二年己卯十一月四日　任內務少書記官
同年十二月十七日　叙從六位
同十三年庚辰一月廿六日　任外務少書記官
同年二月十六日　任領事〇同日　米國紐育在勤被仰付候事

五八

東京府華族元京都　園池公靜

天保六年乙未八月生

戊辰年正月五日　書記御用掛被仰出候事
同年三月廿一日　御親征行幸供奉被仰出候事
同年七月廿九日　奈良府知事被仰出候事
己巳年三月十五日　今般十津川鄕巡察トシ出張朝廷御旨意之趣篤ク說諭ニ可及樣被仰付候事但大原中納言并渡邊昇巡察トシテ出張被仰付候間右兩人ヘ諸事可申合事
（原朱）同年七月十七日　廢奈良府置奈良縣（原墨）○同日　任奈良縣知事
同年十二月廿四日　敍從三位
庚午年九月十七日　任侍從
辛未年七月廿七日　免本官
敍正二位

五九

東京府華族元京都　野宮定功

明治二年己巳七月廿七日　任皇后宮大夫
同年八月十四日　山陵御用掛被仰付候事
同年十月五日　皇后宮行啓供奉被仰付候事
同三年庚午十二月十二日　免本官

六〇　熊本縣士族　津田信弘山三郎
文政七年甲申二月生

慶應三年丁卯十二月十七日　參與職被仰付候事
明治元年戊辰二月　北陸道海軍參謀被仰付候事此件辭表差出ス
戊辰二月十四日　北陸道參謀被仰付候事
戊辰二月廿日　徵士參與職軍防事務局判事被仰付候事
同年四月廿四日　佐渡裁判所判事被仰付候事
同年閏四月　於江戸　佐渡參謀被仰付高倉三位四條侍從品川ヨリ外國艦ニテ北越エ發向ニ付隨從被仰付候事

同年五月八日　是迄之通北陸道參謀相勤候樣被仰付候事

同月（北征紀事廿七日ト爲ス）　病氣願ニ依テ是迄之職務被免候事

同月　徵士被免候事

六月廿六日　兼テ勤王ノ志不薄就中御政務御一新ノ折柄勵精盡力ノ段神妙之至被思召候今度徵士幷是迄之職務被免賜暇候猶何時被爲召候儀モ可有之候間此旨可相心得事但爲勤勞之賞此品賜候事

己巳年六月二日　戊辰正月參謀之命ヲ奉シ北陸道ヲ下リ軍事精勤之段神妙被思召仍爲其慰勞目錄之通下賜候事　金五百兩

同年七月廿二日　酒田縣權知事被仰付候事

同年十二月廿九日　任酒田縣大參事

庚午年四月三日　依願免本官

同年五月四日　任熊本藩權大參事

（原朱）辛未年七月十四日　廢藩置縣（原墨）追テ御沙汰候迄大參事以下是迄之通事務

可致取扱事

同年十月　免本官

壬申年八月二日　任中議生

同年十月五日　叙正七位

同月八日　任五等議官

明治六年九月廿四日　依願免本官

同七年五月十七日　補宮內省六等出仕

同九年丙子一月廿八日　任宮內少丞

同年二月廿日　叙從六位

同年十月十七日　皇后宮西京ヘ行啓ニ付供奉被仰付候事　宮內省

同十年丁丑六月廿二日　依願免本官

六一

廣島縣士族　船越衛（洋之助）

明治元年戊辰五月十一日　徵士江戸府判事被仰付候事
同年五月十三日　叙從五位下辭退
同月廿四日　軍務官權判事被仰付候事
同年七月廿三日　當官ヲ以テ東北遊擊軍將副參謀被仰付候事○同日　北越奥羽へ出張被仰付候事
同年八月五日　當官ヲ以テ遊擊軍副參謀被仰付置候處今般改テ參謀被仰付候事

池田種德履歷書ニ遊擊ノ上東北ノ二字アリ

同月十日　越後口總督府へ御使トシテ早々出張被仰付候事
同二年己巳年正月廿八日　當官ヲ以テ羽後國酒田表民政取締兼勤被仰付候事○同日　今般酒田表取締被仰付候ニ付テハ重大ノ事件ハ御指揮可伺出ハ勿論ノ儀ニ候得共細事ニ至候テハ都テ御委任候間西岡周碩申合便宜處置可有之旨御沙汰候事

東京職務進退錄五月廿

同年三月　依願民政兼務被免候事

同年六月二日　戊辰ノ秋參謀ノ命ヲ奉シ海路ヲ經羽州ニ進ミ軍務勉勵指麾得其宜竟ニ成功ヲ奏候段叡感不淺仍テ爲其賞貳百石下賜候事
高貳百石　依軍功永世下賜候事

五日ニ作ル
又民政ノ下取締ノ二字アリ

同年七月八日　廢軍務官置兵部省（一行原朱）
同月十八日　任兵部權大丞
同月廿五日　敍正六位
同三年庚午六月七日　任兵部大丞〇同日　敍從五位
同月十七日　允請任兵部權大丞〇同日　敍正六位
同四年辛未六月十二日　東伏見宮家事取扱被仰付候事
同年七月廿八日　任兵部大丞〇同日　敍從五位
同五年壬申二月廿七日　廢兵部省置陸海軍兩省（原朱）　追テ御沙汰候迄從前ノ（原墨）
通事務取扱可致事
同月晦日　任陸軍大丞

同六年癸酉八月十四日　依願免本官〇同日　織物一卷下賜候事
同七年甲戌一月卅一日　任戶籍權頭
同年十月三十一日　御用有之廣島表へ被差遣候事
同八年乙亥三月三日　故廣澤參議殺害一件取調ニ付參座被仰付候事
同年十月三十一日　御用有之奥羽北越筋へ被差遣候事
　山形縣　秋田縣　鶴岡縣　新潟縣　置賜縣　青森縣
同年十一月二日　今般特旨ヲ以テ各地方へ被差遣候ニ付左ノ件々可相心得事（但御委任狀略ス）
同九年丙子四月六日　佐賀縣下暴動ノ際中國へ出張盡力候ニ付爲其賞別紙目錄ノ通下賜候事
　縮緬代金七拾圓
同月十七日　任內務權大丞（原墨）
（原朱）同十年丁丑一月十一日　廢官〇同日　任內務權大書記官

同年十二月十五日　九州地方騒擾之際盡力不少候ニ付勲五等ニ叙シ金貳百圓下賜候事

同十三年庚辰三月八日　任千葉縣令〇同日　月俸貳百五拾圓下賜候事

六二　熊本縣士族　井上毅 多久馬

天保十四年癸卯十二月生

明治三年九月廿日　任少舎長　大學

同年十二月十日　任中舎長　同上

同四年辛未二月十日　依願免本官　同上

同年十二月十日　十等出仕申付候事　司法省

同五年壬申二月十五日　任中錄　同上

同年六月十四日　司法卿江藤新平爲理事官歐州各國へ被差遣候ニ付随行申付候事　同上

同年七月九日　任大錄　同上

同年八月十九日　任明法大屬　同上
同六年癸酉九月六日　歸朝
同年十一月十日　補司法省七等出仕
同七年甲戌二月十三日　臨時御用有之候條九州邊ヘ出張可有之候事　司法省
同年八月十七日　御用有之大久保内務卿清國出張地方迄被差遣候事
同年十一月十五日　皈朝
同年十二月九日　勅語　先般清國出張苦勞ニ存ル
同日　白羽二重二匹　右下賜候事
同月廿八日　任權中法官
同八年乙亥二月廿四日　叙正七位
同年三月廿三日　兼補七等出仕
同年四月廿五日　補六等出仕

同年七月八日　補五等出仕
同年九月廿二日　任二等法制官
同年十月廿四日　叙正六位
同九年丙子二月廿七日　汽船衝突一件臨時裁判所被開候ニ付審判被仰付候事
同年四月六日　佐賀縣下暴動ノ際熊本縣ヘ出張盡力候ニ付爲其賞別紙目錄ノ通下賜候事　縮緬代金百圓
同日　大久保全權辦理大臣ニ隨行淸國出張中格別勵精候ニ付爲其賞別紙目錄ノ通下賜候事　縮緬代金百七拾圓
同年六月十九日　任法制局主事
同年八月二日　叙從五位
同年十月十三日　依願汽船衝突事件審判被免候事
(原朱)同十年丁丑一月十八日　廢官(原墨)○同日　任大書記官

同月十九日　法制局專務被仰付候事
同月廿五日　參議伊藤博文隨行京坂ヘ被差遣候事
同年二月十九日　伊藤參議隨行被免滯京被仰付候事
同年三月十八日　御用有之長崎表ヘ被差遣候事
同月廿六日　別働隊第二旅團附兼務被仰付候事　別働第二旅團
同年十二月廿五日　刑法草案審查委員被仰付候事
同十一年戊寅三月三十日　地方官會議御用掛被仰付候事
同年五月　九州地方騷擾ノ際盡力不少候ニ付爲其賞金貳百圓下賜候事
同年九月四日　兼任內務大書記官
同年十月三十日　依願刑法審查委員被免候事
同年十月三十日　依願免本官專任內務大書記官
同十二年己卯三月十日　任內閣大書記官兼內務大書記官
同年七月十六日　依願免本官專任內務大書記官

同十三年庚辰三月五日　任太政官大書記官〇同日　內務部勤務被仰付候事

同年四月十五日　內務部勤務被免候事〇同日　法制部勤務被仰付候事〇

同日　法制部主事被仰付候事

同月十七日　御用有之清國上海へ被差遣候事

同年　歸朝

同年十一月三十日　御用有之清國北京へ被差遣候事

十四年三月四日　歸朝

同年三月四日　除服出仕

同年六月廿八日　農商工上等會員被仰付候事

同年七月十九日　御用有之京都へ被差遣候事

(原朱)同年十月廿一日　廢法制等ヽ、六部(原墨)〇同年同月同日　任參事院議官〇同日

三等官相當年俸三千五百圓下賜候事

同年十一月廿八日　叙正五位

六三

長崎縣士族元佐賀

佐野常民榮壽左衛門

明治三年庚午三月五日　任兵部少丞
同年四月廿二日　駒場野練兵天覧ノ節諸事行届候段御満足被思召依之酒
肴下賜候事
同年十月十七日　免本官
同年十二月十九日　工部省出仕被仰付候事
同四年辛未五月九日　任工部權少丞○同日　叙正七位
同年八月七日　任工部少丞
同月十五日　任工部大丞兼燈臺頭
同年十二月十八日　叙従五位
同五年壬申二月廿日　博覧會御用掛兼勤被仰付候事
同年五月三日　工部省三等出仕被仰付候事但兼官如故

同月廿五日　澳國博覽會理事官兼勤被仰付候事
同年十月八日　叙正五位
同月廿七日　博覽會事務副總裁兼勤被仰付候事
同六年癸酉一月十七日　免兼官
同月廿日　博覽會御用ニ付澳國ヘ被差遣候事
同月三十一日　任辦理公使○同日　伊澳兩國在勤被仰付候事　博覽會副總裁兼勤如故候事
同年二月廿日　工部省御用掛兼勤被仰付候事
同年十二月七日　伊太利國在勤被免候事
同七年甲戌七月十七日　澳國博覽會相濟候ニ付爲復命歸朝被仰付候事
同年十二月廿八日　工部省御用掛被免候事
同八年乙亥七月二日　任議官
同年十二月七日　年給四千圓下賜候事

同月廿八日　叙従四位
同九年丙子三月廿二日　太宰丸船一件ニ付仲裁被仰付候事
同十年丁丑四月十日　御用有之九州筋ヘ被差遣候事
同年十二月廿四日　澳太利國皇帝陛下ヨリ貸付シタルフランツヨーセフヲルデン大十字形勳章ヲ受領シ及佩用スルヲ允許ス○同日　撒遜國皇帝陛下ヨリ贈賜シタル第一等コムツールクロイツアルブレクトヲルデン勳章ヲ受領シ及佩用スルヲ允許ス
同十一年戊寅六月廿八日　叙勳二等賜旭日重光章
同年七月四日　太宰丸船仲裁一件格別勉勵候ニ付爲其賞金四百圓下賜候事
同十二年己卯十月三日　中央衛生會長被仰付候事
明治十三年二月廿八日　任大藏卿
同年三月九日　中央衛生會長被免候事

同年五月廿四日　叙正四位
同年六月廿八日　内國勸業博覽會事務副總裁被仰付候事
同年十月八日　除服出仕
同年十一月十一日　内國勸業博覽會審査總長被仰付候事

六四　千葉縣士族元佐倉　鈴木畏三郎　嘉永二年己酉九月生

明治九年丙子二月七日　少尉試補申付候事　陸軍省
同十年丁丑四月十一日　任陸軍少尉
同十三年庚辰　叙正八位
同年五月六日　任陸軍砲兵中尉

六五

東京府平民元名古屋　田中不二麿國之輔

弘化二乙巳年六月生

丁卯年十二月　參與職被仰付候事

戊辰年正月　徵士被仰付候事

同年三月朔日　徵士參與職辨事被仰付候事

（一行原朱）同年閏四月廿一日　廢三職八局

閏四月廿一日　辨事更ニ被仰付候事

同年閏四月廿二日　敍從五位下

同月廿八日　今度御制度御改正二等三等相當ノ位新ニ被授候ニ付應其階級衣冠賜之候事

同年十一月十五日　東北諸藩賞罰取調兼勤被仰付候事

同月三十日　老母所勞ニ依テ歸省願出其情實被爲聞食暫時御暇下賜候事
但官位辭退之義不被及御沙汰候事
己巳年三月廿三日　兼テ所勞ニ付引籠罷在候處力疾上京候ニ付テハ猶精々療養相加勉勵出仕可致旨御沙汰候事
同年四月八日　御用有之ニ付至急東京ヱ罷出候樣御沙汰候事
同年七月廿二日　依願是迄之職務被免候事○同日　御用有之上京被仰付候事
同年九月十日　京都御用相濟東歸苦勞被思召候依テ目錄之通下賜候事
金三百兩
同日　御用有之東京滯在被仰付候事
同月十三日　御用有之隔日參朝可致樣被仰付候事
同月廿六日　丁卯復古之際ニ當リ時務執掌力ヲ朝家ニ致候段叡感不淺仍テ賞其功目錄之通下賜候事

金千兩
同年十月十五日　大學校御用掛被仰付候事但少監准席之事
庚午年三月廿七日　任中辨○同日　大學校御用掛當官ヲ以從來之通被仰付候事
同年五月廿三日　御用有之德島表出張被仰付候事
庚午七月二日　德島表へ出張慰勞トシテ別紙目録ノ通下賜候事
晒布　一匹　金　壹萬匹
(原朱)辛未年七月十四日　廢官(原墨)○同日　太政官出仕被仰付候事
同月廿九日　任樞密大史
同年八月十日　任大内史
同年十月十二日　任文部大丞
同月廿二日　理事官トシテ歐米各國ヱ被差遣候事
同年十一月四日　勅語

今般汝等ヲ海外各國ニ赴カシム朕汝等ノ能ク其職ヲ奉シ其任ニ堪ユヘキヲ知ル黽勉事ニ從フヲ望ム遠洋渡航千萬自重セヨ

明治六年三月　歸朝

同月廿七日　文部省三等出仕被仰付候事

同年六月廿五日　敍正五位

同年十一月二日　任文部少輔

同七年九月廿七日　任文部大輔

同年十一月五日　敍從四位

同九年丙子一月十八日　御用辨ノ爲メ毎日午前九時ヨリ十二時マテ正院へ出勤可致事

同年三月廿二日　米國費拉特費府博覽會ニ付敎育事務爲取調派遣被仰付候事

同十年丁丑一月十日　歸朝

同年七月十一日　御用有之京都ヘ被差遣候事
同十一年戊寅一月十日　除服出仕
同年三月五日　兼任議官
同十二年己卯一月廿一日　去ル明治九年一月十八日相達候趣モ有之候處
自今御用之節々何時ニテモ内閣出頭可有之事
同十三年庚辰一月七日　學事巡視ノ爲メ九州地方ヘ出張被仰付候事
同年三月十三日　任司法卿

六六　廣島縣士族　池田種德（德太郎）
天保二年十月生

戊辰年七月廿三日　徴士軍務官權判事被仰付候事
同月二十三日（二十三日朱書）當官ヲ以東北遊擊軍將副參謀被仰付候事
同年八月五日（五日朱書）當官ヲ以東北遊擊軍將副參謀被仰付置候處今度改テ參謀
被仰付候事

同年十一月久々之軍旅久我大納言ヲ輔翼シ精勵盡力叡感不淺候今般歸
陣ニ付不取敢金二萬匹下賜候事但東北一先平定ニ至ルト雖モ前途皇國
御維持ノ儀深ク御苦慮被遊候ニ付尚此上紀律嚴肅ニ相守リ誠實ヲ旨ト
シ緩急可遵奉公旨御沙汰候事
同月廿九日　御用之儀有之ニ付暫時東京ニ滯在可有之事
同月　是迄之職務被免權辨事被仰付候事
同年十二月　知縣事被仰付候事
己巳年六月二日　戊辰之秋參謀之命ヲ奉シ海路ヨリ羽州ニ進ミ軍事精勤
候段神妙ニ被思食依目錄之通下賜候事
金五百兩
同年七月廿日　任若森縣權知事
庚午年六月　敍正六位
辛未年十一月十三日　任新治縣權令

壬申年正月廿日　任島根縣權令
同年九月廿七日　免本官
明治六年九月十二日　任岩手縣參事
同七年二月廿七日　任青森縣權令
同年九月十二日　死
同十六年癸未六月五日　多年奉職格別勉勵候ニ付爲祭粢料金三百五拾圓
下賜候事

六七

佐賀縣士族　古賀定雄 一平

戊辰年四月三日　日田御領所御用掛申付候事　長崎裁判所
同年五月　日田御領所御用掛被免候事　同上
（一行原朱）同月廿三日　廢長崎裁判所置長崎府
同年六月　總野鎭撫使附屬申付候事　鎭臺府

（一行原朱）同年七月十七日　廢鎮臺府置鎮將府
同年八月八日　御雇ヲ以テ知縣事被仰付候事
己巳年正月　徵士知縣事改テ被仰付候事
同年七月八日　任品川縣權知事
庚午年六月　叙正六位
辛未年五月十七日　任品川縣知事○同日　叙從五位
同月廿日　任佐賀藩大參事
（原朱）同年七月十四日　廢藩置縣但（原墨）追テ御沙汰候迄大參事以下是迄之通事務取
扱可致事
（一行原朱）辛未年九月三日　改佐賀縣稱伊萬里縣
（原朱）同年十一月十四日　廢伊萬里縣更置同縣（原墨）○同日　任伊萬里縣參事
（一行原朱）壬申年五月廿九日　改伊萬里縣稱佐賀縣
同年七月十二日　免本官○同日　御用有之東京滯在被仰付候事

同月廿五日　任宮内少丞
明治六年五月十七日　免本官
同月廿日　織物壹卷下賜候事
同年十一月廿九日　任足柄縣參事
同年十二月十九日　免本官○同日　御用滯在被仰付候事
同七年九月七日　御用滯在被免候事但位記返上可致事
同年十一月廿四日　任名東縣權令
同八年二月廿四日　叙正六位
同年六月五日　兼任五等判事
同年九月五日　任香川縣權令兼五等判事如故
同年十月廿日　依願免本官並兼官
同十年丁丑十二月七日　數年奉職勉勵候ニ付特旨ヲ以祭粢料別紙目錄之通下賜候事

金貳百圓

和歌山縣士族

陸奥藤原宗光陽之助

六八

戊辰年正月　外國事務御用掛被仰付候事

同年三月十七日　徵士外國事務局權判事被仰付横濱在勤可有之事

同年閏四月十二日(十二日朱書)　鑛鐵船御取入御用中會計事務局兼勤被仰付候事

同月廿一日(一行原朱)　廢外國事務局置外國官

同年五月四日　是迄之職務被免會計官權判事被仰付候事

同年六月廿二日　會計官權判事被免大坂府權判事被仰付候事

同年十二月二日　當官ヲ以テ治河掛被仰付候事

己巳年正月廿二日　攝津縣知事被仰付候事

同年五月十日(原朱)　改攝津縣稱豐崎縣(原墨)○同日　攝津縣知事被免豐崎縣知事被仰付候事

同年六月廿日　豊崎縣知事被免兵庫縣知事被仰付候事

同年八月　是迄之職務被免候事

庚午年三月十二日　任刑部少判事

同月十四日　依願免本官

同年七月四日　任和歌山藩權大參事

辛未年五月廿日　和歌山藩廳出仕被仰付候事

(原朱)同年七月十四日　廢藩置縣　(原墨)追テ御沙汰候迄大參事以下是迄之通事務取扱可致事

同月廿日　御用有之東京へ可罷出事

同年八月十二日　任神奈川縣知事

(一行原朱)同年十一月十四日　廢神奈川縣更置同縣

同月十三日　任神奈川縣令

壬申年正月廿四日　兼任外務大丞

同年二月十三日　免兼官○同日　兼任租稅權頭○同日　神奈川縣運上所
　事務取扱被仰付候事
同年三月五日　敍從五位
同月十二日　依願免兼官
同年六月十八日　任租稅頭○同日　神奈川縣在職中取扱候事務當分之内
　令之心得ヲ以テ取扱候樣被仰付候事
同年八月五日　神奈川縣令之心得被免候事
同年十月五日　敍正五位
明治六癸酉年五月十五日　大藏省三等出仕被仰付候事○同日　兼任租稅頭
同年六月十七日　大藏輔之心得ヲ以テ事務取扱可致事
同年七月十七日　御用有之富岡製糸場ヘ出張被仰付候事
同年八月廿四日　御用有之京攝出張被仰付候事
同七甲戌年一月十五日　依願免出仕並兼官○同日　御用滯在被仰付候事

同年九月七日　御用滯在被免候事
同八乙亥年四月廿五日　任議官
同年十一月廿八日　任元老院幹事
同年十二月廿八日　叙從四位
同九年丙子七月廿九日　北海道巡視隨行被仰付候事
同十年丁丑四月八日　御用有之京都ヱ被差遣候事
同年五月廿四日　除服出仕
同年八月廿三日　除服出仕
同年十二月廿五日　刑法草案審査委員被仰付候事
同十一年戊寅六月十日　依願免本官
同年八月十九日　位記被褫候事

六九

鹿兒島縣士族　税所藤原篤 篤信長藏

明治元年戊辰四月廿八日　徵士內國事務局權判事被仰付大坂裁判所在勤
可有之事
（一行原朱）
同年閏四月廿一日　廢內國事務局
同年五月四日　大坂府權判事被仰付候事○同日　攝河泉播四ヶ國郡村支
配當分兼勤被仰付候事
同年六月五日　大坂府判事被仰付候事○同日　叙從五位下但辭退
同二年己巳正月廿二日　河內知縣事被仰付候事
同年七月十七日　任兵庫縣權知事
同三年庚午六月九日　叙正六位
同年八月十九日　任堺縣知事○同日　叙從五位
（一行原朱）
同四年辛未十一月廿日　廢堺縣更置同縣
同月廿二日　任堺縣令
明治八年六月五日　兼任五等判事

同年十月三日　依願免兼官
同九年丙子九月廿五日　多年縣官奉職格別勉勵候ニ付自今月俸金五拾圓増給候事
同年十二月十五日　故橋朝臣正行ヘ贈位ニ付勅使被仰付候事
同十一年戊寅五月廿日　多年奉職格別勉勵候ニ付勅任ニ被進自今月俸金五拾圓増給候事　任堺縣令勅授

七〇

栃木縣士族元佐賀　鍋島幹道太郎
弘化元年甲辰九月生

戊辰年五月十九日（四日朱書）　假代官被仰付候事
同年六月四日（廿二日朱書）　當分下野國眞岡知縣事被仰付候事
己巳年正月廿一日　徵士知縣事被仰付候事
同年七月廿日（九日朱書）　廢眞岡縣併日光縣〇同日　任日光縣權知事
庚午六月九日　叙正六位

同年七月十八日　支配地正租石代納メノ儀ニ付専斷ノ取計致シ不束ノ事ニ候依テ謹愼被仰付候事

同年九月九日　謹愼被免候事

辛未年五月十七日　任日光縣知事〇同日　叙從五位

(原朱)同年十一日十四日　廢日光縣置栃木縣(原墨)〇同日　任栃木縣令

明治六年二月十日　兼任宇都宮縣令

(一行原朱)同年六月十五日　廢宇都宮縣合栃木縣

同九年丙子八月十一日　多年縣官奉職格別勉勵候ニ付自今月俸金五拾圓増給候事

同十一年戊寅五月十五日　多年奉職格別勉勵候ニ付勅任ニ被進自今月俸金五拾圓増給候事　任橡木縣令勅授宣旨

同十二年己卯五月廿一日　銀行紙幣見本五圓壹圓ノ兩種擅ニ飜刻印刷候段不都合ノ至ニ付譴責ス

同年十二月十五日　叙正五位
同十三年庚辰十月廿九日　依願免本官○同日　維新以來職ヲ地方ニ奉シ多年勵精勞効不少今般以任滿允請解官候條以特旨位一級被進候事　叙従四位

七一

山口縣士族　國貞廉平

己巳年十月十四日　任山口藩權大參事
庚午年三月十二日　免本官
同年八月十七日　任山口藩少參事
同年閏十月八日　免本官
明治七甲戌年七月十八日即日請　補內務省七等出仕
同八年六月廿五日　名東縣出張被仰付候事　內務省
同年九月三日　名東縣出張中參事ノ心得ヲ以テ事務取扱可致候事

同九丙子年一月廿三日　任愛知縣參事
同年二月廿日　敍從六位
(一行原朱)同十年丁丑一月十六日　廢官
同月廿日　同月廿七日受　任愛知縣大書記官
同十二年己卯十二月十三日　多年奉職勉勵候ニ付金百圓下賜候事
同十三年庚辰三月八日　任愛知縣令○同日　月俸貳百圓下賜候事

七二

東京府士族元名古屋藩　間島冬道萬次郞

戊辰年五月九日　御雇ヲ以刑法官判事試補被仰付候事
同年同月十九日　徵士刑法官權判事被仰付候事
同年六月六日　爲監察岸和田表ヘ早々出張被仰付候事
一本六月二日ニ作ル
戊辰年八月五日　御用向ニ付尾州表ヘ發向可致旨被仰付候事
同年九月廿三日　刑法官判事被仰付候事

同年十月七日　叙従五位下
己巳年二月十三日　東京御再幸供奉被仰付候事
同年四月十日　是迄之職務被免大宮縣知事被仰付候事
同年七月廿日　任大宮縣權知事
同年同月廿二日　任大宮縣知事
（一行原朱）同年九月廿九日　改大宮縣稱浦和縣
（原朱）同四年辛未十一月十四日　廢浦和縣合埼玉縣　（原墨）追テ御沙汰候迄新置縣令
竝參事之差圖ヲ受ケ從前之廳ニ於テ事務取扱可致事
同年十一月廿二日　任名古屋縣參事
同年十二月八日　免本官
同月十二日　任宇和島縣權令
（一行原朱）同五年壬申六月廿三日　改宇和島縣稱神山縣
同年七月廿五日免本官○同日　直垂地壹卷下賜候事

七三

高知縣士族　清岡菅原公張（岱作）
天保十一年辛丑七月生

戊辰年正月廿二日　今般東山道御進發ニ付大監察被仰付候事　東山道鎮撫總督

同年四月　軍監試補被仰付候事　監察使

同年五月十二日　徵士江戸府判事被仰付候事

同月十六日　叙從五位下

同年六月　監察役被仰付候事

同年七月廿九日　是迄之職務被免鎮將府辨事被仰付候事

（一行原朱）

同年十月十八日　廢鎮將府

同月　今般鎮將府被廢候ニ付是迄之職務被免候事〇同日　甲斐府權判事被仰付候事

同年十一月　今般鎮將府辨事被免候ニ付位記返上可致事

己巳年四月八日　甲斐府判事被免待詔局知事被仰付候事

同年五月八日　待詔局知事被免甲斐府判事被仰付候事○同日　叙從五位下

（一行原朱）
己巳年七月十七日　廢甲斐府

同年七月十八日　任福島縣權知事

同年八月八日　任白河縣權知事

（原朱）
辛未年十一月二日　廢白河縣（原墨）○同日　任二本松縣權令

壬申年二月十二日　依願免本官○同日　御用滯在被仰付候事

同月十九日　華頂宮隨從米國へ被差遣候事

同年四月十九日　華頂宮隨從米國行被免候事○同日　御用滯在被仰付候事

同年六月十四日　司法省五等出仕被仰付候事

同年八月五日　任司法權中判事

任解日錄二十日トス從フベシ同上七日トス

同年十一月廿八日　任司法權大檢事

同年十二月廿八日　任權中判事

明治八年五月四日　任五等判事

七四　山口縣士族　伊勢華（北條新左衛門 氏華）

戊辰年七月廿八日　徵士奈良府判事被仰付候事〇同日　叙從五位下（辭退）

己巳年四月　御用有之出京被仰付候事

同年七月七日　任倉敷縣權知事

同月廿七日　任倉敷縣知事

同年十一月七日　叙從五位

辛未年三月十三日　管内貸付金之儀ニ付專斷之取計ニ及候段不束之事ニ
候依之謹愼被付候事

同月廿八日　謹愼被免候事

同年五月二日　窮民救助方ノ儀ニ付專斷ノ取計ニ及ヒ不束ノ事ニ候依之
謹愼被仰付候事

（原朱）同年十一月十五日　廢倉敷縣合深津縣　（原墨）追テ御沙汰候迄新置縣令幷參事
之差圖ヲ受ケ從前之廳ニ於テ事務取扱可致事

同年十二月廿六日　位記返上可致事

五年壬申三月　事務取扱差免候事　深津縣〇同日　直垂地一卷下賜候事

七五

大分縣士族元岡　小河藤原一敏彌右衛門

戊辰年二月廿五日　於太政官代二條城衣服制度取調掛被仰付候事

同年三月朔日　徵士內國事務局權判事被仰付候事

同年四月五日　大坂裁判所兼勤被仰付候事

同月廿五日　參與職內國事務局判事被仰付候事

（一行原朱）同年閏四月廿一日　廢內國事務局

同年五月五日　今度御制度御改正ニ付是迄之職務被免大坂府判事被仰付候事○同日　堺在勤被仰付候事
同月八日　叙従五位下辭退
同年六月廿九日　堺縣知事被仰付泉州一圓管轄被仰付候事
己巳年七月十八日　任堺縣知事
同月廿九日　叙従五位
庚午年八月廿日　免本官○同日　御用有之東京滯在被仰付候事
同月廿五日　在職之砌縣札狭山藩札竝贋金引替堤防救助等之儀兼テ御規則モ有之伺出許可之上處置可致之處無其儀專斷之取計ニ及ヒ不束之事ニ候依之謹愼被仰付候事
同年九月廿六日　謹愼被免候事
同月廿七日　任宮內大丞
同年閏十月廿五日　御系圖取調御用掛被仰付候事

辛未年三月廿六日　御不審之筋有之烏取藩へ御預被仰付候事
同年四月十四日　免本官但位記返上之事
明治六年三月十七日　任肥後國阿蘇郡阿蘇神社宮司兼補大講義　教部省
同月廿三日　依願免本官並兼職　教部省
同年十一月十九日　補七等出仕
同七年一月九日　除服出仕
同年二月廿日　德川昭武所藏之古記類爲取調水戶表へ被差遣候事
同八年乙亥八月廿八日　任三等修撰
同年十月廿四日　叙正七位
同九年丙子七月四日　御用有之山城大和邊へ被差遣候事
同十年丁丑一月四日　任二等修撰
(一行原朱)同月十八日　廢官
同月廿七日　任四等編修官

同年十月十七日　任宮内權少書記官

同十一年戊寅三月十九日　依願免本官○同日　積年勤王ノ志篤ク且奉職中勉勵ニ付特旨ヲ以テ位一級被進金五百圓下賜候事○同日　叙從六位

七六

京都府士族　山中藤原獻 靜逸

文政五年壬午九月生

戊辰年二月　徵士内國事務局權判事被仰付候事

（一行原朱）同年閏四月廿一日　廢内國事務局

同年閏四月　宿驛掛之儀當分先是迄之通可取計候樣被仰付候事

同年同月　是迄之職務被免會計官驛遞司知事被仰付候事

同年七月　依病氣願徵士驛遞司知事被免候事

病氣願進退録ニ據ル同書ニ本條七月廿日ニ收ム

同年九月十日　御東幸御用掛被仰付辨事へ出仕被仰付候事　行政官

同年十月廿三日　徵士權辨事被仰付候事

同年十一月廿五日　當官ヲ以奥羽府縣取調被仰付候事但急速取調之事

同年十二月四日　東京在勤被仰付候事
同年同月廿四日　辨官事被仰付候事○同年同月同日　叙從五位下
己巳年三月十五日　本官ヲ以敎導局御用掛兼勤被仰付候事
同年四月四日　當官ヲ以待詔局御用掛被仰付候事
同年四月八日　當官ヲ以民部官ヘ出仕被仰付候事
同年五月廿一日　勤仕中格別勵精之段神妙之事ニ候今度官員御減省ニ付
是迄之職務被免候事
同年五月廿一日　追テ御沙汰候迄東京滯在可致事
同年七月十八日　任桃生縣權知事
（一行原朱）同年八月十二日　石卷縣ト改稱
庚午年正月廿三日　民部權大丞之心得ヲ以可相勤事
（原朱）同年九月廿八日　石卷縣被廢登米縣ヘ合併（原墨）○同年同月同日　任登米縣權
知事

同年十月八日　依願免本官○同日　御用有之東京滯在可致事
同年十二月十五日　伏見宮家令被仰付候事
同月十八日　積年勤　王之志不淺依之終身拾人扶持下賜候事
辛未五月二十八日　閑院宮家令兼勤被仰付候事
同年十二月十二日　宮內省七等出仕被仰付候事○同年同月同日　閑院宮
竝伏見宮家令兼勤被仰付候事
壬申年十月九日　北白川宮家令兼勤被仰付候事
明治六年二月廿八日　閑院宮家令兼勤被免候事
同六年八月二日　世襲宮家令等級九等ト被改
明治六年八月廿二日　免出仕

七七

愛媛縣士族元宇和島　井關盛艮齋右衛門

戊辰年正月　徵士外國事務掛參與助勤被仰付候事但長崎在留可致事

同年二月廿日（廿日朱書）徵士參與職外國事務局判事被仰付候事

同年三月　横濱在勤被仰付候旨御沙汰候事

（一行原朱）
同年閏四月廿一日　廢三職八局

同年六月十七日（十七日朱書）是迄之職務被免神奈川府判事被仰付候事

同年七月　兼市政裁判所御用被仰付候事

同月　兼鎭臺府會計御用被仰付候事

（二行原朱）
同月十七日　廢鎭臺府

同日　廢市政裁判所置東京府

同年八月　神奈川府判事東京府出勤被仰付候事

同月十日　伊斯波尼亞國和親貿易條約取結之儀願出候處御許容相成右條約取結之全權東久世中將ヘ御委任被爲在候ニ付同樣取扱候樣被仰付候事

同月　瑞典那耳回國和親貿易條約取扱之儀願出候處御許容相成右條約取

結之全權東久世中將ヘ御委任被爲在候ニ付同樣可取扱旨被仰付候事
同年九月十九日　是迄之職務被免外國官判事被仰付橫濱在勤可致事
同年十月　敍從五位下
同月　位記返上之儀願之通被聞食候事
同年十一月廿七日（廿七日朱書）　獨乙國北部聯邦新條約取結全權東久世中將ヘ御委任被爲在候ニ付同樣取扱候樣被仰付候事
己巳年正月廿七日　御用多端之折柄ニ付來ル三十日ヨリ忌服被免出勤被仰付候事
同年四月十七日　神奈川知縣事兼勤被仰付候事
同年七月十日　任外務大丞
同月十九日　兼任神奈川縣權知事
同年十一月七日　敍從五位
同月九日　免本官專任神奈川縣權知事（任解日錄二十日トス）

庚午年正月十日　民部大藏權大丞之心得ヲ以テ本省ヨリ其縣ヘ出張之事務可取計事
同年十月八日　任神奈川縣知事
辛未年六月十五日　民部大藏權大丞之心得ヲ以テ事務取扱之儀被免候事
同年八月十二日　免本官○同日　御用滯在被仰付候事
同年十一月廿七日　任宇和島縣參事
同年十二月十二日　任名古屋縣權令
（一行原朱）
壬申年四月二日　改名古屋縣稱愛知縣
明治六年五月三十日　免本官○同日　御用滯在被仰付候事
同年十月十三日　任島根縣權令
同七年十月十九日　任島根縣令
同八年六月五日　兼任五等判事
（二行原朱）
同九年丙子二月十日　依願免兼官

同年五月十二日　依願免本官

七八　鹿兒島縣士族　大山綱良格之助
文政八年乙酉十一月生

慶應改元明治戊辰正月六日　征討將軍宮軍事參謀被仰付候事○同日　大坂出張被仰付候事

同月十五日　今般四條少將中國四國征討總督トシテ發向ニ付隨行被仰付候事

二月廿九日　奥羽鎭撫總督九條左大臣副將澤三位醍醐少將下向ニ付參謀被仰付候事

同年七月十五日　鍋島上總出陣被仰付候條諸事無伏臟遂示談同心合力速ニ平治ノ功ヲ奏シ可奉安宸襟御沙汰候事

同月同日　當春出陣後賊徒猖獗殊ニ仙臺其他諸藩反覆候ニ付テハ賊軍ノ中ニ孤立シ千辛萬苦益大義ヲ重シ勉勵候條其忠精篤志神妙ニ被思召候

此後時月遷延及沍寒候テハ不容易儀ニ付此度肥因及諸兵隊迅速被差向候間諸軍ヲ皷舞シ同心戮力直ニ賊ノ巣窟庄内ヲ屠リ奥越ノ官軍ト相應シ速ニ平定ノ功ヲ奏シ可奉安宸襟御沙汰候事

同月　當春以來賊軍ニ於テ櫛風沐雨久敷金穀輸送之道モ相絶兵士ヲ引率シ現地之艱難其情深ク御憫察被爲遊乍些少金貳百兩思食ヲ以下賜候事

同年十一月十八日　春來久々之軍旅勵精盡力殊ニ賊中ニ孤立シ千辛萬苦遂ニ東北平定ノ功ヲ奏シ候段叡感不淺候今度凱旋ニ付不取敢爲御太刀料金三百兩下賜候事

同年十二月十六日　征討ニ付參謀トシテ出張遠路跋渉攻撃奏功既ニ東京於テ被爲慰軍勞候得共今般凱旋ニ付不取敢賜酒肴候事但春來兵事ニ付大宮御所ニモ御內々御憂襟被爲在征討兵士ノ難苦恤敷被思食日夜平定而已御祈念ノ折柄今般凱旋之趣御內聽被爲在御喜悅不斜候猶又御留守中ニ付歸陣之者厚ク慰勞候樣御內諭被爲在候事

同二年己巳二月十二日　御用有之ニ付至急東京ヘ可罷出旨御沙汰候事

同年六月二日　戊辰之春以來參謀ノ命ヲ奉シ奥羽出張諸藩反覆ニ依テ賊中ニ陷リ大節ヲ以兵氣ヲ皷舞シ千辛萬苦益奮勵竟ニ奏功ニ及候段叡感不淺仍テ爲其賞八百石下賜

高八百石　依軍功永世下賜候事

同四年辛未八月廿三日　任鹿兒島縣大參事

(原朱)同年十一月十四日　廢鹿兒島縣更置同縣(原墨)○同日　任鹿兒島縣參事

同五年壬申十一月十日　叙從六位

同六年癸酉四月十九日　任鹿兒島縣權令

同年六月廿五日　叙正六位

同七年甲戌三月十七日　御用有之候條縣地ノ事務見計上京可致此旨相達候事

同年四月廿八日　霧島神宮鹿兒島神宮御祭典ニ付參向被仰付候事

同年十月五日　任鹿兒島縣令
同八年乙亥二月廿四日　叙從五位
同年六月五日　兼任五等判事
同年十二月十三日　依願免兼官
同十年丁丑三月十七日　官位被褫候事

七九　山口縣士族　楫取素彦

文政十二年己丑三月生

明治元年戊辰正月十日　徵士參與職被仰付候事
同月廿日　制度寮掛被仰付候事
同年二月廿日　願ノ趣有之徵士參與職制度事務局判事被免候事
同五年壬申二月三日　足柄縣七等出仕被仰付候事
同年八月九日　任足柄縣參事
同年十一月十二日　叙從六位

同七年甲戌七月十九日　任熊谷縣權令
同月廿二日　舊官事務引繼ノ爲足柄縣ヘ出張被仰付候事
同年十一月五日　叙正六位
同九年丙子四月四日　宣同月七日受　任熊谷縣令
同年五月廿三日　叙從五位
(原朱)
同年八月廿一日　改熊谷縣稱群馬縣

八〇

京都府元非藏人　中川對馬元續

戊辰年二月廿日　參與職內國事務局判事被仰出候事
同年閏四月十一日　三條大納言爲關東監察使下向被仰出候間附屬被仰付候事
(二行原朱)
同月廿一日　廢三職八局
同年六月九日　是迄之職務總テ被免候事

同年七月十二日　軍務官權判事被仰付候事
己巳年五月廿日　勤仕中格別勵精之段神妙之事ニ候今度官員御減省ニ付
是迄之職務被免候事
同年六月二日　昨年賊徒掃攘之砌軍事盡力候段太儀被思召仍爲其慰勞目
錄之通下賜候事
庚午年十一月廿日　御用有之東京へ可罷出事
同年十二月廿日　任內膳權正
（原朱）
辛未年八月十日　廢官

八一　松尾相保 伯書

慶應改元明治戊辰二月七日　參與職辨事被仰出候事
同年六月九日　是迄之職務總テ被免候事
同年七月十二日　神祇官權判事被仰付候事

同二年己巳六月二日　昨年賊徒掃攘之砌軍事盡力之段太儀被思食仍爲其
　慰勞目錄之通下賜候事
同年八月十四日　是迄之職務被免候事
同三年庚午九月十九日　當分制度局出仕被仰付候事
同年十一月八日　任宮內權少丞○同日　敍正七位
同四年辛未六月廿二日　御用有之京都へ被差遣候事
同年七月廿日　免本官

八二　松室豐後

慶應改元明治戊辰二月廿日　參與職制度事務局判事被仰付候事
同年五月　權辨事被仰付候事
同年十一月九日　權辨事被免候事
同月十三日　今度是迄之職務被免就テハ最前御用多之折柄勵精ニ付此品

下賜候事

八三

京都府士族　鴨脚光長　加賀

丁卯年十二月九日　三職御用掛被仰付候事
戊辰年二月廿日　參與職會計事務局判事被仰付候事
同月廿五日　會計局御用向一同申談可取計事ニ候ヘ共定式御用專ラ引受可相勤事
（一行原朱）
同年閏四月廿一日　廢三職八局
同年五月十九日　會計官權判事被仰付候事
（三行原朱）
己巳年五月（七月八日受）　勤仕中格別勵精之段神妙之事ニ候今度官員御減省ニ付是迄ノ職務被免候事
同年七月廿五日　任内宮少丞
（二行原朱）
庚午年正月十一日　勤仕中格別勵精之段神妙之事ニ候今度御改革ニ付本

官被免候事

八四　東京府華族元京都　近衛忠房　天保十戊戌年八月生

叙從一位

戊辰年二月二日　神祇事務總督被仰出候事
同年二月廿日　議定職刑法事務局督被仰出候事
閏四月廿一日（一行原朱）　廢三職八局
同年五月廿日　議定職刑法事務局督被免候事
同年九月十二日　神祇官知事被仰出候事
己巳年五月廿日　是迄之職務被免候事
庚午三月十二日　叙正二位辭退
庚午年九月十八日　神祇官出仕被仰付候事但大副準席之事
同年十二月廿六日　任神祇大副

辛未年正月廿八日　兼任神宮祭主
辛未三月廿四日　加茂祭奉幣使被仰付候事○同日　松尾祭吉田祭奉幣使
被仰付候事
同年四月五日　加茂祭松尾祭吉田祭奉幣使依願被免候事
同年六月七日　氷川社祭奉幣使被仰付候事
同年六月廿五日　免本官並兼官
同月廿八日　麝香間祇候被仰付候事
同年七月四日　任神宮祭主○同日　神宮御改正御用ニ付至急出張被仰付
候事
壬申年四月廿八日　兼補權少敎正
同年六月十三日　兼補大敎正
明治六年七月十六日　薨ス

東京府華族元京都　白川資訓

八五

慶應改元明治戊辰正月十七日　神祇事務總督被仰出候事
同年二月廿日　參與職神祇事務局輔被仰出候事
同月廿七日　議定職神祇事務局督被仰出候事
同年三月　大坂行幸供奉被仰出候事
同月廿日　叙正三位
（一行原朱）
同年閏四月廿一日　廢三職八局
同年五月廿日　議定職神祇事務局督被免候事
同年九月　東京行幸供奉被仰付候事
同二年己巳三月　東京行幸供奉被仰付候事
同年七月八日　任神祇大副
同三年庚午十二月廿六日　免本官〇同日　神祇官出仕被仰付候事
同四年辛未正月　八神殿取調御用ニ付上京被仰付候事

同年八月五日　任神祇大掌典
（一行原朱）
同月八日　廢神祇官置神祇省
同月廿九日　扱穂使參向被仰付候事
（一行原朱）
同五年壬申三月十四日　廢神祇省
同月廿日　任大掌典
同年四月十日　東照宮祭參向被仰付候事
同年六月十二日　氷川神社祭參向被仰付候事
同年七月廿三日　鎌倉祭參向被仰付候事
同年八月九日　式部寮七等出仕大掌典兼勤被仰付候事
同年十一月十七日　免兼官
同六年癸酉三月九日　免出仕○同日　織物壹卷下賜候事
同年十一月十五日　式部寮御用掛被仰付候事但月給百圓被下候事
同月三十日　式部寮御用掛被免候事

徵士參與職ノ事職務進退錄四月二十三日ニ收メ註ニ云行在所ニテ被召出ト

八六　横井平四郎 時存

戊辰年三月七日　御用候間早々上京可有之事

戊辰年三月廿三日　徵士參與職被仰付候事

戊辰年閏四月　參與職被仰付候事

同月五日　徵士參與職制度事務局判事被仰出候事

同月廿一日　廢三職八局

同日　參與職被仰出候事○同日　叙從四位下辭退

同月廿八日　今度御制度御改正二等三等相當ノ位新ニ被授候ニ付應其階級衣冠賜之候事

己巳年正月五日　死

同日　今日退朝之途中ニ於テ危難ニ遇候趣達天聽御驚愕被爲在不取敢侍臣長谷少納言ヲ以御尋被下候事

同月六日　細川中將ヘ御達
舊家來横井平四郎儀昨五日退朝之途中横死之趣不愍ニ被思食候依之右葬禮式等之手當トシテ金三百兩被下候間厚ク相營可申候事

八七

石川縣士族元福井　中根雪江師質靱負
文化四年丁卯七月生

慶應三年丁卯十二月十二日　參與職被仰付候事
同改元明治戊辰正月十九日　徵士被仰付候事○同日　內國事務掛被仰付候事
同年二月十六日　今度外國人上京參內ニ付御用掛被仰付候事
同月十七日　大坂出張被仰付候事
同月廿日　徵士參與職內國事務局判事被仰付候事
（一行原朱）同年閏四月廿一日　廢三職八局
同年五月三日　徵士被免候事

同日　兼テ勤王之志不薄就中御政務御一新ニ付官代出仕勉勵之段神妙之至被思召候依之爲勤勞之賞賜此品候猶何時被爲召候儀モ可有之候間此旨可心得事

赤地金襴　御文庫入御印籠一御盃三

同二年己巳九月廿六日　太政復古之時ニ際シ其藩ヲ助ケ力ヲ皇室ニ盡シ候段叡感不淺仍賞其功勞祿四百石下賜候事

高四百石　依功勞永世下賜候事

八八

京都府士族元綾部

九鬼隆一

嘉永五年壬子十一月生

明治二年己巳十一月　任權少參事　綾部藩

同三年庚午正月　依願免本官　綾部藩

同五年壬申四月七日　十一等出仕申付候事　文部省

同年七月十二日　十等出仕申付候事　文部省

同年九月廿四日　文部省七等出仕被仰付候事

同六年癸酉四月十二日　御用有之歐米各國へ被差遣候事

同年十一月十六日　歸朝

同七年甲戌一月廿七日　補文部省六等出仕

同年四月十日　任文部少丞

同年六月十四日　叙正六位

同年十一月八日　補文部省四等出仕

同八年乙亥二月廿四日　叙從五位

同九年丙子二月廿三日　任文部大丞○同日　兼任一等法制官○同日　田中文部大輔美國出張中事務代理被仰付候事

同十年丁丑一月十日　田中文部大輔歸朝ニ付事務代理被免候事

（原朱）同年同月十一日　廢官（原墨）○同日　任文部大書記官兼一等法制官如故

（一行原朱）同年同月十八日　廢法制官

同月廿六日　兼任太政官大書記官

同月廿七日　文部大輔洋行中省務擔任勉勵ニ付爲其賞別紙目錄之通下賜候事

金貳百五拾圓

同年十二月廿五日　佛國巴里府萬國博覽會へ被差遣候事

同十一年戊寅六月廿六日　佛國博覽會御用掛被仰付候事

同十二年己卯五月八日　歸朝

同年七月九日　法朗西共和國政府ヨリ贈賜シタルシワリヱードラレジオンドノール勳賞ヲ受領シ及佩用スルヲ允許ス○同日　法國文部卿ヨリ贈與シタルヲフヒシユードランストリユクシヨンプユブリツクノ記章及佩用スルヲ允許ス

同年八月十九日　伊太利國皇帝陛下ヨリ贈賜シタルオフイシアルデルロルディヌデルラコロナディタリヤ勳章ヲ受領シ及佩用スルヲ允許ス

同年十二月廿七日　叙勳四等
同十三年庚辰二月廿八日　任文部少輔
同年五月廿四日　叙正五位
同年十一月十一日　內國勸業博覽會審査副長被仰付候事
同月三十日　兼任議官
同年十二月廿日　叙從四位
同月廿七日　學事巡視ノ爲メ兵庫岡山廣島山口四縣下ヘ出張被仰付候事

八九

東京府華族元京都　九條道孝優麿

明治元戊辰年二月廿六日　奥羽鎭撫總督被仰付候事
同年閏四月廿二日　叙從一位
同年七月十五日　當春出陣後賊徒猖獗殊ニ仙臺其他諸藩反覆候ニ付テハ賊軍之中ヘ孤立シ千辛萬苦益大義ヲ重シ勉勵候條其忠情篤志神妙ニ被

思食候此後時月遷延及冱寒候テハ難苦不容易儀ニ付今度肥因及諸兵隊迅速被差向候間諸軍ヲ皷舞シ同心戮力直ニ賊之巣窟庄内ヲ屠リ奥越之官軍ト相應シ速ニ平定之功ヲ奏シ可奉安宸襟御沙汰候事

同年七月十五日　當春以來賊軍中ニ於テ梳風沐雨久敷金穀輸送之道モ相絶兵士ヲ引卒シ現地之艱難其情深ク御憫察被爲遊乍些少思召ヲ以テ金七百兩拜領被仰付候事

同二己巳年五月廿三日　御用有之ニ付至急東下可致事

同年六月二日　戊辰之春奥羽鎭撫之命ヲ奉シ諸藩反覆之際ニ處シ不容易艱難ヲ經日夜勉勵兵氣ヲ皷舞シ竟ニ奏功ニ及ヒ候段叡感不斜依テ爲其賞八百石下賜候事

高八百石　依軍功永世下賜候事

同月廿六日　任彈正尹

同三庚午年三月廿八日　彈例之儀ニ付其掌ヲ失ヒ候段不束之次第ニ付謹

慎被仰付候事
同年四月廿八日　謹慎被免候事
同四辛未年二月　大坂造幣寮御開ニ付出張被仰付候事
同年六月廿五日　免本官
同月廿八日　麝香間祗候被仰付候事

九〇　東京府華族元曾我野　戸田忠至間瀬和三郎大和守

叙従五位下舊位
慶應三年丁卯十二月十四日　參與被仰付候事
同改元明治戊辰二月廿日　參與職會計事務局判事被仰出候事〇同日　御臺所口向等取締被仰出候事
同年二月廿二日　山陵修補奉行被仰付候事
同月廿五日　會計局御用向一同申談可取計事ニ候ヘ共御所向御用専ラ引

受可相勤事
同年四月廿九日　京都裁判所副總督兼勤被仰出候事
（一行原朱）同年閏四月廿一日　廢三職八局
同月廿二日　多年山陵御修覆且御臺所御用取締向致精勤爲其賞位階一級
被進候事〇同日　叙從四位上
（一行原朱）同年閏四月廿九日　廢京都裁判所
同年五月二日　依別段之儀九門内切棒通行被許候事
同年五月廿二日　御醫支配被仰付候事
同月廿四日　權辨事被仰付候事
同年七月廿八日　當官ヲ以テ山陵副管被仰出候事
同二年己巳正月四日　宿番再三願之趣神妙ニ被思召候依之願之通被仰付
候事
同年己巳四月八日　權辨事被免辨事被仰付候事

同月十四日　辨事被免內辨事被仰付候事
同年五月八日　給祿取調御用掛被仰付候事
同月十九日　依願隱居被仰付候ヘ共當官之儀可爲是迄之通旨被仰付候事
同年七月八日　任宮內大丞
同年八月廿四日　中宮御所御下向ニ付御用掛被仰付候事
同年九月十三日　兼任諸陵頭
同年十二月十二日　先年來山陵修營中奔走盡力失費不少依之金七千兩下賜候事
同四年辛未七月廿日　依願免本官專任諸陵頭
（一行原朱）同年八月四日　神祇官中廢諸陵寮
同月五日　任神祇少祐
（一行原朱）同月八日　改神祇官稱神祇省
同月九日　任神祇少丞

同月十七日　叙正四位
同月廿七日　神宮神嘗祭參向被仰付候事
同年九月朔日　例幣使參向被仰付候事
同年十月十日　氷川社大祀班幣使被仰付候事
同五年壬申二月三日　祈年祭ニ付皇靈ヘ奉幣使被仰付候事
同年三月十四日　廢神祇省
（一行原朱）
同年四月十九日　直垂地一卷下賜候事
同年五月廿二日　式部寮六等出仕被仰付候事
同年六月二日　氷川祭參向被仰付候事
同年七月十八日　男山祭參向被仰付候事
同月廿日　井伊谷祭參向被仰付候事
同年十一月十四日　多年力ヲ山陵御修營ノ事ニ盡シ且御一新以來引續キ在官老年迄勉勵候段神妙ニ被思召候今度願之通出仕御免被聞召候事

同十六年癸未三月卅日　特旨ヲ以テ位一級被進候事○同日　叙從三位○

同日　薨

同年四月四日　維新ノ際奉職勉勵且積年山陵修補ノ事ニ盡力候ニ付特旨

ヲ以テ爲祭粢料金五百圓下賜候事

九一

石川縣士族元福井　由利公正三岡八郎

丁卯年十二月十八日　徵士參與職被仰付候事

同月廿三日　聞食入候儀有之御用金穀取扱之儀取締被仰付候尤參與ノ儘

勤仕可致御沙汰候事

同月廿六日　九條家ヲ以假太政官代被設候ニ付御用掛被仰付候事

戊辰年四月九日　會計事務掛兼制度寮掛被仰付候事

同年二月廿日　徵士參與職會計事務局判事被仰付候事

同月廿五日　會計局御用向一同申談可取計事ニハ候得共御國務御基金並

金銀座御改正等之儀御委任被成候間右ノ心得ニテ尚此上盡力可相勤候事

同年四月廿二日　敍從四位下

(原朱)同年閏四月廿一日　廢三職八局(原墨)○同日　參與職被仰付候事

同月廿八日　今度御制度御改正一等二等相當ノ位新ニ被授候ニ付應其階級衣冠賜之候事

同年十一月二日　至急御用有之候ニ付早々東京へ可罷下旨被仰付候事

同年十二月四日　東京在勤被仰付候事

同月十二日　皇居御造營掛被仰付候事

同月廿四日　至急御用有之早々上京被仰付候事但御用相濟次第直樣東京へ可罷出候事○同日　春來勤務太儀被思召依之目錄ノ通下賜候事

金壹萬匹

同二年己巳二月四日　當官ヲ以テ造幣局掛兼勤被仰付候事○同日　當官

ヲ以テ當分大坂府知事御用取扱被仰付候事
同月五日　當官ヲ以テ治河掛兼勤被仰付候事
同月十四日　至急御用有之候間早々上京可致旨御沙汰候事
同月十七日　會計御用竝大坂府知事御用取扱治河造幣掛等兼勤總テ被免
候事
同年七月八日　廢官
（一行原朱）
同三年庚午九月十九日　會計官奉職中不都合ノ次第有之依之謹愼被仰付
候事
同年十月十日　謹愼被免候事
同月廿日　御用有之東京ヘ罷出候樣被仰付候事
同年十二月二日　太政復古ノ時ニ方テ度支ノ職ヲ奉シ今日ノ丕績ヲ賛ケ
候段叡感不斜仍テ賞其勳勞祿八百石下賜候事
高八百石　依勳功永世下賜候事

同四年辛未三月八日　福井藩廳出仕被仰付候事

同年六月十九日　先般福井藩廳出仕被仰付置候處自今大參事ノ心得ヲ以
事務取扱候樣更ニ被仰付候事

同月廿三日　御用有之東京ヘ可罷出候事

同年七月廿三日　任東京府知事

（原朱）同年十一月十四日　廢東京府更置同府（原墨）○同日　任東京府知事

同五年壬申五月二日　特命全權大使隨行歐洲各國ヘ被差遣候事

同年七月十九日　十二月廿日受　免本官

同六年癸酉二月十日　歸朝○同日　御用滯在被仰付候事

同七年甲戌九月七日　御用滯在被免候事

同八年乙亥四月廿五日　任議官

同年十二月七日　年給三千五百圓下賜候事

同九年丙子二月九日　除服出仕

同年十二月十八日　依願免本官

九二

鹿兒島縣士族　小松清廉帶刀

明治元年戊辰正月　顧問參與當分外國事務掛兼被仰付候事

同年二月廿日　徵士參與職總裁局顧問被仰出候事〇同日　當分外國事務掛被仰出候事

同年三月廿四日　外國事務局判事兼勤被仰付候事

(原朱)同年閏四月廿一日　廢三職八局(原墨)〇同日　是迄之職務被免參與更ニ被仰付候事〇同日　叙從四位下辭退

同月廿八日　今般御制度御改正二等三等等相當之位新ニ被授候ニ付應其階級衣冠賜之候事

同年五月十日　當官ヲ以テ關東表ヘ下向被仰付候事

同月廿三日　當官ヲ以テ大坂府在勤被仰付候事

同年九月三日　當官ヲ以外國官副知事被仰付候事
同月十日　御東幸御用ニ付東京先着被仰付候事
同年十月十五日　叙從四位下
同年己巳五月十五日　是迄之職務被免候事
同年九月廿六日　積年心ヲ皇室ニ存ス戊辰ノ春太政ニ預參シ日夜勵精以テ中興ノ丕績ヲ贊ケ候段叡感不斜仍爲其勳勞賞祿千石下賜候事
高千石　依勳勞永世下賜候事
同三年庚午七月十二日　御用有之東京住居被仰付候間病氣全快次第可罷出候事

九三

宮崎縣士族元高鍋　坂田莠

明治元年戊辰四月廿八日　徵士內國事務局權判事被仰付候事
同年閏四月廿一日　是迄之職務被免權辨官事被仰出候事

同年五月九日　權辨官事其儘寺院掛專務被仰付候事
同月廿四日　當官ヲ以議長之場相勤候樣被仰付候事
同年十一月九日　徵士權辨事被免候事
同月十二日　今度是迄之職務被免就テハ最前御用多之折柄勉勵ニ付此品
下賜候事
（一行空キ）
任高鍋藩權大參事
同四年辛未十一月廿日　任新川縣參事
同年十二月十八日　免本官
（一行空キ）
任日向國都農神社宮司　內務省
同十二年己卯十二月十八日　任大和神社宮司
同月廿七日　兼補權少敎正
同十三年庚辰五月三十一日　敍正七位

九四　東京府士族元京都　吉田卜部良榮遠江

丁卯年十二月九日　三職御用掛被仰出候事

戊辰年二月廿日　參與職軍防事務局判事被仰出候事

同年三月　御親征大坂行幸供奉被仰出候事

(一行原朱)

同年閏四月廿一日　廢三職八局

同年五月九日　權辨官事被仰付候事

同月廿日　依願權辨官事被免候事

同月廿四日　軍務官書記被仰付候事

同年六月廿二日　軍務官權判事被仰付候事

同年七月廿三日　當官ヲ以東北遊擊軍將附屬被仰付候事

同年十一月二日　久々之出張苦勞

(未完)◎校訂者識以下原書記載ナシ

九五　東京府華族元京都　吉田卜部良義 丸登毛

戊辰年二月廿日　參與職神祇事務局輔被仰出候事
同年三月廿一日　大坂行幸內侍所供奉被仰出候事
（一行原朱）
同年閏四月廿一日　廢三職八局
同年五月廿日　參與職神祇事務局輔被免候事
同年十月十二日　皇學所御用掛被仰出候事
己巳年正月五日　叙正三位
（一行原朱）
同年九月十二日　廢皇學所
同年十二月廿三日　宮中勤番被仰付候事
庚午年十二月三日　皇太后宮職勤番被仰付候事

辛未年二月廿五日　東京參向被仰付候事　（未完）

九六　京都府華族　植松雅言

明治元戊辰年二月廿日　參與職被仰出候事

同月　神祇事務局權判事被仰出候事

同月　神祇事務局判事加勢被仰出候事

（一行原朱）同年閏四月廿一日　廢三職八局

同月廿八日　是迄之職務被免神祇官判事被仰出候事

同年十二月四日　東京在勤被仰付候事

己巳年正月四日　氷川社遷宮御用掛被仰付候事

同年七月廿七日　任神祇權大祐

庚午年七月十日　北野祭奉幣使被仰付候事

同年十二月　在勤中職務勉勵候ニ付官祿三分一終身下賜候事

同四辛未年正月十八日　免本官
同年四月八日　先般在勤中官祿三分一終身下賜候處御詮議之筋有之御取消相成候事○同日　金二百兩　右下賜候事

九七

愛宕大夫通旭

參與職被仰出候事
戊辰年二月廿日　軍防事務局親兵掛被仰出候事
同年五月廿日　參與職親兵掛被免候事
同年八月十二日　神祇官權判事被仰付候事
同年十月晦日　神祇官判事被仰付候事
同年十一月八日　新嘗祭參勤被仰付候事
同二年己巳正月廿四日　除服出仕
同年五月廿日　勤仕中格別勵精之段神妙被思食候今度官員御減省ニ付是

迄之職務被免候事

九八　　堤哲長

戊辰二月廿日　參與職被仰出候事○同日　制度事務局補加勢被仰付候事

九九　　東京府華族元京都　五辻安仲大夫

丁卯年十二月　書記御用掛被仰出候事

戊辰年二月廿日　參與職被仰出候事○同日　內國事務局判事加勢被仰出候事

同月廿六日　內國事務局權判事被仰出候事

同年三月　御親征大坂行幸供奉被仰出候事

同年閏四月十二日　當分辨事被仰出候事（原墨）

（原朱）同年閏四月廿一日　廢三職八局○同日　權辨事被仰出候事

同年五月十日　任彈正大弼舊官　叙從四位下○同日　辨官事被仰出候事
同年六月　辨事職格別繁務ニ付爲勤勞之賞紫組掛緒被許候事
同年八月　東京行幸御道筋御先著被仰出候事
同年十二月　還行ニ付御道筋御先著被仰付候事
己巳年三月　東京御再幸供奉被仰付候事
同年六月廿二日　來ル廿九日招魂祭ニ付勅使トシテ參向被仰付候事
同年七月八日　任少辨○同月廿三日（以下欠）

一〇〇　土肥典膳

戊辰二月廿日　參與職會計事務局判事被仰出候事
戊辰二月　參與軍防事務局權判事被仰付候事
同年五月三日　兼テ勤王之志不薄就中御政務御一新ニ付官代出仕勉勵之段神妙之至被思召候依之爲勤勞之賞賜此品候猶何時被爲召候儀モ可有

之候間此旨可相心得事

一〇一　　東京府華族元京都　萬里小路通房
萬里小路博房男

慶應改元明治戊辰二月廿日　參與職被仰出候事〇同日　軍防事務局親兵掛被仰出候事

(原朱)
同年閏四月廿一日　廢三職八局(原墨)〇同日　叙從四位下

同年七月十日　河鰭太夫御用ニ付上京中錦旗奉行加勢被仰付候事

同月廿九日　鎭將府辨事被仰付候事

同年八月二日　御旗監被仰付候事但當分參謀助勤被仰付候事

同月九日　當分大總督府參謀兼勤被仰付候事

同年十月　水戸表不穩形勢ニ付爲鎭定急速出張可有之旨御沙汰候事

同月三十日　春來久々之軍旅大總督宮ヲ輔翼シ謀略其宜ヲ得東北速ニ平定之功ヲ奏シ候段叡感不淺候今般凱旋ニ付不取敢此品下賜候事

御旗監宣旨職務進退錄ヲ按スルニ但書ナシ鎭將府日誌東征總督記九月トシ當分ノ下(ノ)處ノ二字アリテ被仰付ニ(可有之)ニ作ル

同年十一月二日　軍務官副知事助勤被仰付候事但暫時東京在勤可有之事
同年十二月朔日　軍務官副知事助勤被免候事
同二年己巳正月三十日　今般毛利宰相中將ヘ爲勅使被差遣候間山口表ヘ下向可致旨被仰出候事
同年六月二日　戊辰之夏東京ニ到リ御旗ヲ監シ亦大総督ニ參議シ職務勉勵之段叡感被爲在依テ爲其賞百石下賜候事
高百石　依軍功永世下賜候事

一〇二　京都府士マヽ　中沼之舜了三

己巳年正月廿日　漢學所御用掛ヲ以侍講被仰付候ニ付格別之思召ヲ以叙位候事〇同日　叙從六位下
同年三月九日　一等教授之心得ヲ以テ昌平學校ヘ出仕被仰付候事
同年六月二日　戊辰正月參謀之命ヲ奉シ伏見之役大坂出張大儀ニ被思食

仍爲其慰勞目錄之通下賜候事
同年十月二日一作十二日　叙正六位
辛未三月廿二日　御不審之筋有之鹿兒島藩へ御預被仰付候事
同年四月十三日　免本官但位記返上之事
同年四月廿九日　御不審之筋有之鹿兒島藩へ御預ヶ之處差免シ本籍へ復
歸申付候事但追テ相違候迄他管轄所へ出行禁止候事

一〇三　宮城縣平民　富田鐵之助

己巳年七月　米國留學申付候事　大學校
壬申年三月二日　紐育在留領事心得被仰付候事　特命全權大使
明治六年二月廿日三月七日受　任副領事
同年三月七日　米國紐育在勤被仰付候事
同年六月廿五日　叙正七位

遂ニ任ニ赴カス

同七年七月廿日　歸朝但一時

同九年丙子八月十一日　御用有之歸朝可致事

同年十月廿七日　歸朝

同年十一月廿五日　清國上海領事館在勤被仰付候事○同日　任總領事

同年十二月十九日　清國上海在勤鎮江漢口九江寧波兼轄被仰付候事

同年十二月廿日　叙正六位

同十年丁丑一月廿三日　任外務少書記官

同十一年戊寅十二月九日　任外務一等書記官○同日　在英公使館在勤被
仰付候事

一〇四　山形縣士族元酒田　高木三郎

明治五年壬申二月十六日　九等出仕申付候事　外務省○同日　米國在留
辨務使館書記可相勤事　同上

同六年癸酉三月十七日　代理公使森有禮歸朝中在米臨時代理公使ノ職可相勤事　同上

同年六月廿日　帝國日本政府ト合衆國米利堅政府郵便交換ニ付條約取組ノ儀森代理公使ヘ御委任相成候處同人歸朝中ハ右事務代理可致事

同年七月六日　臨時代理事務可引渡事　外務省

同月十七日　郵便交換條約取組ノ儀森代理公使歸朝中ハ右事務代理可致旨相達置候處今般矢野二等書記官ヘ代理被仰付候條同人ヘ可引渡事

同年十二月四日　宣七年一月廿七日受　任副領事〇同日　桑港在勤被仰付候事

同七年甲戌六月十四日　叙正七位

同九年丙子九月廿三日　任領事〇同日　米國紐育府在留被仰付候事

同十年丁丑三月廿九日五月八日受　叙從六位

同十三年庚辰二月十九日　御用有之歸朝被仰付候事

同年十一月廿七日　依願免本官

一〇五　東京府士族　北島秀朝（千太郎 時之助）

明治元年戊辰正月　東山道總督府大監察被仰付候事
同年五月　民政裁判所判事助勤被仰付候事
同年六月九日　徴士江戸鎭台府判事被仰付候事
同月十七日　江戸鎭臺府判事輔（マヽ）助今般改テ被仰出候事
（一行原朱）同年七月十七日　廢鎭臺府置鎭將府
（原朱）同年十月十九日　廢鎭將府（原墨）〇同日　今般鎭將府被廢候ニ付是迄ノ職務被免候事
同月廿日　會計官判事被仰付候事但東京在勤可有之事〇同日　叙從五位下
同月廿三日　會計官判事被免東京府判事被仰付候事

同年十二月四日　東京在勤被仰付候事
同二年己巳三月廿日　本官ヲ以テ東京開墾局御用掛兼勤被仰付候事
同年五月　當官ヲ以テ下総國開墾局知事兼勤被仰付候事但開墾專務可爲候事
同年七月十五日　任東京府權大參事
同年九月廿六日　戊辰江城新ニ定ルノ時ニ當テ專ラ民政ヲ修メ日夜鞅掌奉職勉勵候段叡感不淺仍賞其勤勞祿百石下賜候事
高百石　依勳勞終身下賜候事
同三年庚午七月十七日　任東京府大參事
同四年辛未八月七日　免本官○同日　御用滯在被仰付候事
同五年壬申正月廿五日　任和歌山縣權令
同六年癸酉一月十五日　任和歌山縣令
同年十月十三日　依願免本官○同日　御用滯在被仰付候事

同七年甲戌四月廿九日　任佐賀縣令
同（二行原朱）九年丙子四月十八日　廢佐賀縣
同年五月廿二日　任長崎縣令
同十年丁丑十月十日　死
同月十五日　積年力ヲ國事ニ盡シ維新以來奉職數官ヲ經歷シ格別勉勵候ニ付爲祭粢料目錄之通下賜候事　金七百圓
同日　九州地方賊徒暴擧之際警察事務多端之處殊ニ開港場ニモ有之格別勉勵候段奇特之事ニ候依ラ爲追賞目錄之通下賜候事　金三百圓

一〇六　東京府華族元京都　柳原前光

慶應三丁卯年十二月十二日　國事助筆御用掛被仰付候事
同月廿日　參與助役被仰付候事
明治元戊辰年正月五日　東海道鎭撫副総督被仰付候事

同年二月六日　今度御親征被仰出候ニ付東海道鎮撫使之處改メ可爲先鋒
副総督兼鎮撫使之旨被仰出候事
同年二月七日　參與職被仰出候事　総督如故
（一行原朱）
同年閏四月廿一日　廢三職八局
同月廿二日　叙從四位下
同年五月廿日　東海道先鋒副総督被免海陸軍大総督府參謀被仰付候事但
鎮撫使如故
同年九月十四日　任右少辨舊官
同年十月廿八日　鎮撫使被免候事但今般甲斐府御取建ニ相成候ニ付知府
事到着萬端引渡相濟候上歸京可有之旨御沙汰候事
同年十月廿九日　依願海陸軍大総督府參謀被免候事
同二己巳年正月三十日　今般島津中將ヱ爲勅使被差遣候間鹿兒島表ヘ下
向可致旨被仰出候事

同年二月　御東幸供奉被仰付候事

同年三月六日　紫組懸緒被許候事

同年六月二日　戊辰正月海道進軍桑名城ヲ收メ甲府ヲ經テ遂ニ東京ニ到リ又総房ニ出馬日夜勉勵兵氣ヲ皷舞シ職掌ヲ遂ケ候段叡感不淺仍テ爲其賞三百石下賜候事

高三百石　依軍功永世下賜候事

同日　朕惟復皇道之衰濟天下之溺一資汝有衆之力而其建節嚴疆宣威遠方艱苦盡瘁無所不至朕切嘉奬之乃頒賜以酬有功顧前途甚遠矣厥克翼賛大成朕益有望汝有衆汝有衆其懋哉

同年十月廿九日　外務省出仕被仰付候事但大丞准席之事

同三庚午年四月廿三日　任外務權大丞

同年五月十九日　兼任文書正

同年六月廿九日　御用有之支那上海ヘ被差遣候事

同年閏十月廿四日　歸朝
同年十一月廿九日　先般清國へ被差遣候處御用向都合能取扱歸國候條爲
御賞別紙目錄之通下賜候事
御直垂地一領　金　五百兩
同月廿日　任外務大丞兼文書正如故
同四辛未年二月三日　御用有之大坂出張被仰付候事
同年三月一日　歸京
同年四月廿七日　叙正四位○同日　今般大藏卿伊達宗城欽差全權大臣ト
シ條約取結ノタメ清國へ被差遣候間爲差副同行被仰付候事
同年五月十五日　我邦清國ト壤土隣ヲ爲ス宜シク親交往來スヘシ故ニ從
二位行大藏卿藤原朝臣宗城ヲ遣ハシ委ヌルニ全權ヲ以テ隣好ヲ修メ條
約ヲ訂メシム因テ爾前光ニ命ス宗城ト心ヲ同シ議ヲ協セ以テ其事ヲ佐
ケヨ若シ宗城故アリテ事ヲ執コト能ハサレハ爾前光其レ代テ之ヲ理セ

ヨ

(一行原朱)同年八月十日　外務省中廢文書司

同月廿九日　御用有之至急歸朝可致事但隨從官員一同引纏メ歸朝可致事

同年九月十九日　歸朝

同五壬申年正月廿四日　兼任少辨務使

同年二月二日　御用有之淸國へ被差遣候事

同月十日　淸國へ被差遣候ニ付交際事務辨理可致事

同年七月八日　歸朝

同月廿七日　依願免兼官

同六癸酉年二月廿七日　特命全權大使副島種臣淸國へ被差遣候ニ付爲一等書記官隨行被仰付候事

同年七月廿五日　歸朝

同年九月三十日　任代理公使○同日　荷蘭白耳義兩國在勤被仰付候事

同年十一月廿二日　任外務大丞
同七甲戌年二月十二日　任代理公使
同月十五日　清國在勤被仰付候事
同月廿二日　任特命全權公使
同日　三等官月給下賜候事
同年六月廿三日　御用有之候條清帝謁見相濟候ハヽ一應歸朝可致事但歸朝中一等書記官鄭永寧ヘ臨時代理可申付事
同年八月七日　今般參議大久保利通全權辨理大臣トシテ清國ヘ被差遣別紙之通リ內勅幷御委任狀御附與相成候條同人ノ指揮ヲ以諸事不都合無之樣可取計候此段內達候事
同年十二月廿五日　汝前光特命全權公使トシテ北京駐劄ノ際臺灣蕃地處分ノ擧ニ付彼政府ト葛藤ヲ生スルニ方リ汝能ク委任ノ旨ヲ遵守シ義ヲ執テ屈セス反覆討論國權ヲ辱カシメス交誼ヲ保存センヿヲ期ス其苦心

想フ可シ大久保辨理大臣ヲ派遣スルニ至リ汝能ク之ヲ輔翼シ拮据殊ニ
力ム朕深ク汝カ其職ヲ竭スヲ嘉尚ス
同八乙亥年七月二日　任議官
同年十二月七日　年給四千圓下賜候事
同九年丙子四月五日　汝曩ニ臺灣蕃地ノ擧ヨリ清國ト大ニ葛藤ヲ生シ全
權辨理大臣大久保利通未タ派出セサルノ際彼國政府ト反覆辨論遂ニ成
功ニ至ル朕甚タ之ヲ嘉ミス仍テ其賞トシテ金千圓ヲ賜與ス
同十年丁丑二月十三日　御用有之京都へ被差遣候事
同月廿六日　從二位島津久光從三位島津忠義へ爲勅使鹿兒島表へ被差遣
候事
同日　今般鹿兒島表へ被差遣候ニ付左ノ件々可取計候（但御委任狀略ス）
同年十二月十五日　九州地方騷擾之際使命ヲ奉シテ鹿兒島縣ニ出張シ拮
据黽勉其事ヲ辨了候段叡感被爲在候仍テ勳二等ニ叙シ旭日重光章下賜

候事
同月廿五日　刑法草案審査委員被仰付候事
同十一年戊寅五月廿八日　刑法草案審査総裁被仰付候事
同年六月七日　任元老院幹事
同十二年己卯十月廿四日　治罪法草案審査総裁被仰付候事
同十三年庚辰三月八日　任議官兼特命全權公使○同日　魯國在勤被仰付候事○同日　一等年俸下賜候事
同月廿四日　瑞典那威國公使兼勤被仰付候事○同日　刑法幷治罪法草案審査総裁被免候事
同年十二月廿八日　刑法幷治罪法草案審査事務勉勵候ニ付爲慰勞別紙目錄之通下賜候事
緞子　壹卷　紅白縮緬　三匹

一〇七　東京府士族元秋田　平田鐵胤大角

戊辰年二月二十日　書記被仰付候事　神祇事務局

同月廿二日　參與職神祇事務局判事被仰付候事○同日　今般學校御取立ニ付テハ制度規則等取調之儀被仰付候間申談急速可取計候事

同年三月四日　神祇事務局判事被免內國事務局判事被仰付候事但學制之儀是迄之通無油斷心掛可申候事（二行原朱）

同年閏四月廿一日　廢三職八局

同年五月十九日　是迄之職務被免學校掛被仰付候事

同年九月十五日　皇學所御用掛被仰付候事

同年十二月十二日　講官被仰付候事但敎官第一等ト心得可申旨御沙汰候事○同日　玄米六拾石爲役料年々下賜候事

同月　五月以來學校御用掛相勤辛勞之儀ニ付金五十兩被下置候事

己巳年正月二十日　皇學所御用掛ヲ以今度侍講被仰付候ニ付格別之以思

召叙位候事〇同日　叙従六位上
同年二月二日　於東京兼テ學校取調之儀被仰付置候ニ付爲打合下向可致旨被仰付候事
同年四月十七日　皇學所一等教授被仰付候事
同年五月八日　當官ヲ以國史考閲御用掛被仰付候事
同月廿九日　本官ヲ以テ教導局御用掛兼勤被仰付候事
（原朱）同年七月八日　廢教導局（原墨）〇同日　教導局被廢候ニ付御用掛兼勤被免候事
同月廿七日　任大學大博士
同年八月廿二日　御用ニ付上京被仰付候事
同月廿九日　京都ニ於テ大學校御創立ニ付右御用トシテ其地へ出張諸事豊岡少監へ可相伺候事
（一行原朱）明治二年己巳十二月十七日　改大學校稱大學
庚午年四月七日　御用有之東京へ罷出候樣被仰付候事

同年七月二日　依願免本官但位記返上之事

一〇八

橡木縣士族元館林　岡谷繁實鉦吾
天保六年乙未三月生

明治二年己巳二月十五日　當分御雇ヲ以テ出仕申付候事　行政官
同年三月十四日　奥羽巡察使隨從申付候事　同上
同年五月十日　奥羽巡察使隨從申付置候處差免候事　同上
同月廿一日　出仕差免候事　同上〇同日　出仕申付候事　民部官
同月　巡察使附屬申附候事　同上
同月廿四日　徵士民部官判事試補被仰付候事
同月　本官ヲ以テ岩代國巡察使附屬更被仰付候事
同年八月廿七日　任若松縣大參事
同年十月廿五日　免本官
同六年癸酉一月十九日　水澤縣七等出仕被仰付候事

同七年甲戌一月九日　補內務省七等出仕
同八年乙亥七月七日　補內務省六等出仕
同年十月十九日　任圖書助
同年十一月十七日　叙從六位
同九年丙子四月十七日　任內務少丞
（一行原朱）
同十年丁丑一月十一日　廢官

一〇九　東京府士族　福地源一郎

明治三年庚午閏十月十七日　御用掛申付候事　大藏省
同月廿四日　伊藤大藏少輔御用ニ付米國へ被差遣候ニ付隨行申付候事
大藏省
同四年辛未六月廿八日　御用有之大坂表へ出張申付候事　大藏省
同年十月八日　今般特命全權大使歐米各國へ被差遣候ニ付一等書記官ト

シテ隨行被仰付候事
同六年癸酉七月十七日　歸朝
同年八月四日　特命全權大使事務取調御用之節々同局へ出仕被仰付候事
同八年乙亥六月十八日　補四等出仕○同日　地方官會議書記官被仰付候事
同年八月八日　地方官會議書記官被免候事
（一行原朱）
同年九月廿二日　廢官

一一〇　鹿兒島縣士族　岸良兼養七之丞

明治元年戊辰閏四月廿三日　御雇ヲ以テ議政官史官試補被仰付候事
同年五月廿三日　議政官史官更ニ被仰付候事
同二年己巳二月廿五日　議政官史官被免監察司知事被仰付候事
同年三月廿七日　久美濱縣且生野銀山事件ニ付當官ヲ以テ同所へ出張可

致様被仰付候事

同年八月十七日　任大疏　彈正臺

同年九月廿三日　任彈正大巡察

同年十月十九日　叙從七位

同三年庚午二月十三日　御勘問ノ筋有之候ニ付至急東趨可有之事　彈正臺

同年三月四日　御勘問中謹愼可有之事　同上

同月廿九日　止刑ノ儀ニ付勘問ノ筋相濟候間不及謹愼候事但在勤歸京ノ儀ハ追テ可相達候事　彈正臺

同年五月七日　東京在勤可有之事　同上

同年六月十三日　御用有之長崎表被差遣候事

同年閏十月廿日　小倉出張御用相勤候ニ付目錄ノ通下賜候事　金三千疋

同四年辛未三月廿日　任刑部少丞○同日　叙從六位

（原朱）同年七月九日　廢刑部省置司法省（原墨）○同日　追テ御沙汰候迄東京滯在可致事
同年八月廿八日　任司法少判事
同年十月廿七日　任司法權中判事
同年十二月十九日　叙正六位
同五年壬申六月十三日　司法卿江藤新平爲理事官歐州各國へ被差遣候ニ付隨行被仰付候事
同年八月五日　任司法少丞兼司法權大檢事
同六年癸酉九月七日　歸朝
同年十一月廿五日　今般臨時裁判所被開候ニ付參坐被仰付候事
同年十二月五日　免本官專任權大檢事
同月廿八日　任司法大檢事
同月廿九日　御詮議ノ次第有之參坐被解候事

同七年甲戌二月十二日　御用有之九州出張被仰付候事但参議兼内務卿大
久保利通隨行ノ心得ヲ以テ同人指令可受事
同月十八日　叙從五位
同八年乙亥五月四日　任權大檢事
同月十五日　任大檢事
同年九月廿日　叙正五位
同九年丙子四月六日　佐賀縣下暴動之際長崎其他ヘ出張盡力候ニ付爲其
賞目録之通下賜候事　金百五拾圓
同年八月廿六日　除服出仕
同十年丁丑四月二日　御用有之九州表ヘ出張被仰付候事○同日　九州地
方國事犯賊徒處刑之儀征討総督宮ヘ御委任被仰付候條同宮ノ指揮ヲ受
ケ事務可取扱事
同（原朱）年六月廿八日　廢官○（原墨）同日　任檢事長○同日　月俸三百五拾圓下賜候

事
同年十一月八日　九州地方國事犯處刑ニ付久シク該地ニ在テ黽勉事ニ從フ朕甚タ之ヲ嘉ミス
同年十二月十五日　九州地方國事犯處分ノ命ヲ奉シ各地出張拮据黽勉速ニ其事ヲ辨了候段叡感被爲在候仍テ勳三等ニ叙シ旭日中綬章竝金五百圓下賜候事
同十二年己卯十月廿五日　任判事○同日　年俸四千貳百圓下賜候事○同日　大審院長被仰付候事○同日　治罪法草案審査委員被仰付候事
同十三年庚辰一月七日　自今年俸四千五百圓下賜候事
同月十五日　叙從四位

一一　高知縣士族　谷千城

明治三年庚午二月二日　任高知藩少參事

同年十一月三日　免本官
同四年辛未四月十九日　任兵部權大丞○同日　叙正六位
同年七月廿八日　免本官○同日　任陸軍大佐
八月十五日　兼任兵部少丞
同月十八日　鎭西鎭臺第一分營出張被申付候事　兵部省
同月廿八日　鎭西鎭臺出張被免候事　兵部省
同年九月十三日　免兼官
同月廿五日　兼任兵部少丞
（一行原朱）
同五年壬申二月廿七日　廢兵部省置陸海軍兩省
同年九月二日　任陸軍少將
同年十月五日　叙從五位
同六年癸酉四月五日　熊本鎭臺司令長官被仰付候事　陸軍省
同年六月廿五日　叙正五位

同七年甲戌四月五日　臺灣蕃地事務參軍被仰付候事

同日　勅語

臺灣蕃地處分ニ付陸軍中將西鄕從道ニ命シテ事務都督タラシメ凡ソ陸海軍務ヨリ賞罰等ノ事ニ至ル迄委スルニ全權ヲ以テス汝干城ニ參軍ヲ命ス其レ能ク帷幕ノ機謀ニ參シ凡ソ陸海ニ關スルノ事ハ厚ク都督ヲ補翼シ速ニ成功ヲ奏セヨ

同月六日　馬具一脊　右此度臺灣出張ニ付下賜候事

同年六月十八日　臺灣蕃地出張ノ命ヲ奉シ溽暑ヲ冐シ滯陣候處土蕃襲擊遂ニ進戰追々降伏セシメ格別盡力ノ段叡感被爲遊候仍テ爲慰勞酒肴下賜候尙此上都督ヲ輔ケ奮勵從事スヘキ旨御沙汰候事　酒肴料金廿五圓

同月廿三日　歸朝

同年十月三十一日　久シク蕃地ニ滯陣シ撫育其方ヲ得候處不圖病痾ニ罹リ候段達叡聞候仍テ爲慰問酒肴下賜候尙精々保養可致旨御沙汰候事但

士官兵隊ヘモ此旨可相達候事
同年十一月十二日　當四月以來永々蕃地ニ滯陣冒險苦身都督ヲ補翼シ其
功勞不尠候今般凱旋被仰出候ニ付不取敢慰問トシテ酒肴下賜候事
同月廿七日　歸朝
同月廿九日　勅語　長々遠地出張苦勞存ル
同八年乙亥一月十日　臺灣蕃地事務取纏御用有之當分舊蕃地事務局ヘ出
仕可致事
同年六月廿三日　熊本鎭臺司令長官被免候事
同年十二月廿二日　其方儀昨七年熊本鎭臺司令長官在職中軍曹萩原秀胤
母ノ病氣ニ因リ生計立チ難キヲ以テ代人ヲ出シ免役ヲ請願スルニ當リ
下士ニ在テハ代人ニ不及ノ改正布令アルヲ覺エス舊規ニ依リ之ヲ本省
ニ伺問シ後チ百務紛擾ノ際該事ヲ遺忘シ遂ニ代人ト共ニ從軍セシムル
科ニ依リ謹愼五日被仰付候事　陸軍省

同九年丙子十一月九日　熊本鎭臺司令長官被仰付候事

同十年丁丑三月七日於京都行在所　鹿兒島縣逆徒益兇暴ヲ逞フシ熊本城ヲ圍ミ攻擊ニ及候處殊死力戰屢賊軍ヲ擊破リ能孤城ヲ堅守シ候段達叡聞深ク苦勞ニ被思召候依テ爲慰勞酒肴下賜候猶此上奮勵兵士ヲ率ヒ勵シ速ニ平定ノ功ヲ可奏旨御沙汰候事但士官兵隊等ヘモ此旨相達候事

同年五月十三日　賊徒猖獗益熊本城ヲ攻擊シ候處奮戰持久善ク孤城ヲ略守シ遂ニ諸道ノ官軍ニ聯絡シ大ニ賊勢ヲ挫キ候段叡感不淺候依テ積日ノ軍勞ヲ慰セラルヘキ爲メ侍從長東久世通禧ヲ被差遣酒肴下賜候事

同年七月廿五日　賊徒猖獗ヲ恣ニシ益官軍ニ抗敵候處此炎熱ニ方リ進討勇戰大ニ賊勢ノ退縮ヲ致候段叡感不淺候今ヤ還幸ニ際シ積日ノ勞ヲ慰セラレン爲メ陸軍中將西鄕從道ヲ被差遣猶此上黽勉速ニ平定ノ功ヲ可奏旨御沙汰候事

同年十一月一日　汝干城嚮ニ賊徒ノ熊本ヲ侵スヤ部下ノ諸兵ヲ督シ孤城

ヲ堅守シ續テ各地ニ轉戰シ久ク艱苦ヲ經終ニ克ク其功ヲ奏ス朕深ク汝カ職任ヲ盡セルヲ嘉ミス

同月九日　曩ニ臺灣蕃地ノ役彼地出張能ク都督ヲ輔翼シ晝策督戰其功不少今茲鹿兒島逆徒ノ熊本ヲ侵スヤ部下ノ諸兵ヲ督勵シ久ク孤城ヲ堅守シ續テ各地進討克ク平定之功ヲ奏シ候段叡感不淺依テ勳二等ニ叙シ旭日重光章下賜候事

同年十二月十五日　勳二等年金六百圓下賜候事

同十一年戊寅十一月廿日　任陸軍中將

同年十二月十四日　熊本鎭臺司令長官被免候事○同日　東部監軍部長被仰付候事

同十二年己卯六月二日　獨逸皇孫御誘引飾隊式御閲覽之節諸兵指揮長官被仰付候事

同年九月廿日　東部檢閲被仰付候事

同年十二月十六日　叙從四位

同十三年癸辰四月廿九日　東部監軍部長被免候事○同日　陸軍士官學校長兼陸軍戸山學校長被仰付候事

一一二　　濱田縣士族元津和野　大國隆正野々口仲

慶應改元明治戊辰三月四日　徵士內國事務局判事被仰付候事

同年同月十二日　內國事務局權判事被免神祇事務局權判事被仰付候事

（一行原朱）同年閏四月廿一日　廢三職八局

同三年庚午十月十二日　宣教使御用掛被仰付候事

死

一一三　　鹿兒島縣士族　元中村　桐野坂上利秋半次郎

戊辰年八月廿一日　薩州宇都宮兩藩之兵隊藤原口出張ニ付軍監被仰付候

事
己巳年六月二日　昨年賊徒掃攘之砌軍務勉勵職掌ヲ盡候段叡感不淺仍爲
　其賞二百石下賜候事　高二百石　依軍功永世下賜候事
辛未年七月廿日　兵部省出仕被仰付候事
同月廿八日　任陸軍少將○同日　叙從五位
同月　函館出張被仰付候事
壬申年三月　鎭西鎭臺出張被仰付候事
明治六年四月　陸軍裁判所長兼務被仰付候事
同年六月廿五日　叙正五位
同十年丁丑二月廿五日　官位被褫候事

一一四　鹿兒島縣士族　村田經滿　新八
明治四年辛未八月朔日　任宮內大丞○同日　叙從五位

同年十月廿二日　今般東久世侍從長歐米各國へ被差遣候ニ付隨行被仰付候事
同六年癸酉一月十二日　依願免本官但位記返上之事

一一五

鹿兒島縣士族　井上石見長秋

戊辰二月十二日　函館裁判所在勤被仰付候事
同月廿日　制度事務局判事加勢被仰付候事
同年三月四日　徵士制度事務局權判事被仰付候事
同月廿七日　制度事務局權判事被免權辨事被仰付候事
同年四月十二日　徵士內國事務局權判事被仰付箱館裁判所在勤可有之事
同年閏四月五日　徵士參與職內國事務局判事被仰付候事辨事權判事被免候事
同月廿三日　敍從五位下

同月廿四日　箱館府判事被仰付候事
同年十二月十九日　徵士箱館府判事被免候事
己巳年六月二日　戊辰正月參謀之命ヲ奉伏見之役大坂出張太儀ニ被思食
依爲其慰勞目錄之通下賜候事

一一六　京都府華族　東園基敬

明治史要廿五日ニ作ル

明治元年戊辰正月廿一日　參與職被仰出候事
同年二月十九日　參與職辨事被仰出候事
（原朱）同年閏四月廿一日　廢三職八局（原墨）〇同日　權辨事被仰出候事
同年五月十二日　依願權辨事被免候事
同年九月七日　學校御用掛被仰付候事
同月十四日　敍從三位
同年十一月八日　皇學所御用掛被免權辨事被仰出候事

同二年己巳四月八日　權辨事被免內辨事被仰付候事
同月九日　御用有之ニ付至急東京へ罷出候樣御沙汰候事
（原朱）同年七月八日　廢官（原墨）○同日　任宮內權大丞
同三年庚午五月廿七日　御用有之上京被仰付候事
同年十二月十二日　任宮內大丞兼皇太后宮亮
同四年辛未六月廿二日　兼任留守判官皇太后宮亮如故
（一行原朱）同年八月廿二日　廢留守官
同月廿三日　免本官幷兼官

一一七

東京府士族元靜岡　鹽田三郞篤信
天保十四年癸卯十一月生

明治三年庚午四月十七日　民部省出仕被仰付候事
同年六月廿三日　任民部權少丞○同日　叙正七位○同日　鐵道御用專務
被仰付候事

同年八月廿日　任外務權少丞
同年九月十三日　御用有之歐羅巴洲へ被差遣候事
同年閏十月二日　任外務權大記○同日　鮫島少辨務使ニ差添英吉利佛蘭西獨乙北部聯邦へ被差遣候ニ付テハ書記反譯ノ事務取扱被仰付候事
同四年辛未六月五日　特例辨務使トシテ電信會議ノ爲メ伊太利國羅馬府へ出張被仰付候事
同年八月十日　任外務大記
同年十月八日於米國　今般特命全權大使歐米各國へ被差遣候ニ付一等書記官トシテ隨行被仰付候事
同年十二月九日　叙從六位
（一行原朱）
同五年壬申十月十四日　外務省中廢大少記
同月十七日　外務省六等出仕被仰付候事○同日　兼任外務二等書記官
同六年癸酉四月五日　歸朝

同年五月十八日　任外務少丞
同年六月廿五日　叙正六位
同年七月十三日　補外務省四等出仕
同年十一月十五日　叙從五位
同年十二月廿二日　任外務大丞
同七年甲戌八月廿日　英國商民ヨリ我政府ニ對セル七件ノ訴訟裁判事務格別勉勵候ニ付其賞トシテ別紙目錄ノ通下賜候事　金三百圓
同八年乙亥四月四日　電信御用ニ付爲理事官魯國へ被差遣候事
同月十九日　純子　貳卷　白羽二重　貳疋　右魯西亞國發遣ニ付下賜候事
同九年丙子一月五日　歸朝
同年二月廿七日　汽船衝突一件臨時裁判所被開候ニ付審判被仰付候事
（一行原朱）
同十年丁丑一月十一日　廢官

同月廿三日　任外務大書記官
同十一年戊寅七月四日　大幸丸船仲裁一件格別勉勵ニ付爲其賞金百圓下
賜候事
同十三年庚辰三月十八日　補外務省三等出仕
同年五月廿四日　叙正五位

一一八

東京府華族元京都　千種有任
天保五年甲午八月生

叙正四位
明治三庚午年五月廿八日　任伊奈縣知事
同年六月十八日　紫組掛緒被許候事
同月廿四日　依願免本官
同月廿八日　任宮內權大丞
同四辛未年七月廿日　免本官

一一九　山口縣士族　鳥尾小彌太 濕光

庚午年十二月十二日　兵部省出仕被仰付候事
同月十八日　今般四條陸軍少將巡察使日田縣ェ被差向候ニ付同行被仰付候事
辛未年七月廿八日　任陸軍少將○同日　叙從五位
同年十月廿七日　兼任兵學頭○同日　大坂出張被仰付候事
壬申年三月廿八日　軍防局長被仰付候事　陸軍省
明治六年三月九日　御用有之鎌倉表へ被差遣候事
同月卅一日　第二局長當分兼務被仰付候事　陸軍省
同年五月十七日　免兼官
同年六月十九日　第六局長被仰付候事
同月廿五日　叙正五位

同年八月廿七日　兼任陸軍少輔
同月廿九日　當分第一局長被仰付候事但第二局第六局長如故　陸軍省
同年十月十九日　魯國皇子飾隊行軍式一覽之節総指揮官被仰付候事
同七年二月八日　第壹局長被免候事　陸軍省
同月十三日　御用有之大坂鎭臺出張被仰付候事〇同日　第六局長被免候事　陸軍省
同年四月十二日　大坂鎭臺司令長官被仰付候事
同年七月廿九日　陸軍省參謀局御用兼勤被仰付候事
同年八月廿日　陸軍參謀局御用候條當分大坂表ニ滯在可致事〇同日　大坂鎭臺司令長官被免候事
同月廿八日　當分第一局長被仰付候事但第二局長如故　陸軍省
同八年四月廿五日　兼任議官
同年七月十五日　御用有之大坂表出張被仰付候事

同年十二月七日　年給四千圓下賜候事

同年十二月廿八日　叙從四位

同九年丙子一月八日　任陸軍中將兼陸軍大輔

同月廿日　御用辨ノ爲メ毎日午前九時ヨリ十二時迄正院ヘ出勤可致事

同年三月三十一日　免兼官○同日　參謀局長被仰付候事

同年四月十九日　陸軍將校以下賞牌竝ニ從軍牌賜方取調被仰付候事

同月廿二日　防禦線區畫ノ地形實驗ノ爲メ東京近傍巡回トシテ出張被仰付候事

同年七月十一日　御用有之大坂神戸下ノ關長崎ヘ被差遣候事

同年十一月二日　天長節ニ付分列式天覽之節諸兵隊指揮長官被仰付候事

同年十二月六日　兼任議定官

同十年丁丑二月十四日　御用有之大坂表ヘ被差遣候事

同年二月十九日　山縣陸軍卿征討參軍被仰付候ニ付テハ行在所中陸軍事

務取扱被仰付候事
同年四月五日　御用有之九州へ被差遣候事
同年七月廿三日　西郷陸軍中將九州出張被仰付候ニ付テハ行在所陸軍事
務取扱被仰付候事
同月廿五日　行在所陸軍事務取扱被仰付置候處今般還幸ニ付テハ更ニ征
討陸軍事務取扱被仰付候事
同十一年戊寅五月十四日　鹿兒島逆徒征討ノ際拮据勉勵出征ノ將士ヲシ
テ内顧ノ憂無ラシメ其功不少段叡感被爲在依テ勳二等ニ叙シ年金六百
圓下賜候事
同年十二月七日　參謀本部御用掛被仰付候事
同十二年己卯十月十五日　近衞都督被仰付候事○同日　參謀本部御用掛
被免候事
同年十二月一日　伊太利皇族御誘引飾隊式御同覽之節諸兵指揮官被仰付

候事
同十三年庚辰三月一日　近衛都督被免候事
同月十日　依願免兼官

一二〇　長崎縣平民　品川忠道

明治二年己巳十一月廿日　任通商少佑　民部省〇同日　清國上海出張申付候事　同上
同三年庚午六月八日　任通商權大佑　同上
同年七月廿二日　屬通商司於大藏省（一行原朱）
同年十月四日　任大錄　外務省〇同日　兼任通商大佑　大藏省
同四年辛未七月五日　廢通商司（一行原朱）
同五年壬申二月十日　任代領事　外務省
同年八月四日　任領事〇同日　叙從六位

同年十月十五日　上海ニ本廳ヲ置キ鎭江漢口九江寧波四口事務兼轄被仰付候事

同八年乙亥十月廿九日　上海郵便局総轄兼務被仰付候事但不日驛遞頭出張ニ付委細可遂協議事

同月卅一日　任総領事

同年十一月十七日　叙正六位

同九年丙子五月十日　御用有之至急歸朝可致事

同月廿二日　歸朝

同年十一月廿五日　御用有之歸朝被仰付候事

同十年丁丑二月六日　御用有之歸朝可致旨相達候處不及其儀候事

同年十一月廿四日　叙從五位

一二一　山口縣士族　三浦梧樓一貫

庚午年閏十月十七日　任兵部權少丞○同日　叙正七位
辛未年二月十五日　任兵部少丞○同日　叙從六位
同年三月廿九日　御用有之山口藩へ被差遣候事
同年四月四日　御用有之大坂竝ニ山口藩ヱ出張申付候事
同年七月廿八日　免本官○同日　任陸軍大佐兼兵部權大丞○同日　叙正六位
同年八月十日　廢大少丞權官（一行原朱）
同月十五日　兼任兵部少丞
同年十月九日　除服出仕
同年十二月十四日　任陸軍少將
壬申年四月十五日　叙從五位
同年十月五日　除服出仕
明治六年二月廿五日　御用有之上田新潟高崎宇都宮各營所ヱ被差遣候事

同年六月廿五日　叙正五位

同八年四月廿五日　兼任議官

同年十二月七日　年給三千五百圓下賜候事

同月廿八日　叙從四位

同九年丙子六月七日　依願免兼官

同年十月廿六日　廣島鎭臺司令長官被仰付候事○同日　熊本鎭臺出張被仰付候事

同月廿九日　山口縣へ出張被仰付候事

同十年丁丑三月七日　鹿兒島縣逆徒益兇暴ヲ逞フシ官軍ニ抗敵候處進討力戰能ク賊鋭ヲ挫キ候段達　叡聞深ク苦勞ニ被思召候依テ爲慰勞酒肴下賜候猶此上奮勉兵士ヲ率ヰ勵マシ速ニ平定ノ功ヲ可奏旨御沙汰候事

同年五月十三日　賊徒猖獗益官軍ニ抗シ候處奮勵勇戰曩ニ熊本城ニ聯絡シ大ニ賊勢ヲ挫キ候段　叡感不淺候依テ積日ノ軍勞ヲ慰セラルヘキ爲

メ侍従長東久世通禧ヲ被差遣酒肴下賜候事

同年七月廿五日　賊徒猖獗ヲ恣ニシ益官軍ニ抗敵候處此炎熱ニ方リ進討勇戰大ニ賊勢ノ退縮ヲ致候段　叡感不淺候今ヤ還幸ニ際シ積日ノ勞ヲ慰セラレン爲メ陸軍中將西鄉從道ヲ被差遣猶此上黽勉速ニ平定ノ功ヲ可奏旨御沙汰候事

同年十一月一日　汝梧樓嚮ニ部下ノ諸兵ヲ率ヒ各地轉戰久ク艱苦ヲ經終ニ克ク其効ヲ奏ス朕深ク汝カ職任ヲ盡セルヲ嘉ミス

同月九日　曩ニ鹿兒島逆徒征討ニ方リ部下ノ諸兵ヲ督シ各地進討勵精盡力克ク平定ノ功ヲ奏シ候段　叡感不淺依テ勳二等ニ叙シ旭日重光章下賜候事

同月十五日　勳二等年金六百圓下賜候事

同十一年十一月廿日　任陸軍中將

同年十二月十四日　廣島鎭臺司令長官被免候事○同日　西部監軍部長被

仰付候事
同十二年己卯九月廿日　西部検閲被仰付候事
同十三年庚辰一月五日　陸軍始節隊式諸兵指揮官被仰付候事
同年六月七日　御巡幸供奉被仰付候事○同日　御巡幸供奉中參謀本部御用兼勤被仰付候事○同日　實地演習師團長被仰付候事
同年九月十五日　東部検閲被仰付候事
同十四年辛巳二月廿四日　御五第六軍管內巡行被仰付候事
同年六月十三日　露國東洋海陸軍総督レソフスキー氏　御誘引觀兵式御覽ノ節諸兵指揮官被仰付候事
明治十四年辛巳七月五日　演習審判官被仰付候事
同月廿日　中部検閲被仰付候事
同月廿一日　演習審判官被免候事
同十五年壬午二月六日　西部監軍部長被免陸軍士官學校長被仰付候事

同年九月十九日　西部監軍部長兼務ヲ以テ同部檢閱被仰付候事

一三二

山口縣士族　三好重臣 軍太郎

庚午年閏十月廿五日　任權大屬　山口藩

辛未年正月十二日　御用有之高知藩ヘ立寄東京ヱ被差越候事　山口藩

（原朱）同年七月十四日　廢藩置縣　（原墨）追テ御沙汰候迄大參事以下是迄之通事務取扱可致候事

同年七月廿七日　免本官　山口縣

同年八月十五日　任陸軍大佐

同月廿三日　東北鎭臺本營出張被仰付候事　兵部省

同年十二月十四日　叙正六位

同五年壬申三月　東北鎭臺司令長官被仰付候事　陸軍省

同年十月　御用有之候條出京可致事　陸軍省

明治六年二月廿二日　青森營所兵營建築地所爲取極出張被仰付候事　陸軍省

同年五月八日　函館海岸砲位置等實地爲檢查出張被仰付候事　陸軍省

同年六月廿五日　叙從五位

同七年八月十二日　任陸軍少將

同月廿日　大坂鎭臺司令長官被仰付候事

同年十一月五日　叙正五位

同十年丁丑三月七日　鹿兒島縣逆徒益兇暴ヲ逞フシ官軍ニ抗敵候處進討力戰能ク賊鋭ヲ挫キ候段達　叡聞深ク苦勞ニ被思召候依テ爲慰勞酒肴ヲ下賜候猶此上奮勉兵士ヲ率ヰ勵マシ速ニ平定ノ功ヲ可奏旨御沙汰候事

同年五月十三日　賊徒猖獗益官軍ニ抗シ候處奮勵勇戰遂ニ熊本城ニ聯絡シ大ニ賊勢ヲ挫キ候段　叡感不淺候依テ積日ノ軍勞ヲ慰セラルヘキ爲

メ侍從長東久世通禧ヲ被差遣酒肴下賜候事

同年七月廿五日　賊徒猖獗ヲ恣ニシ益官軍ニ抗敵候處此炎熱ニ方リ進討勇戰大ニ賊勢ノ退縮ヲ致候段　叡感不淺候今ヤ還幸ニ際シ積日ノ勞ヲ慰セラレン爲メ陸軍中將西鄕從道ヲ被差遣猶此上黽勉速ニ平定ノ功ヲ可奏旨御沙汰候事

同年十一月一日　汝重臣嚮ニ部下ノ諸兵ヲ率ヒ各地轉戰久ク艱苦ヲ經終ニ克ク其功ヲ奏ス朕深ク汝カ職任ヲ盡セルヲ嘉ミス

同月九日　曩ニ鹿兒島逆徒征討ニ方リ部下ノ諸兵ヲ督シ各地進討勵精盡力克ク平定之功ヲ奏シ候段　叡感不淺依テ勳二等ニ敍シ旭日重光章下賜候事

同月十五日　勳二等年金六百圓下賜候事

同十二年己卯九月廿五日　大坂鎭臺司令官被仰付候事

同十三年庚辰四月廿七日　任陸軍中將

同月廿九日　東部監軍部長被仰付候事

一二三

新潟縣士族元長岡　三間正弘織部同一郎

天保七年丙申七月生

明治三年庚午閏十月廿八日　任小緒ゝ藩大參事

(原朱)同四年辛未七月十四日　廢藩置縣　(原墨)追テ御沙汰候迄大參事以下是迄之通

事務取扱可致事

(一行原朱)同年十一月廿日　廢小緒ゝ縣

同六年癸酉五月十三日　補十等出仕　文部省

同年十二月八日　免出仕　文部省

同七年甲戌二月廿日　補十等出仕　警視廳

同年五月廿日　任大警部　同

同年十一月十日　任權少警視　同

同八年乙亥六月三日　任大警部　同

同月廿九日　任權少警視　同

同九年丙子六月十五日　任少警視

同年八月二日　敍正七位

同年十月三十一日　御用有之至急新潟縣出張被仰付候事　警視廳

同十年丁丑一月十一日　廢警視廳內務省中更置警視官

（一行原朱）

同月十七日　任權少警視

二月十九日　御用有之至急九州地方ヘ出張被仰付候事　警視局

同年三月廿八日　任陸軍少佐兼權少警視

同年三月三日　今般島津久光父子ヘ　勅使被差遣候ニ付右護衛及鹿兒島表ニ於テ臨機處分ニ可及件々黑田陸軍中將ヘ御委任相成候條總テ同人ノ指揮ヲ可受事

五月廿六日　諸軍隊奮勵勇戰曩ニ熊本城ニ連絡シ大ニ賊勢ヲ挫キ候段叡感不尠依テ積日之軍務被爲慰目錄之通下賜候事　金拾圓

九月廿日　曩ニ賊勢猖獗之時ニ當リ汝等臨機之命ヲ奉シ盡力之段朕之ヲ
嘉尚ス
同十一年二月三十一日　鹿兒島逆徒征討之際盡力不少候ニ付勳四等ニ叙
シ年金百三拾五圓下賜候事
同十二年二月十二日　兼任少警視

一二四　鹿兒島縣士族　野津鎭雄七左衛門

明治四辛未年七月廿日　兵部省出仕被仰付候事
同月廿八日　任陸軍大佐兼兵部權大丞○同日　叙正六位
（一行原朱）同年八月十日　廢大少丞權官
同月十五日　兼任兵部少丞
同五壬申年九月二日　任陸軍少將○同日　叙從五位○同日　築造局々長
申渡候事　陸軍省

同六癸酉年三月三十一日　第四局々長被仰付候事　同上

同年六月廿五日　叙正五位

同七甲戌年二月十日　御用有之熊本鎭臺出張被仰付候事

同月十二日　今般砲兵一隊歩兵二大隊熊本鎭臺へ出張申付候ニ付右諸兵指揮長官被仰付候事　陸軍省

同月廿八日　佐賀縣賊徒益凶暴ヲ逞シ遂ニ官兵ニ抗シ候ニ付進討力戰ニ及候段叡感被爲在候依之爲慰勞酒肴下賜候猶此上奮勉兵士ヲ率ヒ勵シ速ニ平定之功ヲ可奏旨御沙汰候事但士官兵隊等ヘモ此旨可相達候事

同年四月十二日　陸軍少將谷干城臺灣蕃地出張中熊本鎭臺司令長官兼勤被仰付候事

同年五月三十一日　勅諭

曩ニ佐賀縣ノ役屢賊鋭ヲ挫キ速ニ平定ヲ奏ス一ニ汝カ方略宜シキヲ得兵卒ヲ率ヒ勵シ勇進奮戰之致ス所實ニ其職ヲ辱シメスト謂フ可シ朕深

ク之ヲ嘉賞ス
同八乙亥年六月廿三日　陸軍省第四局長被免候事〇同日　熊本鎭臺司令長官被仰付候事
同九年丙子六月十三日　熊本鎭臺司令長官被免候事〇同日　東京鎭臺司令長官被仰付候事
同年九月廿三日　野營演習諸兵指揮長官被仰付候事
同十年丁丑一月四日　來ル六日陸軍始之節諸兵隊指揮長官被仰付候事
同年二月十四日　御用有之大坂表ヘ被差遣候事
同年三月七日　鹿兒島縣逆徒益兇暴ヲ逞フシ官軍ニ抗敵候處進討力戰能ク賊鋭ヲ挫キ候段達　叡聞深ク苦勞ニ被思召候依テ爲慰勞酒肴下賜候猶此上奮勉兵士ヲ率ヒ勵マシ速ニ平定ノ功ヲ可奏旨御沙汰候事
同年五月十三日　賊徒猖獗益官軍ニ抗シ候處奮勵勇戰曩ニ熊本城ニ聯絡シ大ニ賊勢ヲ挫キ候段叡感不淺候依テ積日ノ軍勞ヲ慰セラルヘキ爲メ

侍從長東久世通禧ヲ被差遣酒肴下賜候事

同年七月廿五日　賊徒猖獗ヲ恣ニシ益官軍ニ抗敵候處此炎熱ニ方リ進討勇戰大ニ賊勢ノ退縮ヲ致候段　叡感不淺候今ヤ　還幸ニ際シ積日ノ勞ヲ慰セラレン爲メ陸軍中將西鄕從道ヲ被差遣猶此上黽勉速ニ平定ノ功ヲ可奏旨御沙汰候事

同年十月三日　汝鎭雄嚮ニ部下ノ諸兵ヲ率ヒ各地轉戰久シク艱苦ヲ經終ニ克ク其功ヲ奏ス朕深ク汝カ其職任ヲ盡セルヲ嘉ミス

同月三十日　在京凱陣諸隊整列式指揮長官被仰付候事

同年十一月九日　曩ニ鹿兒島逆徒征討ニ方リ部下ノ諸兵ヲ督シ各地進討勵精盡力克ク平定之功ヲ奏シ候段叡感不淺依テ勳二等ニ叙シ旭日重光章下賜候事○同日　叙勳二等賜旭日重光章

同年十一月廿六日　陸軍將校以下勳功調查委員被仰付候事

同年十二月十五日　勳二等年金六百圓下賜候事

同十一年戊寅三月廿九日　戸山學校近傍實地演習乙軍指揮長官被仰付候事

同年十月廿八日　天長節諸兵隊分列式指揮長官被仰付候事

同年十一月廿日　任陸軍中將

同年十二月十四日　中部監軍部長被仰付候事〇同日　東京鎭臺司令長官被免候事

同十二年己卯七月五日　米國前大統領グランド氏御誘引飾隊式御同覽之節諸兵指揮長官被仰付候事

同年九月廿日　中部檢閲被仰付候事

同年十二月十六日　敍從四位

同十三年庚辰四月十二日　御巡幸供奉被仰付候事

同年五月七日　東部監軍部長陸軍中將三好重臣不在中同部長兼勤被仰付候事

同年六月三日　御巡幸供奉中參謀本部御用兼勤被仰付候事○同日　實地演習師團長被仰付候事
同月七日　御巡幸供奉被免候事○同日　御巡幸供奉中參謀本部御用兼勤被免候事○同日　實地演習師團長被免候事
同年七月廿二日　死
同月廿五日　夙ニ王事ニ勤メ力ヲ復古ニ致シ久シク閫職ヲ奉シ心ヲ軍制ニ盡ス亂ヲ佐賀ニ平ケ賊ヲ鹿兒島ニ殄ス何ソ啻國ノ良將ノミナランヤ實ニ朕ノ忠臣ト爲ス茲ニ溘亡ヲ聞キ痛悼ニ堪エス仍テ正三位ヲ贈リ幷テ金幣ヲ賜フ　金幣貳千五百圓
贈正三位

一二五
鹿兒島縣士族　野津道貫 七二

明治四辛未年七月廿三日　任陸軍少佐○同日　叙正七位
同五壬申年八月九日　任陸軍中佐○同日　叙從六位
同六癸酉年三月三十日　第二局副長被仰付候事　陸軍省
同年六月廿五日　叙正六位
同七甲戌年一月十四日　任陸軍大佐
同月十五日　近衛參謀長之心得申付候事但第二局副長如故　陸軍省
同年二月十八日　叙從五位
同八年乙亥十二月廿四日　雜司ヶ谷演習東軍司令官被仰付候事　陸軍省
同九年丙子一月七日　陸軍始ニ付分列式天覽之節參謀被仰付候事　同上

同年六月廿三日　米國費拉特費府博覽會ヘ被差遣候事
同年十月廿七日　歸朝
同十年丁丑十二月八日　鹿兒島逆徒征討ノ際豐後口ノ兵ヲ指揮シ續テ各地出張軍務勵精其功不少候段叡感被爲在候依テ勳三等ニ叙シ旭日中綬章下賜候事　叙勳三等賜旭日中綬章
同月十五日　勳三等年金三百六拾圓下賜候事
同十一年戊寅十一月廿日　任陸軍少將○同日　陸軍省第貳局長被仰付候事
同月廿日　當分近衞參謀長御用取扱被仰付候事
同年十二月十四日　陸軍省第二局長被免候事○同日　東京鎮臺司令長官被仰付候事
同年十二月廿八日　陸軍始諸兵隊指揮長官被仰付候事
同十二年己卯一月十四日　近衞參謀長御用取扱被免候事

同年九月廿五日　東京鎭臺司令官被仰付候事
同年十月卅日　天長節飾隊式諸兵指揮官被仰付候事
同年十二月十六日　叙正五位
同十三年庚辰六月十二日　實地演習審判官被仰付候事
同十四年辛未七月五日　演習師團第一旅團長被仰付候事
同年十一月一日　天長節觀兵式諸兵指揮官被仰付候事

一二六

東京府華族元米澤　上杉茂憲

明治二年己巳六月十八日　米澤藩知事被仰付候事
同月廿六日　叙從四位下
同三年庚午十月十二日　勤番被仰付候事○同日　内番所參入被仰付候事
（一行原朱）
同四年辛未七月十四日　廢藩
同月十五日　免本官

同十四年辛巳五月十八日　任沖繩縣令兼判事○同日　月俸貳百圓下賜候事

一二七

東京府華族元福井　松平慶永

慶應三丁卯十二月九日　議定職被仰付候事
明治元戊辰年正月十七日　內國事務總督被仰付候事
同年二月廿日　議定職內國事務局輔被仰出候事
同月廿六日　被聽直衣　國家多難折柄頃日已來勵勤以格別思食被聽候事
(原朱)同年閏四月廿一日　廢三職八局(原墨)○同日　議定職更ニ被仰付候事
同年六月廿七日　任權中納言舊官○同日　敍從二位
同二己巳年五月四日　本官ヲ以行政官機務取扱兼勤被仰付候事
同年五月十五日　是迄之職務總テ被免民部官知事被仰付候事
同年六月二日　丁卯以來太政復古之盛業ヲ贊ケ續テ大兵ヲ北越ニ出シ各

松平茂昭家譜任解日録ニ據リ十一日ニ改ム大隈重信伊藤博文履歴書參看スヘシ

所戰爭勉勵盡力藩屏之任ヲ遂候段叡感不淺仍テ爲其賞一萬石下賜候事

高一萬石　依軍功永世下賜候事

同年七月八日　任民部卿

同年八月十二日　兼任大藏卿

同月廿四日　免民部卿兼大藏卿任大學別當兼侍讀

同年九月廿六日　太政復古之際ニ當リ勅ヲ奉シテ力ヲ皇室ニ盡シ以テ今日ノ績ヲ贊成候段叡感不斜仍賞其功勞位階一級ヲ被進候事

叙正二位

同三庚午年七月十三日　免本官兼侍讀〇同日　麝香間祇候被仰付候事

同四辛未年七月十五日　御維新以來綱紀更張御施設相成候處方今內外之形勢前途之事業不容易深ク御配慮被爲在今般一層御釐革被遊候御趣意ニ候特ニ復古ノ際盡力致候儀ニ候得者始終ノ成功ヲ奏シ候樣被仰出候ニ付テハ國事御諮詢被爲在候間無忌憚建言宏謨可奉裨補候事

同九年丙子十二月六日　來明治十年一月大和國竝京都ヘ行幸ニ付供奉被仰付度旨出願之趣モ有之願意被聞食特旨ヲ以供奉被仰付候事　宮內省

一二八

鹿兒島縣士族　吉井藤原友實（幸輔 德春）

戊辰年二月廿日　徵士參與職軍防事務局判事被仰付候事

同月廿七日　軍防事務局判事被仰付置候處猶大村益次郎ト申談軍制御基本取調ヲモ被仰付候事

（原朱）同年閏四月廿一日　廢三職八局（原墨）○同日　是迄之職務被免軍務官判事被仰付候事○同日　敍從五位下

同月廿八日　今度御制度御改正二等三等相當ノ位新ニ被授候ニ付應其階級衣冠賜之候事

同年六月十三日　越後表賊焰再熾ニ付當官ヲ以早々出張被仰付候事

同年十月三十日　春來久々ノ軍旅兵部卿ヲ輔翼シ畫策謀略其機宜ニ中リ

速ニ東北平定ノ功ヲ奏候段叡感不淺候今般凱旋ニ付不取敢爲御太刀料
金三百兩下賜候事
己巳年正月十八日　先般依願歸國被仰付置候處御用有之ニ付早々上京可
致旨御沙汰候事
同年五月廿二日　是迄之職務被免彈正大忠被仰付候事
同年六月二日　多年勤王之志不淺大政復古之盛業ヲ贊ケ續テ北越出張軍
務勵精指揮其當ヲ得竟ニ成功ヲ奏候段叡感不斜仍爲其賞千石下賜候事
高千石　依軍功永世下賜候事
同年八月廿五日　任彈正少弼
同年九月廿日　叙正五位
庚午年二月十二日　德大寺大納言爲宣撫使山口藩へ被差向候ニ付出張被
仰付候事
同年三月十七日　山口藩へ出張爲慰勞絹一匹金二萬匹下賜候事

同月廿八日　彈例之儀ニ付其掌ヲ失ヒ候段不束之次第ニ付謹愼被仰付候事
同年四月十八日　謹愼被免候事○同日　任民部少輔兼大藏少輔
同年七月十日　大藏少輔兼任被免候事
同年十一月廿三日　願之趣被聞食一等逆退被仰付候事　依願任民部大丞
同年十二月廿四日　御用有之中野縣へ出張被仰付候事
辛未年正月四日　今般澤從四位爲巡察使信州へ被差遣候ニ付諸事可打合候事
同年五月廿四日　御用有之大坂并兵庫表へ出張被仰付候事
同年七月七日　任宮內大丞
同月十二日　制度取調被仰付候事
同年十一月七日　任宮內少輔
壬申年十月廿七日　魯國親王送行トシテ箱館へ被差遣候事

明治七年甲戌三月七日　依願免本官
同八年乙亥四月廿五日　任議官
同年十二月七日　年給四千圓下賜候事
同月廿八日　叙從四位
同十年丁丑八月廿九日　任一等侍補
同十一年戊寅五月九日　任議官兼一等侍補〇同日　年俸四千圓下賜候事
同月三十一日　贈右大臣正二位大久保利通行狀取調被仰付候事
(原朱)
同年十二月廿四日　宮內省中廢侍補〇同日　兼任侍補〇同日　工部省御
(原墨)
用掛被仰付候事
同十二年己卯三月十四日　兼任工部少輔兼侍補如故
同年七月廿一日　上野國中小坂鑛山分局點檢トシテ出張被仰付候事
同年十月七日　御用有之京都大坂敦賀竝但馬生野鑛山ヘ出張被仰付候事
(一行原朱)
同月十三日　宮內省中廢侍補

同十三年庚辰三月十六日　御用有之畿內中國西國及其省所轄諸分局爲點檢出張被仰付候事
同年六月十七日　兼任工部大輔

一二九　鹿兒島縣士族　上野景範 敬介
弘化元年甲辰十二月生

明治元戊辰年正月　外國事務御用掛被仰付候事
同年二月　通辨御用ヲ以大坂外國事務局出張被仰付候事
同年三月　橫濱裁判所御用掛助勤被仰付候事
同月　造幣器械御買上ニ付香港ヘ被差遣候事
同二己巳年四月　歸朝
同年五月　燈明臺掛被仰付候事
同月　燈明臺御用ニ付豆州下田紀州大島長州下ノ關長崎薩州佐田岬ヘ出張被仰付候事

同月　運上所掛兼勤被仰付候事
同年七月　監督司知事之心得ヲ以貳分金御處分ニ付長崎へ出張被仰付候事
同年八月十七日　任監督正
同年九月　神奈川在勤被仰付候事
同月　御國人爲召還當官ヲ以布哇國へ爲使節被差遣候事
同月廿五日　叙正七位
同三庚午年二月廿五日　歸朝
同年二月晦日　舊冬布哇國へ御國人引戻之爲メ使節ニ被差遣候處都合能取捌歸國致候ニ付御絹一匹下賜候事
同月　鐵道造營事務總理被仰付候事
同年五月三日　任民部權少丞
同年六月十七日　任大藏大丞○同日　叙從五位○同日　爲特例辨務使英

國へ被差遣候事
同月十八日　今般英國オリエンタル爲替會社へ全權ヲ與ヘ同國ホラーシヨネルソンレー氏ト取結ヒシ借財ノ條約不當之所爲糺正セシムルニ付若彼國ニ於テ同會社難決事件有之候ハ便宜專斷之特權御委任被仰付候事○同日　今般英國ニ於テ新幣紙製造監督被仰付候ニ付テハ名工相撰ヒ精良緻密贋模ノ患不生樣方法便宜處置御委任候事
同四辛未年八月十二日　歸朝
同年九月十四日　任租稅權頭○同日　横濱運上所事務總裁被仰付候事
同年十月　更ニ横濱運上所在勤被仰付候事
同年二月十二日　免本官○同日　大藏省三等出仕被仰付候事○同日　少輔之事務取扱被仰付候事
同年四月十二日　條約改正取調御用掛被仰付候事
同年九月四日　外務省三等出仕被仰付候事

同年十月八日　叙正五位
同月廿日　任辨理公使○同日　米國華盛頓在勤被仰付候事
同年十一月廿七日　任外務少輔
同六癸酉年三月七日　外務卿代理被仰付候事
同年七月廿七日　外務卿代理被免候事
同年十月廿七日　外務卿代理被仰付候事
同月廿八日　外務卿代理被免候事
同年十二月廿八日　御用有之高島炭坑へ出張被仰付候事
同七甲戌年九月十三日　任特命全權公使○同日　三等官月俸下賜候事○
同日　英國在勤被仰付候事
同年十一月五日　叙從四位
同十一年戊寅二月六日　叙勳三等賜旭日中綬章
同十二年己卯四月廿九日　御用有之歸朝被仰付候事

同年九月十六日　條約改正取調御用掛被仰付候事
同年十一月一日　西班牙國皇帝陛下ヨリ贈賜シタル、グランドクロースエサベラカドレーキ勲章ヲ受領シ及佩用スルヲ允許ス○同日　葡萄牙國皇帝陛下ヨリ贈賜シタル、グランドクロースコンセプシユン勲章ヲ受領シ及ヒ佩用スルヲ允許ス
同月六日　任外務少輔
同十三年庚辰二月廿八日　任外務大輔

一三〇

滋賀縣士族元膳所　鈴木金藏

明治五年壬申四月廿九日　任外務少記○同日　叙正七位
同月廿九日　大辨務使寺嶋宗則英國在勤被仰付候ニ付隨行被仰付候事
（一行原朱）同五年壬申十月十四日　廢官
同年十月十七日　任外務三等書記

同九年丙子五月九日六月十八日受　任外務二等書記官
同年十月十九日十二月十六日受　叙従六位

一三一
鹿児島縣士族　野村盛秀宗七

明治元戊辰年三月七日　徴士長崎裁判所判事兼九州鎮撫使參謀被仰付候事
同年四月廿二日　長崎裁判所運上所掛被仰付候事
(原朱)同年五月四日　廢長崎裁判所更置長崎府(原墨)○同日　是迄之職務被免長崎府判事兼外國官判事被仰付候事
同月六日　叙従五位下
(原朱)同二己巳年六月廿日　廢長崎府更置長崎縣(原墨)○同日　是迄之職務被免長崎縣知事被仰付候事
同年七月十七日　任長崎縣知事

知事ノ上恐ハ權字ヲ脱ス

同年十一月廿八日　昨年來奉職勉勵候段御滿足被思食候仍之爲御直垂料
金二百兩下賜候事
同三庚午年十二月　任日田縣知事
同四辛未年十一月十三日　任埼玉縣介
同六年癸酉　死

一三二

兵庫縣士族元柏原　田邊輝實確
天保十二年辛丑十一月生

明治二年己巳七月四日　彈正少忠被仰付候事
同月廿五日　依願是迄之職務被免候事
同三年庚午七月廿日　任大屬　柏原藩
（原朱）同四年辛未七月十四日　廢藩置縣　（原墨）追テ御沙汰候迄大參事以下是迄ノ通
事務取扱可致事
同年八月三日　免本官　柏原藩

同六年癸酉四月十七日　十一等出仕申付候事　入間縣〇同日　十一等出
仕兼勤申付候事　群馬縣
（一行原朱）
同年六月十五日　廢群馬入間兩縣置熊谷縣
同月十八日　十一等出仕申付候事　熊谷縣
同年九月十三日　任權中屬　同上
同年十一月一日　任權大屬　同上
同七年甲戌一月廿二日　補熊谷縣七等出仕
同八年乙亥三月廿四日　補愛知縣七等出仕
同年六月五日　兼任七等判事
同年十二月廿日　除服出仕
同九年丙子一月廿三日廿七日受　免出仕幷兼官
同年二月廿五日　補勸業寮八等出仕　內務省
（原朱）
同十年丁丑一月十一日　廢勸業寮〇（原墨）同日　任一等屬　內務省

同年四月十日　任一等屬　鹿兒島縣
同年十二月廿六日　依願免本官　鹿兒島縣
同十一年戊寅六月十二日　御用掛申付候事　內務省
准判任月給五拾圓下賜候事
同十二年己卯三月十三日　鹿兒島縣一等屬奉職中戰地ニ在テ盡力候ニ付
爲其賞金百貳拾圓下賜候事
同年六月七日　任高知縣少書記官
同年十二月十九日　叙正七位
同十三年庚辰八月十六日　任高知縣大書記官
同年十月五日　叙從六位
同十四年辛巳一月十九日　任高知縣令○同日　月俸貳百圓下賜候事
同年三月十六日　叙從五位
同年八月六日　地租改正事務勉勵候ニ付爲其賞別紙目錄之通下賜候事

一三三　鹿児島縣士族　川上操六

明治四年辛未七月廿五日　任陸軍中尉　兵部省
同年十一月廿三日　任陸軍大尉
（一行原朱）同六年癸酉五月八日　大尉等級七等ト被改
同七年甲戌二月廿八日　任陸軍少佐
同年三月八日　叙正七位
同年六月十四日　叙従六位

一三四　鹿児島縣士族　川路利良（正之進）
天保五年甲午五月生

明治四年辛未四月二日　任大屬　東京府
同年十月廿四日　任權典事　同上

（原朱）同年十一月十四日　廢東京府更置同府　（原墨）追テ御沙汰候迄新置府知事幷參
事之差圖ヲ受ケ從前之廳ニ於テ事務取扱可致事
同年十二月廿三日　任典事　東京府
同五年壬申五月廿四日　任邏卒總長
同年六月十五日　叙正七位
同年八月廿七日　任警保助兼大警視
同年九月八日　江藤司法卿爲理事官歐州各國ヘ被差遣候ニ付隨行被仰付
候事
同年十月五日　叙從六位
同六年癸酉九月六日　歸朝
（一行原朱）同七年甲戌一月九日　司法省中廢警保寮
同月廿四日　任大警視
同年二月十八日　叙正六位

同年八月四日　任警視長
（原朱）同年十月十五日　警視廳官等被改（原墨）○同日　任大警視
同年十一月五日　叙正五位
（一行原朱）同十年丁丑一月十一日　廢警視廳内務省中更置警視官
同年二月廿五日　御用有之京都ヘ被差遣候事
同年三月二日　御用有之博多ヘ出張被仰付候事○同日　博多出張ノ儀相達置候處御都合有之御取消相成候條此旨更ニ相達候事
同年三月十九日　任陸軍少將兼大警視
同月廿日　九州出張被仰付候事
同月廿七日　鹿兒島縣逆徒兇暴ヲ逞フシ官軍ニ抗敵シ候處進討力戰能ク賊鋭ヲ挫キ候段達叡聞深ク苦勞ニ被思食候依テ爲慰勞酒肴下賜候猶此上奮勉將士ヲ率ヒ勵マシ速ニ平定ノ功ヲ可奏旨御沙汰候事
十年三月廿八日　征討別働第三旅團司令長官被仰付候事　総督本營

同年五月十三日　賊徒猖獗益官軍ニ抗シ候處奮勵勇戰囊ニ熊本城ニ聯絡シ大ニ賊勢ヲ挫キ候段叡感不淺候依テ積日ノ軍勞ヲ慰セラルヘキ爲メ侍從長東久世通禧ヲ被差遣酒肴下賜候事

同年七月三日　汝利良嚮ニ部下ノ諸兵ヲ率ヒ進テ賊鋒ヲ挫キ連戰累捷遂ニ鹿兒島城ニ聯絡セリ朕深ク汝カ其職任ヲ盡セルヲ嘉ミス

七月八日　出征別働第三旅團司令長官被免候事　総督本營

同年十一月九日　曩ニ鹿兒島逆徒征討ニ方リ部下ノ諸兵ヲ督シ進討盡力終ニ平定ノ功ヲ奏シ候段叡感不淺依テ勳二等ニ叙シ旭日重光章下賜候事○同日　叙勳二等賜旭日重光章

同年十二月十五日　勳二等年金五百圓下賜候事

同十一年戊寅七月九日　御巡幸供奉被仰付候事

同年十二月廿八日　御用有之歐洲へ被差遣候事

同十二年己卯一月九日　御用有之豆州熱海へ被差遣候事

同年十月十三日　死
同月十五日　多年奉職勉勵候ニ付特旨ヲ以祭粢料金貳千圓下賜候事

一三五

山口縣士族　福原大江和勝　後行

明治六年一月廿四日　任陸軍大佐
同年二月十五日　叙正六位
同年五月廿七日　兵學權頭兼務被仰付候事
同年六月廿五日　叙從五位
同年八月十五日　兵學權頭兼務被免候事
同七年二月廿五日　征討総督幕僚參謀被仰付候事
同年三月五日　征討総督隨行更ニ被仰付候事
同月十一日　御用有之鹿兒島表ヘ被差遣候事
同年八月四日　全權辨理大臣大久保利通清國ヘ被差遣候ニ付隨行被仰付

候事
同年十一月廿七日　歸朝
同年十二月九日　先般清國出張苦勞ニ存ル○同日　白羽二重　二匹
白絹　壹匹　右下賜候事
同八年二月二日　清國在留公使館附被仰付候事
同九年丙子一月廿四日　御用有之歸朝被仰付候事
同年四月十四日　御用有之淸國へ被差遣候事○同日　清國在留公使館付
被免候事
同年十一月六日　御用有之中國筋へ被差遣候事

一三六　山口縣士族　福原大江豐功基藏

庚午年六月二日　大隊四等士官申付候事　兵部省
同年十一月七日　陸軍准少尉申付候事　兵部省

辛未年四月七日　陸軍准中尉申付候事　兵部省
同年八月十四日　任陸軍中尉　兵部省
同年十二月十七日　任陸軍大尉　兵部省
（一行原朱）明治六年五月八日　大尉等級七等ト被改
同七年三月八日　叙正七位
同年四月十七日　臺灣蕃地出張被仰付候事　熊本鎭臺
同年十月十九日　歸朝
同十一年戊寅一月三十一日　曩ニ臺灣蕃地ノ役ニ從事シ今般鹿兒島逆徒征討ノ際盡力不少候ニ付勳四等ニ叙シ年金百三拾五圓下賜候事

一三七

山口縣士族　福原實一介

辛未年七月廿八日　任兵部權少丞〇同日　叙正七位
（一行原朱）同年八月十日　廢大少丞權官

同月十五日　兵部省七等出仕被仰付候事
同年十二月十四日　任陸軍大佐○同日　叙正六位
明治六年四月十日　兵營建築地所爲取調中國四國九州へ被差遣候事
同年六月廿五日　叙從五位
同七年一月廿日　除服出仕
同八年乙亥十月三十日　御用有之横濱出張被仰付候事　陸軍省
同九年丙子六月廿三日　米國費拉特費府博覽會へ被差遣候事　太政官
同年十月廿七日　歸朝
同十年十二月八日　鹿兒島逆徒征討之際各地出張軍務勵精其功不少候段
叡感被爲在候依テ勳三等ニ叙シ旭日中綬章下賜候事
同月十五日　勳三等年金二百六十圓下賜候事
同十一年十一月二十日　任陸軍少將○同日　仙臺鎭臺司令長官被仰付候
事

同十二年己卯九月廿五日　仙臺鎭臺司令官被仰付候事
同年十月八日　仙臺鎭臺司令官被免候事

一三八

石川縣士族元敦賀　福島藤原敬典彌太六
天保十年己亥七月生

戊辰年七月　攝津艦乘組新潟ヘ回艦被仰付候事
己巳年二月十九日　當分軍艦朝陽艦副長申付候事　軍務官
同年三月　箱館ヘ回艦申付候事　軍務官
同年六月　富士山艦乘組申付候事　同上
同年八月　大坂丸船長申付候事　兵部省
同年十一月　函館戰爭御賞トシテ高八拾石三ヶ年下賜候事
辛未年五月　任海軍大尉　兵部省
同年七月　有栖川宮福岡藩知事トシテ入部ノ節鳳翔艦乘組護衞航行申付
候事　兵部省

同年十一月廿日　任海軍少佐
同年十二月十四日　叙正七位
壬申年五月廿三日　西國御巡幸供奉被仰付航海中神戸港ニテ魯國親王近々長崎へ渡來之趣ニ付爲迎日進艦長崎へ回艦被仰付候事
同年八月二日　任海軍中佐○同日　叙從六位
同月四日　御巡幸中供奉苦勞ニ被思召目録之通下賜候事　紺羅紗服地一領　金千匹
同年十月廿八日　魯國親王箱館へ發艦ニ付護衛被仰付候事
明治六年三月七日　外務卿副島種臣爲特命全權大使清國へ被差遣候ニ付龍乘（ママ）艦乘組航海被仰付候事
同年七月廿六日　歸朝
同月廿七日　叙正六位
同年八月九日　支那航海中勉勵ニ付爲慰勞目録之通下賜候事

羅紗服地　一領　金三十圓
同十一年戊寅一月四日　鹿兒島逆徒征討之際盡力不少候ニ付勳四等ニ叙シ年金貳百六拾圓下賜候事

一三九

愛媛縣士族元小松　黑川通軏武夫速水

明治三庚午年八月廿九日　任權少屬　東京府
同年十月四日　免本官　同上○同日　任糺問少佑　兵部省
同年十二月十三日　任糺問大佑　兵部省
同四辛未年七月廿八日　任糺問權正○同日　叙從七位
同年八月十五日　任糺問正○同日　叙正七位
同五壬申年四月九日　廢糺問司更置陸軍裁判所
（一行原朱）
同月十四日　陸軍省六等出仕被仰付候事○同日　陸軍裁判所評事兼勤被仰付候事　陸軍省

同年五月十八日　御用有之大坂表ヘ被差越候事　同上
同年九月十八日　陸軍省五等出仕被仰付候事
同六癸酉年五月廿九日　任陸軍大佐
同年六月廿五日　叙從五位
同八年乙亥十一月十四日　軍馬局長兼勤被仰付候事　陸軍省
同九年丙子五月廿三日　軍律取調兼勤被仰付候事　同上
同十年丁丑十二月八日　鹿兒島逆徒征討之際一時第四旅團指令長官代理
ノ命ヲ奉シ次テ各地出張軍務勵精其功不少候段叡感被爲在候依テ勳
三等ニ叙シ旭日中綬章下賜候事　叙勳三等旭日中綬章
同月十五日　勳三等年金三百六拾圓下賜候事
同十一年戊寅十一月廿日　任陸軍少將兼陸軍裁判所長如故
同年十二月十七日　軍律取調兼勤被仰付候事
同十三年庚辰四月廿八日　免兼官

同月廿九日　廣島鎭臺司令官被仰付候事

一四〇

山口縣士族

高橋勝政 熊太郎

天保七丙申年二月生

戊辰年七月十三日　參謀試補被仰付奥羽ヱ出張被仰付候事

同年十月三十日　春來久々ノ軍旅勵精盡力速ニ東北平定ノ功ヲ奏候段叡感不淺候今般凱旋ニ付不取敢御太刀料トシテ金百五十兩下賜候事

己巳年六月二日　戊辰ノ秋參謀之命ヲ奉シ奥州ニ進ミ軍務勵精指麾其宜ヲ得竟ニ成功ヲ奏候段叡感不淺仍テ爲其賞二百石下賜候事

高二百石　依軍功永世下賜候事

辛未年五月九日　兵部省出仕被仰付候事○同日　西海道鎭臺日田分營ヱ出張被仰付候事但同所出張兵部大丞井田讓ヱ諸事可承合事

同月廿二日　西海道鎭臺日田分營へ出張被仰付置候處被免候事

同年七月廿日　任陸軍少佐兼兵部權少丞○同日　敍正七位

（一行原朱）同年八月十日　廢大少丞權官
同月十五日　本官ヲ以兵部省七等出仕被仰付候事
同年十二月十四日　任陸軍中佐
五年四月十五日　叙從六位
明治六年三月三十一日　第一局副長被申付候事　陸軍省
同年六月廿五日　叙正六位
同年十一月十三日　任陸軍大佐
同月十四日　除服出仕
同月十七日　廣島鎭臺司令長官心得被申付候事但陸軍中佐品川氏章ト可
致交代事
同七年甲戌二月八日　廣島鎭臺司令長官心得被免同臺參謀長心得更ニ被
仰付候事　陸軍省
同七年二月十八日　宣同月廿七日受　叙從五位

同年八月廿二日　陸軍少將井田讓病氣引籠中廣島鎭臺司令長官代理被仰付候事　陸軍省
同年十一月十日　廣島鎭臺司令長官代理被仰付候事　同上
同十一年戊寅一月三十一日　鹿兒島逆徒征討之際盡力不少候ニ付勳四等ニ叙シ旭日小綬章下賜候事

一四一

鹿兒島縣士族　高橋重信　十二

辛未年七月廿三日　任陸軍大尉　兵部省
同年八月五日　任次侍從○同日　叙正七位
(原朱)同年九月廿九日　廢次侍從○(原墨)同日　任侍從
同年十二月廿日　叙從六位
明治六年十二月九日　免本官但位記返上可致事

一四二　福岡縣士族元小倉　小關敬直小次郎

明治四年辛未二月廿八日　任庶務少佑　民部省
同年三月　渡邊民部大丞附屬參河國出張申付候事　民部省
同年七月廿七日　任庶務權大佑　民部省
（原朱）同日　廢民部省（原墨）○同日　追ゐ御沙汰候迄東京滯在可致事
同月廿九日　任少參事　嚴原縣
（一行原朱）同年九月三日　廢嚴原縣合佐賀縣
同月廿八日　任伊萬里縣少參事
同年十月八日　九等出仕申付候事　大藏省○同日　伊萬里縣少參事之心得ヲ以縣地ヘ出張申付候事　同上
同年十二月十二日　任權典事　伊萬里縣
同五年壬申三月十九日　依願免本官　同上
同年六月四日　九等出仕申付候事　大藏省

同年七月十八日　茨城縣出張申付候事　同上
同年八月十八日　任權典事　茨城縣
同年九月十五日　任典事
同六年癸酉四月二日　茨城縣七等出仕被仰付候事
同年九月十二日　任茨城縣權參事
同年十一月十五日　敍正七位
同七年甲戌一月十五日　任北條縣權參事
同年二月二日　補內務省七等出仕
同年五月八日　任白川縣權參事
同八年乙亥六月五日　兼任七等判事
同九年丙子一月廿四日受未出　依願免兼官
同年二月八日　宣同十五日受　任白川縣參事
（一行原朱）
同年二月廿二日　改白川縣稱熊本縣

同年三月廿二日四月十二日受　叙従六位
同年十月三十日　熊本縣下賊徒暴擧ニ付テハ創傷ヲ被リ候趣被聞食不取敢爲慰問侍従番長米田虎雄六等侍醫山川幸喜被差遣別紙目錄之通下賜候事　金五拾圓
（一行原朱）同十年丁丑一月十六日　廢官
同月廿日二月一日受　任熊本縣大書記官
同年三月二日　死
同年七月七日　兇徒暴擧之際重傷ヲ蒙リ遂ニ病死候ニ付別紙目錄之通下賜候事　弔祭料金貳百圓　遺族扶助料金七百圓

一四三　高知縣士族　小畑美稻孫二郎
文政十二年己丑九月生
明治二年己巳七月十八日　任彈正大巡察
同年十月十日　叙従七位

同年十二月十二日　御用有之候條京都へ出張可有之事　彈正臺
同三年庚午正月廿日　御用有之京都へ出張可有之旨相達置候處更ニ本官ヲ以テ京都詰可有之事　彈正臺
同年七月　御用有之候條至急歸京可有之事　同上
同年七月三十日　任彈正權少忠○同日　敍正七位
同年八月廿九日　京都大坂出張可有之事　彈正臺
同年十一月廿七日　廣島藩出張可有之事　同上
同四年辛未七月八日　至急御用ニ付歸坂可有之事　同上
（原朱）同年七月九日　廢彈正臺　（原墨）追テ御沙汰候迄東京滯在可致事
同月十七日　任司法大解部○同日　廣島藩貨幣僞造一件爲取糺大坂出張
被仰付候事
同年十月廿五日　任司法少判事
同年十二月十九日　敍從六位

同五年壬申八月十二日　茨城縣出張可有之事　司法省
同六年癸酉一月十五日　御用都合有之候間茨城裁判所取扱之御用向至急
引渡之上歸京可有之事　同上
同年四月十日　大坂裁判所在勤可有之事　同上
同七年甲戌一月十五日　任權中判事
同年二月十八日　敍正六位
同八年乙亥五月四日　任五等判事
同九年丙子十月三十日　至急御用有之熊本縣ヘ出張被仰付候事
同十年丁丑四月二日　御用有之九州ヘ出張被仰付候事〇同日　九州地方
國事犯賊徒處刑之儀征討総督宮ヘ御委任被仰付候ニ付諸事河野幹事ヘ
協議総督宮ノ指揮ヲ受ケ事務取扱可致事
（原朱）同年六月廿八日　廢官（原墨）〇同日七月十六日受　任判事〇同日　年俸千八百圓
下賜候事

同年十一月廿日　自今年俸貳千百圓下賜候事
同年十二月三日　叙従五位
同月廿八日　九州地方騷擾之際盡力不少候ニ付勳五等ニ叙シ雙光旭日章下賜候事

一四四　小倉縣士族元豊津　小澤武雄

慶應改元明治戊辰十月廿九日　御雇ヲ以テ出仕申付候事　若松民政局
同二年己巳正月三日　依願出仕被免候事　若松民政局
同年三月廿九日　筆生申付候事　軍務官
同年七月八日　(二行原朱)廢軍務官置兵部省
同月廿七日　任少録　兵部省
同年八月廿四日　任權大錄　兵部省
同年九月十四日　任大錄　兵部省

同四年辛未四月八日　兵部省出仕被仰付候事
同年七月廿八日　任兵部権少丞〇同日　叙正七位
（一行原朱）
同年八月十日　廢大少丞權官
同月十五日　兵部省七等出仕被仰付候事
同年九月十日　任陸軍少佐
同年十二月十四日　任陸軍中佐
同五年壬申四月十五日　叙從六位
同年六月廿五日　叙正六位
同年十一月十四日　任陸軍大佐
同七年甲戌二月十八日　叙從五位
同九年丙子二月廿五日　兼任一等法制官
同年五月廿三日　軍律取調兼勤被仰付候事　陸軍省
同年六月廿三日　米國費拉特費府博覽會ヘ被差遣候事

同年十月廿七日　歸朝
同十年丁丑一月十八日　廢法制官（一行原朱）
同月廿六日　兼任太政官大書記官
同年十二月八日　鹿兒島逆徒征討之際各地出張軍務勵精其功不少候段叡感被爲在候依テ勳三等ニ叙シ旭日中綬章下賜候事　叙勳三等賜旭日中綬章
同月十五日　勳三等年金貳百六拾圓下賜候事
同十一年戊寅十一月廿日　任陸軍少將○同日　陸軍省第三局長被仰付候事○同日　陸軍省房長御用取扱被仰付候事
同年十一月十九日　陸軍將校以下勳功調査委員被仰付候事
同年十二月四日　陸軍省法則掛主事御用取扱被仰付候事
同月十四日　陸軍省第三局長被免候事○同日　陸軍省第一局長被仰付候事

同月十七日　陸軍省房長御用取扱被免候事
同十二年己卯三月十九日　軍律取調兼勤被仰付候事
同年四月廿九日　御用有之砲兵支廠ヘ被差遣候事
同年十月十四日　陸軍省総務局長被仰付候事
同年十二月十六日　叙正五位
同十三年庚辰二月廿八日　陸軍省法則掛主事御用取扱被免候事

一四五　鹿児島縣士族　仁禮平景範平輔
天保二年卯年二月生

辛未年九月七日　宣同十一月四日受　兵部省六等出仕被仰付候事
(原朱)壬申年二月廿七日　廢兵部省置陸海軍兩省(原墨)追テ御沙汰候迄從前之通事務取扱可致事
同年三月八日　海軍省六等出仕被仰付候事
同年十一月十八日　任海軍少丞

明治六年二月十五日　叙正六位
同年十一月十二日　海路研究トシテ春日艦支那海ヱ被差廻候ニ付乗組被
　仰付候事
同七年五月廿四日　帰朝
同年六月十日　任海軍大佐兼海軍少丞
同年十一月五日　叙従五位
同九年丙子一月六日　朝鮮國視察トシテ出張被仰付候事但日進艦ヘ乗組
　之事　海軍省
同年三月十五日　帰朝
同年四月十二日　白羽二重　二匹　右朝鮮國ヨリ帰朝ニ付下賜候事　宮
　内省
同年九月廿二日　黒田特命全權辨理大臣ニ隨行朝鮮國ヘ出張盡力候ニ付
　爲其賞別紙目録之通下賜候事　縮緬代金百圓

同年八月三十一日　免兼官
同十一年戊寅一月四日　鹿兒島逆徒征討之際各地出張軍務勵精其功不少候段叡感被爲在候仍テ勳三等ニ叙シ旭日中綬章幷年金貳百六拾圓下賜候事
同十三年庚辰二月四日　任海軍少將

一四六　山口縣士族　新山春太郎　信正

辛未年六月七日　任陸軍大尉徵兵第二大隊副官申付候事　山口藩
同年十月廿四日　任大錄
（原朱）
壬申年二月廿七日　廢兵部省置陸海軍兩省　（原墨）追テ御沙汰候迄從前之通事務取扱可致事
同年三月五日　任大錄　陸軍省
同年四月廿八日　宮內省七等出仕被仰付候事

同年五月九日　任侍従
同年六月十五日　叙従六位
明治六年五月十七日　免本官
同月十九日　位記返上可致事
同年十二月十四日　補八等出仕　陸軍省
同七年九月廿五日　補陸軍省七等出仕
同年十二月十三日　第五局第四課長勤務被仰付候事　陸軍省
同八年乙亥十二月廿八日　任陸軍會計二等司契
同九年丙子一月廿五日　叙従六位
同十一年戊寅一月三十一日　鹿児島逆徒征討之際盡力不少候ニ付勲四等ニ叙シ年金百三拾五圓下賜候事

一四七　静岡縣士族　林　紀　研海
源
弘化元甲辰六月生
四百七十九

辛未年八月十三日　任一等軍醫正
同年十二月十四日　叙正六位
壬申年四月十九日　除服出仕
同年七月八日　御用有之大坂鎮西兩鎮臺本分營へ被差遣候事　陸軍省
明治六年五月廿日　任陸軍々醫監
同年六月十九日　醫事研究ノ爲メ歐米各國エ被差遣旅行中生徒ノ心得被
申付候事　陸軍省
同月廿七日　叙從五位
同七年二月廿四日　歸朝
同八年五月廿一日　本病院副長被仰付候事　陸軍省
同年九月九日　檢閲使隨行被仰付候事　同上
同九年丙子七月三十日　御用有之北海道へ被差遣候事　陸軍省
同十年丁丑十二月八日　鹿兒島逆徒征討之際各地出張拮据黽勉其職任ヲ

盡シ候段叡感被爲在候依テ勳三等ニ叙シ旭日中綬章下賜候事
同月十五日　勳三等年金貳百六拾圓下賜候事
同十二年己卯七月十七日　中央衞生會議委員被仰付候事
同年十月十五日　任陸軍々醫総監○同日　陸軍々醫本部長被仰付候事
同年十二月十六日　叙正五位
同十三年庚辰五月廿日　御用有之大坂廣島熊本三鎭臺管下巡回被仰付候事

一四八

大坂府士族元鹿兒島　林　源　清　康謙三
天保十四年癸卯年正月生

己巳年正月　當分軍艦和泉艦艦長申付候事　軍務官
同月　和泉艦艦長差免兵庫軍務官出仕申付候事　同上
同年二月　海軍御用掛申付候事　軍務官
（一行原朱）
同年七月八日　廢軍務官置兵部省

同年同月廿二日　任兵部權少丞
同年十月十三日　敍正七位
庚午年十月廿二日　任兵部少丞○同日　敍從六位
同年十二月　今般四條陸軍少將爲巡察使日田縣ヘ被差向候ニ付同行被仰付候事
辛未年九月十三日　任陸軍中佐
同年十月　大坂鎭臺第二分營ヘ出張申付候事　兵部省
壬申年三月九日　大坂鎭臺第二分營大貳之心得ヲ以可相勤事　陸軍省
同年八月晦日　御用有之歸京被申付候事　同上
同年九月五日　任海軍中佐
同年十一月十八日　任海軍大佐
明治六年二月十五日　敍正六位
同年五月十三日　御用有之備後國三原ヨリ長崎表迄出張申付候事　海軍

省

同年六月廿五日　叙從五位

同七年二月十三日　御用有之九州表出張被仰付候事

同年四月十五日　長崎臺灣蕃地事務局出張被仰付候事

同八年三月三日　故廣澤參議殺害一件取調ニ付參座被仰付候事

同九年丙子三月二日　兼任一等法制官

（一行原朱）同十年丁丑一月十八日　廢法制官

同月廿六日　兼任太政官大書記官

同年二月廿五日　臨時海軍事務局長被仰付候事

同年三月廿七日　臨時海軍事務局長被免候事

同年四月七日　伊東海軍少將不在中橫濱東海鎭守府在勤被仰付候事　海軍省

同十一年戊寅七月八日　曩ニ佐賀竝臺灣蕃地之役長崎ニ出張シ今般鹿兒

島逆徒征討之際神戸ニ在テ職務勉勵盡力不少候ニ付爲其賞勳四等ニ叙
シ金五百圓下賜候事
同十二年己卯五月十七日　獨逸國皇孫滯京中右旅館ヘ時々伺候可致事
同年十月十四日　外賓待遇禮式取調委員被仰付候事
同十三年庚辰二月四日　任海軍少將
同年三月五日　東海鎭守府司令長官兼勤被仰付候事
同年五月廿四日　叙正五位
同年六月廿一日　今般山梨三重京都地方ヘ御巡幸神戸港ヨリ扶桑艦ニテ
還幸被仰出候ニ付同艦ヘ乘組供奉艦萬務指揮被仰付候事
同十三年庚辰八月廿三日　除服出仕

一四九　山口縣士族　林　友　幸　年七

戊辰年七月　御用有之下総國銚子ヘ出張被仰付候事　軍務官

同年八月　御用有之奧州仙臺ヱ出張被仰付候事　同上

同年九月朔日　其方事軍監被申付美賀保丸爲取始末銚子港ヱ被差越候旨御沙汰候事

同年十一月十二日　徵士會計官權判事被仰付羽州酒田ヘ出張可致樣御沙汰候事〇同日　會計官權判事被仰付候處本職ヲ以可爲軍監旨御沙汰候事　軍務官〇同日　今般陸中南部表ヘ罷越直樣靑森表ヘ出張被仰付候ニ付テハ重大ノ事件ハ御指揮可伺出ハ勿論之儀ニ候得共細事ニ至リ候テハ都テ御委任候間便宜處置可有之旨御沙汰候事

己巳年二月十日　南部彥太郞舊領眞田信濃守戶田丹波守ヘ取締被仰付今般權知縣事以下其地ヘ罷下リ候ニ付諸事申談鎭撫萬端行屆候樣盡力可致旨御沙汰候事

同年六月一日　是迄之職務被免民部官判事試補被仰付候事但酒田表出張可爲是迄之通事

同月二日　戊辰之秋參謀之命ヲ奉シ奥州ニ進ミ督府ニ出仕軍事精勤之段
　神妙ニ被思食依テ目錄之通下賜候事　金五百兩
同年七月　任盛岡藩大參事
同年八月七日　任九戸縣權知事
同年九月十三日　免本官
同月　岩倉大納言公務人被仰付候事
同年十月　昨年流賊追討之砌南部表ヘ出張盡力之段神妙ニ被思食候依爲
　慰勞目錄之通下賜候事　金二百兩
同年十一月二日　至急御用有之京都ヘ被差登候事
庚午年正月　叙從七位
同年二月十七日　御用有之山口藩ヘ被差向候事
同年三月十七日　山口藩ヘ出張慰勞トシテ金三千匹下賜候事
同月廿七日　任民部大丞兼大藏大丞○同日　叙從五位

同年七月十日　大藏大丞兼任被免候事
同年十一月廿七日　願之趣被聞食一等逆退被仰付候事　任民部權大丞
同年十二月十七日　松代藩へ出張被仰付候事
同月廿三日　信州路土民動搖ニ付爲取締北代庶務正被差遣猶其方申合可取計旨御沙汰相成候條爲心得相達候事
辛未年正月四日　今般澤從四位爲巡察使信州ヱ被差遣候ニ付諸事可打合候事
同月　兼任中野縣權知事
同月　伊那縣知事心得ヲ以事務取扱可致事
同年四月八日　伊那縣知事心得ヲ以テ事務取扱被仰付置候處被免候事
同月廿三日　御用有之盛岡縣ヱ出張被仰付候事
（一行原朱）同年六月廿二日　改中野縣稱長野縣（原墨）
（原朱）同年七月廿七日　廢民部省　追テ御沙汰候迄東京滯在可致事

同月廿九日　任大藏少丞

同年八月廿七日　佐賀縣大參事之心得ヲ以テ同縣出張被仰付候事

壬申年二月九日　御用有之左之縣々ヱ出張被仰付候事

小倉縣　福岡縣　大分縣　三潴縣　伊萬里縣　長崎縣

美々津縣　熊本縣　八代縣　鹿兒島縣　都城縣

明治六年六月廿七日　任大藏大丞○同日　福岡縣出張被仰付候事

同日　今般福岡縣下蜂起爲鎭靜出張被仰付候事ニ付左之件々御委任相成候事　御委任狀略之

同月廿八日　福岡縣下暴動ニ付テハ他縣之人民雷同致候儀有之候ハヽ同縣ニ不限兼テ御委任ノ條件ニ准シ臨機處分可致事

同年十一月十二日　先般福岡縣下蜂起之處入縣以後格別盡力候ニ付爲其賞目錄之通下賜候事　羽二重　二疋

同月十三日　御用有之九州地方ヱ出張被仰付候事○同日　政府撫民ノ御

主意地方民情ニ貫徹セシメ候爲メ臨時出張被仰付候條此旨篤ク可相心得事○同日　今般特旨ヲ以地方エ被差遣候ニ付テハ左之件々可相心得事左之件々略之

同七年二月三日　任內務大丞兼土木頭

同年四月三十日　內務卿代理被仰付候事

同年十二月廿四日　大久保內務卿賜暇中代理被仰付候事

同八年二月廿三日　任內務少輔兼土木頭如故

同年五月十五日　叙正五位

同九年丙子八月二日　京坂治水ノ景況點檢トシテ出張被仰付候事

同年十月廿六日　御用有之九州ヘ出張被仰付候事

（一行原朱）同十年丁丑一月十一日　廢土木寮

同年二月六日　御用有之鹿兒島表ヘ被差遣候事

同月十三日　滯京被仰付候事

同年四月廿二日　御用有之熊本縣ヘ出張被仰付候事
同年十二月十五日　九州地方騷擾之際各地出張拮据黽勉其職任ヲ盡候段
叡感被爲在候依テ勳三等ニ叙シ旭日中綬章幷金五百圓下賜候事
同十一年戊寅三月廿七日　內務卿不在中御用辨ノ爲メ每日午前九時ヨリ
十二時迄太政官ヘ出勤可致事
同年六月十四日　御巡幸御用掛被仰付候事
同年七月九日　御巡幸供奉御先發被仰付候事
同十二年己卯九月十三日　宮城縣下陸前國野蒜築港幷福島縣下岩代國對
面ヶ原開墾地等爲見分出張被仰付候事
同十三年庚辰二月廿八日　任議官○同日　年俸四千圓下賜候事
同年三月十日　御用有之新潟出張被仰付候事
同年五月廿四日　叙從四位

一五〇　山口縣士族　林　隼之輔　直臣

庚午年六月二日　大隊二等士官申付候事　兵部省
同年十一月廿八日　任陸軍准少尉　同上
辛未年正月廿日　伺之通一日謹愼申付候事　同上
同年九月十三日　去ル五月廿三日ヨリ父病氣ニ付六十日間歸省罷在候處其後自分病痾ニ罹リ候トハ乍申許多ノ期日ヲ誤リ去ル八日歸着候段不束之事ニ候依之二週間謹愼申付候事但勤務之儀ハ平常之通可相心得候事　同上
同月廿八日　任陸軍大尉　同上
(一行原朱)
明治六年五月八日　大尉等級七等ト被改
同年七月七日　御用有之山鹿驛迄被差遣候事　熊本鎮臺
同年十月十七日　名簿手帖書式改正ニ付御用有之鹿兒島營所迄被差遣候事　同上

同七年三月八日　叙正七位
同年十月十九日　任陸軍少佐○同日　熊本鎮臺歩兵第廿五大隊長更被仰付候事　陸軍省
同八年二月廿四日　叙従六位
同年七月三十日　其方儀舊二十五大隊長勤務中生兵酒見徳太郎等擅ニ郷里ニ立歸候科軍律ニ問擬スヘキヲ誤テ徴罰令ニ依リ斷了スル科ニ依リ謹愼十日被仰付候事但鹿兒島宮崎兩縣ノ徴兵入營ノ際姓氏ナキ者ヘ假リニ姓氏ヲ附セシメ割符ヘ記載スル科ハ前罪ト等キヲ以テ論セス　熊本鎮臺
同十一年戊寅一月三十一日　鹿兒島逆徒征討之際盡力不少候ニ付勳四等ニ叙シ年金百三拾五圓下賜候事

一五一　山口縣士族　長谷川好道乾藏

辛未年八月朔日　陸軍少尉心得勤申付候事　兵部省
同年九月廿五日　陸軍中尉心得勤申付候事　同上
同年十一月七日　陸軍大尉心得勤申付候事　大坂鎭臺
同月　任陸軍大尉　兵部省
壬申年四月十九日　任陸軍少佐
同年六月十五日　叙正七位
同年九月二日　三日間謹愼申付候事
明治六年三月九日　御用有之鎌倉表ヘ被差遣候事　陸軍省
同年六月廿五日　叙從六位
同年十一月廿日　任陸軍中佐
同七年二月十八日　叙正六位
同十一年戊寅一月卅一日　鹿兒島逆徒征討之際盡力不少候ニ付勳四等ニ
叙シ年金百三拾五圓下賜候事

一五二

東京府華族元京都　橋本實麗幸丸
文化六年己巳十月生

叙正二位
明治元年戊辰三月八日　參與職林和靖間詰被仰出候事
同年閏四月廿二日　參與職被免候事

一五三

鹿兒島縣士族　松村淳藏
弘化元甲辰年十二月生

明治六癸酉年十二月七日同月九日受　任海軍中佐
同月十日　兵學寮出勤被仰付候事　海軍省　但本省ヱモ時々出頭御用可被取扱事
同七甲戌年二月二日　御用有之長崎幷鹿兒島表ヱ出張被仰付候事　海軍省
同月十八日　叙正六位

同年五月四日　御用有之長崎表ヱ出張被仰付候事　海軍省
同年九月廿九日　本省出勤被仰付候事　同上
同年十月二日　御用有之北海道ヘ被差遣候事但明三日出帆玄武丸ヘ乗組之事　同上
同八年乙亥五月廿四日　御用有之英國ヘ被差遣候事
同年十二月廿七日　歸朝
同九年丙子五月　御用有之神戸港ヘ出張被仰付候事　海軍省
同年八月三日　任海軍大佐
同年九月廿日　叙從五位
同十一年戊寅一月四日　鹿兒島逆徒征討之際盡力不少候ニ付勳四等ニ叙シ年金百三拾五圓下賜候事

一五四
三潴縣士族
笠間廣盾 楯雄
弘化二年乙巳十二月生

明治元年戊辰六月口達　攝津艦乘組申付候事　軍務官
同年十月　攝津艦乘組差免候事　同上
同年十二月廿六日　河內艦副長申付候事　同上
同二年己巳五月　御無人ニ付副長其儘ヲ以テ當分河內艦々長代相勤候樣
申付候事　軍務官
同年八月廿八日　河內艦乘組差免候事　兵部省
同月　戊辰ノ年賊徒掃攘ノ砌攝津艦乘組於北越遂戰爭候段神妙ニ被思召
候仍爲其慰勞目錄ノ通下賜候事　金百兩　同上
同四年辛未二月廿四日　富士艦二等士官申付候事　同上
同年五月　任海軍中尉　同上
同年九月　任海軍大尉　同上
（一行原朱）
同六年癸酉五月八日　大尉等級七等ト被改
同七年甲戌三月八日　叙正七位

同八年乙亥十月十七日　任海軍少佐

同年十一月十七日　宣九年三月十五日受　叙従六位

同年十二月　特命全權辨理大臣黑田清隆朝鮮國出張ニ付同所回艦被仰付候事但孟春艦長　海軍省

同九年丙子三月十日　歸朝

同年四月十二日　白羽二重　二匹　右朝鮮國ヨリ歸朝ニ付下賜候事

同年九月廿二日　黑田特命全權辨理大臣ニ隨行朝鮮國へ出張盡力候ニ付爲其賞別紙目錄ノ通下賜候事　縮緬代　金百圓

同年十二月十五日　其方儀第二丁卯艦航海ノ砌明治八年三月三十日試驗打ノ爲メ天草ヲヤノ島ヲ目的トシテ發砲セシ處彈丸破裂跳飛シテ民家ヲ誤毀スル科ニ依リ謹愼十五日被仰付候事

同十一年戊寅一月四日　鹿兒島逆徒征討之際盡力不少ニ付勳四等ニ叙シ年金百三拾五圓下賜候事

百官履歴 一

日本史籍協會叢書 175

昭和 二 年十月二十五日發行
昭和四十八年七月 十 日覆刻

編者 日本史籍協會
代表者 森谷秀亮
東京都三鷹市大澤二丁目十五番十六號

發行者 財團法人 東京大學出版會
代表者 福武 直
一一三 東京都文京區本鄉七丁目三番一號
振替東京五九九六四 電話(八一一)八八一四

印刷・株式會社 平文社
本文用紙・北越製紙株式會社
クロス・日本クロス工業株式會社
製函・株式會社 光陽紙器製作所
製本・有限會社 新榮社

日本史籍協会叢書 175
百官履歴 一（オンデマンド版）

Digital Publishing

2015年1月15日 発行

編　者　　日本史籍協会
発行所　　一般財団法人　東京大学出版会
　　　　　代表者　渡辺　浩
　　　　　〒153-0041　東京都目黒区駒場4-5-29
　　　　　TEL 03-6407-1069　FAX 03-6407-1991
　　　　　URL http://www.utp.or.jp

印刷・製本　株式会社 デジタルパブリッシングサービス
　　　　　TEL 03-5225-6061
　　　　　URL http://www.d-pub.co.jp/

AJ074

ISBN978-4-13-009475-7　Printed in Japan